特許政策の経済学

理論と実証

山田 節夫 [著]
Yamada Setsuo

同文舘出版

はじめに
－本書の目的と構成－

　本書は，産業発展に寄与する望ましい特許制度の設計や政策運営について，経済学の視点から理論的・実証的な分析を試みた研究書である。

　多くの経済学者は，適度な経済成長を維持するためには，全要素生産性（Total Factor Productivity：TFP）の持続的な向上が必要であると考えている。成熟した日本のような経済では，その他の生産要素の貢献に期待することができないため，近年では，TFPの決定要因に強い関心が寄せられ，それに関連する実証的・理論的研究が数多く行われている。複数の要因がTFPを規定していると考えられているが，そのなかでも「知識の蓄積」が最も重要な要因であることは間違いないであろう。しかし，「知識」という財の経済的特殊性から，その蓄積を促すには何らかの「インセンティブ・システム」を用意しておかなければならない。現代では，実現可能なインセンティブ・システムのなかで，「特許制度」が最も効果的なのではないかと考えられている。しかも，特許制度が創出を促している知識は「発明」であり，発明とは「高度な技術的思想」に他ならないので，発明創出とTFPの持続的向上の間には密接な関係があるに違いない。筆者が，発明創出に関連する経済理論や実証分析に関心を持ち，特許政策や特許制度に注目するのはこのような理由による。

　これまでの日本における特許を主題とした研究は，法的観点からのものがほとんどであったが，近年では特許データベースの整備とともに経済学的観点からの研究も増加してきている。しかし，特許データから抽出できる情報や知的財産活動の実態を解明することに主眼が置かれ，特許制度の設計や政策運営に対する含意を明確に提示している研究はきわめて少ない。そこで本書では，

(2)

　1970年以降に実施された主要な特許制度の改訂や政策運営に着目し，それらの経済効果について理論的・実証的な分析を行った上で政策評価を行い，幾つかの政策的含意を導出した。

　従来の特許経済研究では，特許制度について，独占的排他権の付与による発明創出の促進という機能が強調されてきた。しかし，特許制度には，発明の公開を義務付けるというもう1つの重要な機能がある。筆者は，発明創出には「知識フロー」に支えられた「累積的イノベーション」というプロセスが不可欠であり，そうしたプロセスを増幅させるためには，より多くの発明の公開を促すことが効果的であると考えている。公開という特許制度の側面に着目した経済分析を試みた点は，本書の特徴の1つを形成している。

　もう1つの本書の特徴は，特許を「オプション」として捉えた分析を行っているという点である。特許出願の権利化プロセスにおける複数の局面で，金融の世界で発展をみせた「オプション理論」を応用することができる。特許をオプションとして捉えると，特許権の資産価値（オプション価値）の計測が可能になるだけでなく，現実に観察される出願人や特許権者の行動を合理的に説明することができるようになり，特許制度の改訂がもたらす経済効果を抽出して評価する作業が容易になる。

　本書の実証分析で主に用いられる推計手法や政策評価手法は，いま1つの特徴といえるかもしれない。

　実証的な政策評価を行う場合，ごく一般的な推計・評価手法はおおむね次のようなものであろう。まず，政策効果の帰着が期待される経済変数が選択され，それと関係のありそうな変数を探索したり加工したりし，回帰分析を用いて「データコントロール」を行う。その上で，政策変数や政策変更ダミーの統計的有意性やパラメータの符号条件を観察し，政策効果だけを抽出して含意を導き出す。ただし，こうした手法には，コントロール変数，関数型，推計方法などの選択について恣意的な操作が行われやすいという問題のあることがしばしば指摘されている。

理論的背景が明確でない推計では，推計スペックの設定にかなりの自由度が生じる。コントロール変数の入れ替えだけでなく，関数型の入れ替えや交差項や二乗項の入れ替え，さらには「不均一分散」などを処理する様々な統計的手法の入れ替えを加えれば，試し得る推計スペックの組み合わせは「星の数」とはいえないまでも膨大な数に上る。そして，研究者が当初頭に描いていたシナリオが導き出されるまで，入れ替え作業が根気よく繰返される。筆者は，こうした推計・評価手法を「入れ替え操作アプローチ」と呼んでいる。

　一般的には，曖昧な社会研究のなかで計量経済分析は唯一客観的で科学的な作業であるように思われがちであるが，実際に推計を経験したことのある研究者なら誰しも，都合の良い結論を導くための恣意的な操作を行える余地は意外に多い，という実感を持つのではないだろうか。

　これに対し本書では，筆者が「モデルアプローチ」と総称する推計手法が主に用いられる。「モデルアプローチ」の実際は多様だが，明確なモデルが仮定され，そのモデルから演繹的に「尤度関数」が導出されるという点で共通している。推計対象となるパラメータは，説明変数の係数ではなく，モデルの構造を規定するパラメータで，観察されるデータをうまく説明することのできる構造パラメータが「最尤法」により推計される。そのため，恣意的な入れ替え操作の余地がなくなり，期待した結果だけを残すという作業もたいていの場合は難しくなる。

　もちろん，こうしたアプローチが「入れ替え操作アプローチ」に比べはるかに優れた手法であると主張しているわけではない。「モデルアプローチ」にも，現実に観察されるデータの振舞いをうまく再現できるモデルは1つだけとは限らない，という根本的な欠陥がある。データコントロールの自由度がなく制約が強いだけに，出力された結果が「常識外れ」となってしまうケースも少なくない。「入れ替え操作アプローチ」において，推計スペック選択の統計学的根拠が明確化されている場合や，「都合の良い結果の選択」ではなく，経済現象に対して深い洞察力を持った研究者が行う「総合的な判断に基づいた選択」であれば，十分信頼に値するし，恣意性の誹りも免がれる。

加えていえば，仮定されるモデルが尤度関数の形を規定したり，そもそも解析的な取扱いのできる尤度関数が定義されなかったりするので，市販のソフトウェアが提供する便利なプロシージャーを利用することができず，推計プログラムを作成して膨大な量の逐次的数値計算を行う必要があるという煩雑さが伴う。そのため，推計作業に大変な労力を費やす必要があり，プログラムミスや計算ミスも多くなるので，それらを駆除するための作業を根気よく繰り返さなければならない。

　それにもかかわらず，「モデルアプローチ」には，政策効果のメカニズムや政策効果を発揮させるための条件などを明確にでき，「政策シミュレーション」を通して豊富な含意の導出が可能になるという大きなメリットがある。実際，本書で提示される政策的含意や政策提言は，「モデルアプローチ」を採用したからこそ導出できたケースが多い。

　以下では，各章の内容を簡単に要約しておこう。

　第1章「特許制度の変遷と特許データ」では，本書の分析対象となる1970年以降に実施された特許制度改訂の変遷を概観し，「権利執行の容易化」や「権利取得条件の緩和」などを中心としたプロパテント政策が志向されてきたことを明らかにする。また，本書の実証分析で利用される特許データが，どのような情報ソースから取得され，どのように活用できるのかを解説する。発明の専有を確保するための手段の有効性は「特許性向」や「特許による専有可能性」によって計測されるが，これらに関する実態調査は特許政策を評価する上できわめて有用な情報を提供する。それにもかかわらず，日本では，類似した調査は複数行われているものの，専有手段選択の実態を適切な方法で計測した調査は過去1回しか行われていないので，定期的な調査の必要性を指摘する。

　第2章「特許経済学の基礎理論」では，知識という経済財の特殊性を説明し，インセンティブ・システムとしての特許制度の有効性を検討する。望ましい特許制度をデザインするためには，特許権の「長さ」だけでなく「範囲」にも注目する必要があるとした理論研究を広くサーベイする。また，「不完備契約」の

もとで出願権（特許を受ける権利）の帰属先の違いが研究開発活動に影響するとした理論研究や，「特許の藪」がもたらす「私有地の悲劇」という弊害を克服するために考案された「クロスライセンス」や「パテントプール」を主題とした理論研究などを紹介する。こうした特許経済学の基礎理論は，後の実証分析の結果を解釈する際の有力な判断基準となる。

第3章「改善多項制」では，1988年に導入された「多項制の改善」に関する政策評価が行われる。「改善多項制」の導入により，1特許出願に複数のクレーム（請求項）の記載が可能となったので，特許権の「範囲」が拡張され，新たな特許価値の創出を通して研究開発意欲が刺激されると期待された。本書では，この制度改訂を評価するにあたり，「多項制乗数」という評価指標を考案した。「多項制乗数」を計測した結果，サンプル企業全体では改善多項制の導入に積極的な経済的存在意義を見出すことはできなかったが，産業別の推計では化学において明確な特許価値創出効果が認められた。こうした分析結果は，公平が意図されて設計された特許制度でも，経済的効果の帰着は産業や技術分野によって著しく異なっていることを示唆している。

第4章「出願公開制度」では，発明の公開を義務付ける特許制度の側面について経済学的な分析が行われる。1990年代に発展をみせた「内生的成長論」において，発明公開が「累積的イノベーション」の頻度を増加させ，持続的なTFP向上の源泉となっていることを示す。また，1971年の「出願公開制度」導入後に観察された特許被引用回数の急増に注目する。「出願公開制度」の導入により，公開される発明の量が著しく増加し，公開時点も早期化した。こうした「量的効果」と「時間効果」が，「知識フロー」に支えられた「累積的イノベーション」のプロセスを増幅させる作用をした可能性が強いことを実証的に明らかにする。審査効率の改善を重視するあまり，低価値特許出願の抑制を意図したり，それにつながりかねない政策運営がしばしばなされるが，発明の「私的価値」が低くとも「社会的価値」も同様に低いとは限らないので，一層の発明の公開を促すような政策運営が望まれる。

第5章「オプションとしての特許」では，現実に観察される特許権者の登録更新行動や出願人の審査請求行動を説明する際に，「リアルオプションモデル」がどのように応用されるかを解説する。この章で展開される「リアルオプションモデル」は，意思決定の連続性や無限の特許保護期間など，かなり非現実的な仮定を置くが，解析的な操作が容易なのでモデルからの含意が明確になるという利点を持つ。また，特許権が保持され続ける確率や，審査請求が待機され続ける確率を時間の関数として記述した「残存関数」を導出し，特許権の放棄や審査請求のタイミングなどを決定する要因について考察する。

第6章「特許オプションモデルの実証」では，第5章で展開された連続型の特許オプションモデルを離散化する手続きを中心に解説する。特許オプションモデルを実証分析に用いるには，モデルを離散化した上で，法定満期や審査請求期限などの制約を課さなければならない。また，特許オプションモデルの構造パラメータを推計する手法である「シミュレーション最尤法」を解説し，特許価値の経時変化を記述する離散的確率過程の設定の仕方に推定量の性質が規定されることを示す。さらに，仮想的な政策シミュレーションを行い，政策評価を行う上で特許オプションモデルが有用なツールになることを示す。

第7章「登録更新制度」では，望ましい登録更新制度の在り方について考察する。登録更新料（維持年金）の賦課は，「財産権の付与に対する対価」ではなく，発明の性質に応じた適切な特許保護期間を割り振り，特許制度の弊害をできるだけ緩和する機能を担っていると理解する必要がある。従来の料金体系の改訂は，主として特許特別会計の収支を適度にバランスさせなければならないという「収支相償の原則」に基づいており，十分に経済厚生への影響が考慮されてきたとはいえない。またこの章では，1998年に実施された登録更新料（維持年金）平準化措置に注目する。登録更新オプションモデルを現実の制度に合わせて調整したシミュレーションモデルを考案し，平準化措置が経済厚生の悪化につながった可能性のあることを指摘する。「収支相償の原則」から決別し，特許制度をとりまく一層広い範囲のステイクホルダーを意識した政策運営への

転換が望まれる。

　第8章「出願審査請求制度」では，2001年に実施された審査請求可能期間の短縮と，その後の特許料改訂に関する政策評価を行う。審査請求可能期間の7年から3年への短縮は生涯審査請求数の急増をもたらし，それを抑制するために大幅な審査請求料の引上げと維持年金の引下げというポリシー・ミックスが実施された。こうした政策の評価を行うため，第6章で展開した登録更新オプションモデルと審査請求オプションモデルを統合したシミュレーションモデルを開発した。シミュレーションの結果，審査請求時点の早期化は，出願人の「待機価値」の損失と，審査効率の大幅な悪化という犠牲の下で実現され，料金政策に関するポリシー・ミックスも，審査効率の改善には大きく貢献していない可能性のあることが明らかとなった。また，出願人の利益を損なわずに審査請求時点の早期化を促すため，十分に長い審査請求可能期間を認めた上で，審査請求時点が遅くなるほど料金負担を増加させる「可変型審査請求料」の導入を提案する。

　本書の執筆にあたり，井上淳一氏（知財情報サービス株式会社・代表取締役社長）は「整理標準化データ」から必要な特許データを収集するという面倒な作業を引き受けてくださり，推計プログラムの一部も書いてくださった。それに留まらず，「金融オプション理論」に造詣の深い井上氏は，本書の内容についても多くの有益なコメントを寄せてくださった。石井康之教授（東京理科大学）は，原稿の多くの部分に目を通し，適切な修正を施してくださった。年齢を重ね著しく馬力の低下した筆者を常に励ましてくださったのは，同じ職場の信頼できる先輩である宮本光晴教授と親しい友人である田中隆之教授であった。同文舘出版の市川良之氏は，研究書の商業出版が破壊的に困難となっているにも関わらず，本書の出版企画を快く引き受けてくださり，行き届いた丁寧な編集作業で筆者を助けてくださった。これらの方々のお名前をここに記し，深い感謝の意を表したい。

本書で行われる経済分析について，細心の注意を払って作業にあたったつもりではあるが，やや複雑な主題を扱っている部分も多いため，思わぬ間違いや計算ミスが潜んでいる可能性は否定できない。多くの読者からのご指摘やご批判を期待している。

　私事にわたるが，昨年3月筆者の父が82歳で他界した。父は，昭和一桁生まれの日本人男性の多くがそうであったように，かつての日本経済の繁栄を支えた「企業戦士」の1人であった。この仕事を父に見せる機会を失い心から残念に思っている，という私的な感慨をここに記すことをお許し願いたい。

　2015年2月

山田　節夫

目　　次

第1章　特許制度の変遷と特許データ —— 3

第1節　特許制度の変遷 … 3
- 1.1　TFPと技術知識の蓄積 … 3
- 1.2　発明公開とイノセンティブ … 5
- 1.3　日本における特許制度の変遷 … 6
- 1.4　制度改訂の趨勢 … 10
- 1.5　特許権存続期間の延長改訂について … 11

第2節　権利化プロセスと公報情報 … 14
- 2.1　公　報 … 14
- 2.2　整理標準化データ … 16
- 2.3　特許データの活用 … 19
- 2.4　切断バイアス … 21
- 2.5　特許引用情報 … 22
- 2.6　審査官引用情報 … 24

第3節　特許性向と特許価値 … 27
- 3.1　特許性向や専有可能性の重要性 … 27
- 3.2　特許性向や専有可能性に関する調査 … 29
- 3.3　日本における特許性向や専有可能性に関する調査 … 32
- 3.4　特許価値とパテントプレミアム … 36
- 3.5　パテントプレミアムと特許性向の関係 … 37

第2章　特許経済学の基礎理論 —— 41

第1節　特許制度の経済的機能 …… 41
- 1.1　独占を特別に許す特許制度 …… 41
- 1.2　技術知識の非競合性という性質 …… 42
- 1.3　インセンティブ・システム …… 44
- 1.4　死荷重の抑制 …… 45

第2節　特許権の「範囲」と「長さ」 …… 49
- 2.1　特許権の範囲と長さの代替性 …… 49
- 2.2　特許権の範囲と長さに関するトレードオフ関係 …… 50
- 2.3　「長さ」と「範囲」の最適な組合せ …… 52
- 2.4　トランスポート・コスト …… 55
- 2.5　特許権の範囲と利潤 …… 56
- 2.6　イミテーション・コスト …… 58
- 2.7　特許権の「縦の範囲」 …… 62
- 2.8　「縦の範囲」と研究開発投資のインセンティブ …… 63

第3節　出願権の帰属と研究開発活動 …… 65
- 3.1　対価請求訴訟 …… 65
- 3.2　特許権を受ける権利（出願権） …… 67
- 3.3　完備契約と不完備契約 …… 68
- 3.4　出願権の安定性と研究開発の効率性 …… 71

第4節　特許の藪と私有地の悲劇 …… 73
- 4.1　私有地の悲劇 …… 73
- 4.2　クロスライセンス …… 74
- 4.3　クロスライセンス交渉成立の条件 …… 76
- 4.4　パテント・プール …… 78

第3章　改善多項制 ──── 81

第1節　特許権の範囲に関わる制度設計 ・・・・・・・・・・・・・・・・・・・・ 81
- 1.1　オンコマウス ・・ 81
- 1.2　均等論 ・・ 82
- 1.3　プロパテント政策の帰結 ・・・・・・・・・・・・・・・・・・・・・・・・・・・・・・ 84
- 1.4　改善多項制の導入 ・・・・・・・・・・・・・・・・・・・・・・・・・・・・・・・・・・・・ 85
- 1.5　改善多項制導入の意義 ・・・・・・・・・・・・・・・・・・・・・・・・・・・・・・・ 87

第2節　多項制乗数 ・・ 88
- 2.1　改善多項制の利用の普及 ・・・・・・・・・・・・・・・・・・・・・・・・・・・・ 88
- 2.2　先行研究と本書のアプローチ ・・・・・・・・・・・・・・・・・・・・・・・・ 90
- 2.3　クレーム割引率 ・・・・・・・・・・・・・・・・・・・・・・・・・・・・・・・・・・・・・・ 92
- 2.4　多項制乗数 ・・ 94

第3節　改善多項制と特許価値 ・・・・・・・・・・・・・・・・・・・・・・・・・・・・ 96
- 3.1　特許生産関数 ・・ 96
- 3.2　スピルオーバー・プール ・・・・・・・・・・・・・・・・・・・・・・・・・・・・・ 97
- 3.3　特許生産関数の推計 ・・・・・・・・・・・・・・・・・・・・・・・・・・・・・・・・・ 99
- 3.4　特許価値のクレーム弾力性 θ_1 の推計モデル ・・・・・・・・・ 101
- 3.5　データとクレーム弾力性 θ_1 の推計結果 ・・・・・・・・・・・・・・ 105
- 3.6　多項制乗数 λ の推計結果 ・・・・・・・・・・・・・・・・・・・・・・・・・・・・ 108
- 3.7　本章のまとめ ・・ 110

第4章　出願公開制度 ──── 113

第1節　特許文献の公開と内生的成長論 ・・・・・・・・・・・・・・・・・・ 113
- 1.1　知識フローと累積的イノベーション ・・・・・・・・・・・・・・・・・ 113
- 1.2　内生的成長論 ・・ 114
- 1.3　Aghion and Howitt〔1992, 1998〕のモデルの基本構造 ・・・・・・ 116
- 1.4　研究開発従事者数の内生化 ・・・・・・・・・・・・・・・・・・・・・・・・・・ 118

1.5　自律メカニズム……………………………………………… 119
　1.6　特許制度の２重の役割……………………………………… 121
　1.7　特許文献の公開がもたらす経済効果……………………… 123
　1.8　クオリティ・ラダー………………………………………… 125
第２節　出願公開制度の導入と知識フロー……………………… 126
　2.1　出願公開制度の導入………………………………………… 126
　2.2　被引用回数の急増…………………………………………… 128
　2.3　引用インフレーション……………………………………… 131
　2.4　公開と出願のタイミング…………………………………… 133
　2.5　「量的効果」と「時間効果」……………………………… 136
第３節　特許誘発関数の推計と含意……………………………… 140
　3.1　特許誘発関数の定式化……………………………………… 140
　3.2　関連特許出願数のカウント………………………………… 143
　3.3　特許誘発関数の推計結果…………………………………… 147
　3.4　発明の公開の重要性………………………………………… 150
　3.5　本章のまとめ………………………………………………… 153

第５章　オプションとしての特許 ─────── 155

第１節　確率過程による特許価値の近似………………………… 155
　1.1　リアルオプション…………………………………………… 155
　1.2　先行研究……………………………………………………… 157
　1.3　金融オプション取引の簡単な例…………………………… 158
　1.4　コール・オプションとしての特許………………………… 160
　1.5　特許価値と不確実性………………………………………… 161
　1.6　特許価値と確率過程………………………………………… 163
　1.7　特許価値と特許の資産価値………………………………… 165
第２節　特許登録更新のオプションモデル……………………… 167
　2.1　無限保護期間における連続モデル………………………… 167

- 2.2 特許登録更新オプションモデルの解 …………………………… 168
- 2.3 特許登録更新のオプション価値の性質 ………………………… 170
- 2.4 残存関数 …………………………………………………………… 173

第3節 審査請求と侵害訴訟のオプションモデル ……………………… 176
- 3.1 審査請求のオプションモデル …………………………………… 176
- 3.2 審査請求のオプションモデルの解 ……………………………… 177
- 3.3 審査請求のタイミング …………………………………………… 180
- 3.4 特許侵害訴訟のオプションモデル（Marco〔2005〕） ………… 183
- 3.5 侵害訴訟オプションモデルの解 ………………………………… 184

補論 残存関数の導出（上方吸収壁のケース） …………………………… 186

第6章 特許オプションモデルの実証 ──────── 189

第1節 有限・離散型の登録更新オプションモデル …………………… 189
- 1.1 二項過程 …………………………………………………………… 189
- 1.2 縦軸に連続な確率過程と混合過程 ……………………………… 192
- 1.3 確率過程に対する制約条件 ……………………………………… 195
- 1.4 離散型特許登録更新オプションモデル ………………………… 197
- 1.5 最適停止境界の性質と消滅確率 ………………………………… 200
- 1.6 確定論的モデルと確率的モデルの相違 ………………………… 203
- 1.7 二項過程のケース ………………………………………………… 205

第2節 有限・離散型の審査請求オプションモデル …………………… 209
- 2.1 有限・離散ケースのNPV ………………………………………… 209
- 2.2 離散型審査請求オプションモデル ……………………………… 211
- 2.3 最適停止境界と残存確率 ………………………………………… 212
- 2.4 特許審査請求のオプション価値 ………………………………… 215
- 2.5 二項過程のケース ………………………………………………… 216

第3節 特許オプションモデルの推計 …………………………………… 218
- 3.1 構造パラメータの推計 …………………………………………… 218

3.2　シミュレーション最尤法…………………………………………… 219
　3.3　二項過程の場合の非連続性………………………………………… 221
　3.4　政策シミュレーションの例（登録更新モデル）………………… 223
　3.5　政策シミュレーションの例（審査請求モデル）………………… 226
補論　情報マトリックスの導出…………………………………………… 228

第7章　登録更新制度 ——————————————— 231

第1節　特許保護期間と経済厚生……………………………………… 231
　1.1　法定満了制度と登録更新制度……………………………………… 231
　1.2　生産性格差モデル（Cornelli and Schankermana〔1999〕）………… 233
　1.3　特許保護期間と経済厚生…………………………………………… 235
　1.4　最適な登録更新料…………………………………………………… 237
　1.5　法定満了制度の併用と経済厚生…………………………………… 240
　1.6　満期率と経済厚生…………………………………………………… 243

第2節　特許特別会計と「収支相償の原則」………………………… 245
　2.1　登録更新料の実際…………………………………………………… 245
　2.2　「収支相償の原則」………………………………………………… 246
　2.3　特許特別会計の予算と料金改定の推移…………………………… 249
　2.4　維持年金引下げは有効か…………………………………………… 251

第3節　維持年金平準化の経済効果…………………………………… 253
　3.1　維持年金平準化の目的……………………………………………… 253
　3.2　特許登録更新オプションモデルの設計…………………………… 257
　3.3　推計モデル…………………………………………………………… 260
　3.4　推計に用いたデータ………………………………………………… 264
　3.5　推計結果とシミュレーションの結果1…………………………… 267
　3.6　シミュレーションの結果2………………………………………… 271
　3.7　本章のまとめ………………………………………………………… 274

第8章　出願審査請求制度 ―― 277

第1節　出願審査請求制度の導入と改訂 …………………… 277
- 1.1　松下・ジャストシステム事件 …………………… 277
- 1.2　出願審査請求制度のメリット …………………… 278
- 1.3　審査請求可能期間の短縮 …………………… 282
- 1.4　料金政策に関するポリシー・ミックス …………………… 284
- 1.5　料金改定の政策意図 …………………… 286

第2節　シミュレーションモデルの設計 …………………… 288
- 2.1　審査請求オプションモデルと登録更新オプションモデルの統合 …………………… 288
- 2.2　統合シミュレーションモデル …………………… 289
- 2.3　審査請求確率と対数尤度 …………………… 291
- 2.4　データと構造パラメータの推計結果 …………………… 293

第3節　シミュレーションの結果と政策提言 …………………… 296
- 3.1　審査請求可能期間の短縮の効果 …………………… 296
- 3.2　料金改訂の効果 …………………… 299
- 3.3　可変的審査請求料の設計 …………………… 301
- 3.4　本章のまとめ …………………… 304

補論　医薬品産業の特殊性について …………………… 306
- 8A.1　医療品産業の特徴 …………………… 306
- 8A.2　薬事審査制度との関連 …………………… 307
- 8A.3　審査請求のタイミング …………………… 309

参考文献 ―― 311

索　引 ―― 317

特許政策の経済学

― 理論と実証 ―

世に新発明のことあらば、これよりて人間の洪益をなすことを挙げて言うべからず。ゆえに有益の物を発見したる者へは、官府より国法をもって若干の時限を定め、その間は発明によりて得るところの利潤を独りその発明者に付与し、もって人心を鼓舞する一助となせり。これを発明の免許と名づく。

福沢諭吉『西洋事情』

第1章　特許制度の変遷と特許データ

第1節　特許制度の変遷

1.1　TFPと技術知識の蓄積

　生産活動に必要な生産要素全体の生産性は全要素生産性（Total Factor Productivity :TFP）といわれる。マクロ経済におけるTFPは，労働や資本の増加だけでは説明されない経済成長の重要な源泉と考えられているので，そうしたいわば「残差」を規定する要因をめぐって，多くの理論的・実証的な研究が行われている。

　経済成長率を各種の生産要素の寄与度で説明する「成長会計分析」は，TFPの持続的な向上が常に経済成長の主役であり続けてきたことを明らかにしている。日本のTFP上昇率を長期間にわたって推計したHayami and Ogasawara〔1999〕の研究によると，1958〜1970年の労働1人当たりの実質経済成長率は7.05％であったが，そのうちTFPの寄与度は4.17％であった。すなわち，この期間の経済成長率の59％はTFPによって説明される。また，1970〜1990年の推計では，実質経済成長率が3.32％，そのうちTFPの寄与度は1.51％であった。TFPの寄与度は1958〜1970年に比べて著しく低下しているものの，

それでも1970～1990年の実質経済成長率の45%はTFPの持続的改善で説明される。

一般に，TFPには，技術知識の蓄積，労働の質的改善，組織の効率化など様々な要因が影響していると考えられているが，なかでも技術知識の蓄積が最も重要な要因であることは間違いないであろう。ただし，技術知識の蓄積を促すには，何らかのインセンティブシステムを用意しなければならない。

経済学の観点からイノベーション研究をリードしてきたスザンヌ・スコッチマー教授は，その主著"Innovation and Incentives"の序文において，「創造や発見とは不思議な行為である。この行為が起こるためには，何はともあれインセンティブが必須であることを経済学者たちは確信している」(スザンヌ・スコッチマー，青木玲子監訳『知財創出-イノベーションとインセンティブ-』)と述べている。一般に，創造や発見という行為から生み出される知識や情報という財は「競合性」が著しく低く，しかも複製の費用がきわめて安価であるため競争市場では「排除性」を失ってしまう可能性が高い（第2章1.2参照）。「排除性」を失った財からは収益を得ることが困難になるので，何らかのインセンティブシステムが用意されなければ知識や情報の創出は起こらない。そこで，現代の主要国では人間の知的創作に対するインセンティブを喚起するため，様々な法体系を用意して知識や情報の創作者に「知的財産権」を与えている。日本における知的財産権はそれが適用される知的創作物の種類によって，産業財産権と著作権などに大別される。産業財産権はさらに，特許，実用新案，意匠，商標などに区分される。これらの産業財産権のうち，特許法が対象としている創作物は「発明（invention）」であり，発明とは「自然法則を利用した技術的思想の創作のうち高度なもの」を指す。多くの知的創作物のうち，TFPと最も密接に関連しているものはこの「高度な技術知識」に他ならない。そして，技術知識の創出が特許制度というインセンティブシステムによって促されているなら，特許制度の設計や特許政策の運営は技術知識の質や量に強い影響を与えているに違いない。本書がTFPを規定すると考えられている数ある要因の中で技術知識の蓄積を重視し，特許制度や特許政策に注目する理由はまさにここにある。

1.2 発明公開とインセンティブ

　現代の特許制度は，発明に独占的排他権を付与する機能と発明を公開させる機能の2つを担っている。原理的には，発明の公開を義務付けない特許制度の設計も可能ではあるが，2つの機能は車の両輪のようなもので，どちらが欠けても特許制度はインセンティブシステムとして十分に機能しなくなる可能性がある。

　一般に，「インセンティブ」とは経済主体の行動を促す「誘因」を意味するが，技術知識という財の性質上，独占的排他権の付与が発明を起こすための誘因となることは先に指摘した通りである。発明からの収益確保があらかじめ保証されているからこそ，発明を起こす誘因が生じるわけだが，そもそも発明を起こすためのアイデアは自然に発生するものではない。たとえば，多くの学問研究者は研究のアイデアを先行研究から取得する。そのためには，自由に先行研究が入手でき「見る」ことができなければならない。

　同様に技術知識の場合においても，先行技術を参考にアイデアが醸成され次の具体的な発明へと結実していく。研究者はこうしたプロセスを「知識フロー」と呼んでいる。したがって，特許制度の公開という側面は，技術知識の多くを流布させ，知識フローの成立に強く貢献していると考えられる。発明を起こした企業は，他者による模倣を恐れてできるだけそれらを秘匿したいと考えるが，法的手段による保護の有利性が高ければ，公開されることを覚悟の上で特許を取得する。技術知識は多様なルートで流布する可能性があるが，他のルートに比べ特許文献を通して公開された情報は，はるか情報密度が高い。それは，特許文献の「明細書」の作成において「その発明の属する技術の分野における通常の知識を有する者がその実施をすることができる程度に明確かつ十分に記載したものであること（特許法第36条4項の1）」が要求されているからである。特許文献の公開が知識フローの成立に大きく貢献しているなら，知識を公開させるという特許制度の機能は，発明という行動を促す「誘因」の1つを形成しているはずである。したがって，発明公開という特許制度の側面も，インセン

ティブシステムとしての機能の一端を担っているといえよう。

　第4章で詳細に論じるように，1990年代に発展をみせた「内生的成長論」においても技術知識の公開による知識フローに支えられた累積的イノベーションが持続的な経済成長の源泉となっている。現実においても，1971年の出願公開制度の導入により公開される発明の量が飛躍的に増加した結果，それに誘発されて起こされた発明が急増した可能性が高い。それにもかかわらず，公開という特許制度の機能は，これまでの特許経済研究において重視されてきたとはいえない。そこで本書では，こうした特許制度の機能に焦点をあて，発明公開の重要性を随所で指摘していく。

1.3　日本における特許制度の変遷

　次に，日本における特許制度の変遷を概観しておこう。諸外国ですでに確立されていた特許制度は，幕末に福沢諭吉や神田孝平らによって日本に紹介されている。福沢は1867年（慶応3年）に発行された『西洋事情』外編において，神田は1868年（慶応4年）に発行された『西洋雑誌』に掲載した論文において，それぞれ外国の特許制度を紹介している。神田は，特許制度を産業政策の観点から紹介しているのに対し，福沢は持ち前の「天賦人権説」の立場から特許制度を理解し紹介したといわれている（石井〔2009〕）。この点は，福沢が"patent"を「免許」と訳していることからも伺える。発明を保護するためには独占を許容しなければならないので，産業発展に対して望ましくない効果を生む。しかし，発明を保護しないとそもそも発明に対するインセンティブは生まれてこない（第2章1.2参照）。そこで，特許制度は有用な発明を起こした者に対して一定期間「特別」に独占を「許容」するので，現代では"patent"を「特許」と訳すのが一般的となっている。ところが，「免許」という訳から連想されるのは，発明を起こした人だけが発明を実施できる「資格」といったもので，確かに産業政策という視点が強く意識されていたとはいえない。ただし福沢は，『西洋事情』の中で「発明によりて得るところの利潤を独りその発明者に付与し，もっ

て人心を鼓舞する一助となせり」と記述しているので，インセンティブシステムとしての認識が完全に欠落していたというわけではない。

日本における最初の特許法は，1871年（明治4年）に布告された「専売略規則」である。「専売略規則」により，所定の要件を満たした「世用有益の品」には7～15年の専売の免許が与えられた。しかし，制度制定が時期尚早であったなどの理由から「専売略規則」は1年で施行が停止された。その後，1885年（明治18年），高橋是清の立案によって「専売特許条例」が制定された。当時の特許法は，主として殖産興業と国際条約への加盟に向けた準備を目的として制定され，欧米からの技術導入や技術普及への配慮に力点が置かれたものであった（後藤〔2003〕）。

しかも，先発明主義が採用されていたという点や，特許権の付与が農商務卿の裁量に任されていたという点で前近代的なものであった。1888年（明治21年）には，ドイツ特許法にならって特許無効審判請求制度が採用され，1921年（大正10年）の大改訂時には，先発明主義が放棄され先願主義が導入された。また，出願公告制度，異議申立制度などが採用され，現行特許法の素地が築かれた（角田・辰巳〔2003〕）。

現行特許法が制定されたのは1959年のことであった。その後，相当数の改訂が繰り返され今日に至っている。表1.1は，1970～2004年における特許制度の変遷をまとめたものである。1970年以降としたのは，この年以降特許制度の根幹に関わる重要な制度改訂がなされるようになったからである。表1.1から，1970年以降，非常に多くの特許制度の改訂が行われていることがわかる。なお，特許制度の根幹に関わるような制度改訂とみなされるものはゴシック体で表記してある。それらは，出願審査請求制度（1971年），出願公開制度（1971年），多項制の改善（1988年），維持年金平準化（1998年），審査請求期間の短縮（2001年），審査請求料の引上げと出願料・維持年金の引下げ（2004年）などであり，いずれも本書の実証分析の対象となる。

表1.1 特許制度改訂の変遷

改正の名称	改正概要	改正年	施行日	分野区分	±
昭和45年5月22日 法律0091 特許法等の一部を改正する法律	出願審査請求制度	1970	1971/1/1	2	+
	出願公開制度等の採用に伴う改正		1971/1/1	3	+
	優先審査制度(出願人以外の者が実施している場合)		1971/1/1	5	+
	先願範囲の拡大(29条の2)		1971/1/1	2	-
	補正時期の制限		1971/1/1	2	-
特許料の改正	審査請求料の創設と維持年金の引上げ	1971	1971/1/1	4	-
昭和50年法律0046 特許法等の一部を改正する法律	物質特許	1975	1976/1/1	1	+
	多項性の採用		1976/1/1	4	+
特許料の改正	出願料・審査請求料・維持年金の引上げ		1976/1/1	4	-
昭和53年法律0030 特許協力条約に基づく国際出願等に関する法律	国際出願に関する制度の制定	1978	1978/10/1	2	+
特許料の改正	出願料・審査請求料・維持年金の引上げ		1978/5/1	4	-
特許料の改正	出願料・審査請求料・維持年金の引上げ	1981	1981/6/1	4	-
特許料の改正	出願料・審査請求料・維持年金の引上げ	1984	1984/8/1	4	-
昭和60年法律0041 特許法等の一部を改正する法律	国内優先権制度の導入	1985	1985/11/1	2	+
特許庁における審査運用として実施	実施関連出願の早期審査および早期審理制度導入	1986	1986/2/1	2	±
昭和62年法律0027 特許法等の一部を改正する法律	優先権証明書の提出期間の延長 3カ月⇒1年4カ月	1987	1987/6/1	2	+
	外国刊行物による無効審判の除斥期間の廃止		1987/6/1	5	-
	多項性の改善		1988/1/1	1	+
	特許権の存続期間の延長制度の創設		1988/1/1	2	+
	異議申立期間の延長 2~3カ月		1988/1/1	2	+
	国際出願の翻訳文提出期間の延長		1987/12/8	2	+
特許料の改正	出願料・審査請求料・維持年金の引上げ		1987/6/1	4	-
特許料の改正	審査請求料・維持年金の引上げ	1988	1988/1/1	4	-
平成5年法律0026 特許法等の一部を改正する法律	早期保護の実現	1993	1993/6/1	5	+
特許料の改正	出願料・審査請求料・維持年金の引上げ		1993/7/1	4	-

改正の名称	改正概要	改正年	施行日	分野区分	±
平成6年法律0116 特許法等の一部を改正する法律	譲渡・貸渡しを実施に含める	1994	1995/7/1	1	+
	外国語書面による出願制度の創設		1995/7/1	2	+
	特許付与後異議申立制度の採用		1996/1/1	5	+
	特許権存続期間の改正		1995/7/1	1	+
平成10年法律0051 特許法等の一部を改正する法律	損害賠償制度見直し	1998	1999/1/1	5	+
	国と国以外の民間等の者の特許権等の共有に係る特許料等の減免に伴う改正		1999/4/1	2	+
	刑事罰の非親告罪化，罰則強化		1999/1/1	5	+
	無効審判理由の要旨変更補正の制限		1999/1/1	5	+
特許料の改正	維持年金の引下げ（10年目以降の維持年金平準化）		1998/6/1	4	+
平成11年法律0041 特許法等の一部を改正する法律	特許権等の侵害に対する救済措置の整備	1999	2000/1/1	5	+
	特許権の存続期間の延長登録出願の見直し		2000/1/1	1	+
	特許出願人の請求による早期出願公開の導入		2000/1/1	5	+
	新規性阻却事由の拡大		2000/1/1	2	−
	新規性喪失の例外規定の適用対象の拡大		2000/1/1	2	+
	審査請求期間の短縮		2001/10/1	2	
特許料の改正	審査請求料・維持年金の引下げ		1999/6/1	4	+
平成14年法律第24 特許法等の一部を改正する法律	先行技術文献開示制度	2002	2002/9/1	3	+
	プログラムを物の発明とする		2002/9/1	1	+
	間接侵害規定の拡大		2003/1/1	5	+
平成15年法律第47 特許法等の一部を改正する法律	審査請求手数料の返還制度	2003	2004/1/1	4	+
	異議申立制度を無効審判制度に統一化		2004/1/1	5	−
平成16年法律第79 特許審査の迅速化のための特許法等の一部を改正する法律	インターネットを利用した公報発行	2004	2005/4/1	3	+
	予納制度を利用した特許料等の返還		2005/4/1	4	+
	実用新案登録に基づく特許出願制度の導入		2005/4/1	4	+
特許料の改正	出願料・維持年金の引下げ		2004/4/1	4	+
特許料の改正	審査請求料の引上げ		2004/4/1	4	−

（注）本表は，石井・山田〔2006〕の表2に加筆したものである。

1.4 制度改訂の趨勢

　一般に，特許法により発明の保護と独占が強化される政策はプロパテント（pro-patent）政策といわれる。これに対し，発明の独占による弊害を緩和させて発明の利用の普及を促し，社会的利益を増進させることが意図された政策はアンチパテント（anti-patent）政策といわれる。表1.1にみるように，特許制度はきわめて頻繁に改訂されているが，こうした改訂にある一定の趨勢を見出すことはできないだろうか。そこでこの点を明らかにするため，各制度改訂を5つの分野に分類し，それぞれの分野における制度改訂がプロパテント政策とみなされる場合には＋，アンチパテント政策とみなされる場合には－の記号を付与することにした。ここで区分された制度改訂の分野は，特許保護の範囲（分野1），権利取得条件（分野2），特許情報取得（分野3），特許料（分野4），権利執行（分野5），である。それぞれの改訂に＋が付くのは，特許保護の範囲が拡張された場合，権利取得条件が緩和された場合，特許情報取得が容易になった場合，特許料負担が軽くなった場合，権利執行が容易になった場合である（－の場合はそれらの逆）。以上の基準に基づいて，表1.1の5列と6列には，それぞれの改訂に対して改訂の分野番号と＋・－記号が割り振られている。

　図1.1と図1.2は，これらの改訂数を年代別と分野別に集計したものである。まず年代別にみると，1970～2004年における全改訂数は51件であったが，そのうち＋が付与されたものは36件で全体の71％を占めている。年代別に＋の改訂数をみると，1970年代では6件，80年代では7件，90年代では10件，2000年代では13件となっている。このことから，観測期間における特許法改訂はプロパテント志向の改訂が多く，その傾向は時間とともに強化されていった，ということができよう。また，分野別の動向をみると，＋の改訂数では権利取得条件（分野2）や権利執行（分野5）に関連するものが多く，－の改訂数では特許料（分野4）に関連するものが多い。ただし，第7章第2節で指摘するように，特許料の改訂は「収支相償の原則」に従った改訂が多いので，必ずしもプロパテントあるいはアンチパテントが志向されていたとはいえない。そこ

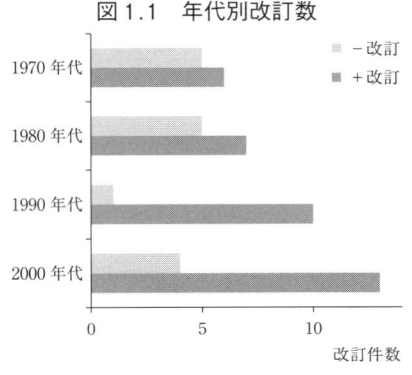

図 1.1 年代別改訂数

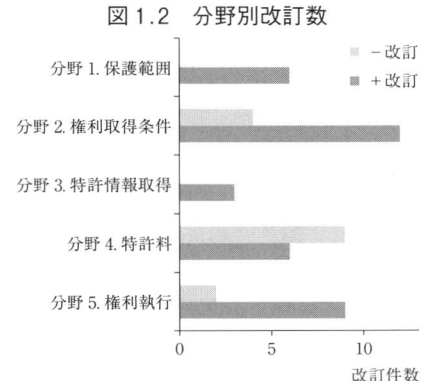

図 1.2 分野別改訂数

で，特許料改訂を除いた改訂数 36 件のうち，＋の改訂数をカウントしてみると 30 件となり，改訂数 36 件の 83％となる。このように，1970〜2004 年の観測期間では権利執行の容易化や権利取得条件の緩和を中心としたプロパテントが明確に志向されてきたといえよう。

1.5 特許権存続期間の延長改訂について

第 2 章で詳細に検討するように，特許問題を経済学の観点から分析する研究者は，特許保護の強さを特許権の「長さ」と「範囲」に求める。したがって，「長さ」と「範囲」に関わる特許法の改訂は，特許制度の根幹に作用する重要な改訂として位置付けられる。そして，1970 年以降にも「長さ」と「範囲」に関わる改訂がいくつか実施されている。そのうち，1988 年の「改善多項制」の導入は，特許権の範囲に強く影響する可能性のある制度改訂と考えられるので，本書の実証分析の対象としている（第 3 章参照）。ただし，1995 年に特許権の「長さ」にかかわる重要な改訂が行われているが，本書ではこの改訂を実証分析の対象とはしていない。そこでここでは，「特許権存続期間の改正（1995 年 7 月 1 日より実施）」を分析対象から外した理由を述べておこう。

改訂前の特許権の存続期間は「公告日から 15 年」であったが，1995 年の改訂

以降は「出願日から20年」となった。ここで公告日とは，他者による異議申立を受け付ける期間の始まりであり，公告日は登録日よりも前に設定されていた。1921年に制定された特許法以来，特許審査の過誤を排除するため，すべての人々が特許権成立の可否判断に参加できる機会が設けられていた。1996年に「権利付与後異議申立制度」が導入されるまで，特許権付与前に異議申立期間が定められており，申立期間は公告日より3カ月とされていた。

　1995年の改訂により，一見すると特許保護期間が延長されたかのようにみえるが，ごく一部の特許にしか制度改訂の効果は及んでいない。それは，1995年の改訂以前においても，特許権の存続期間は出願日から20年を超えることができなかったからである。したがって出願日から公告日までの経過年数（出願・公告ラグ）が5年以上の特許については，1995年の改訂により存続期間について何の影響も受けなかった。他方，出願・公告ラグが5年未満の特許は，特許権の存続期間の延長が認められたことになる。

　たとえば，図1.3にみるように，出願・公告ラグが7年のものは，「公告日から15年」は出願日から20年を超えてしまうので，公告日から13年で権利が消滅することになる。したがって，このような特許は存続期間が出願から20年に一本化されたとしても改訂の効果は及ばなかったことになる。これに対し，出願・公告ラグが3年のものは，旧制度では公告日から15年で権利が消滅してしまうが，改訂により2年の権利延長が認められることになる。しかし，出願・登録ラグが5年未満の特許は非常に少ないのが実態であった。

図1.3　特許存続期間の改訂の効果

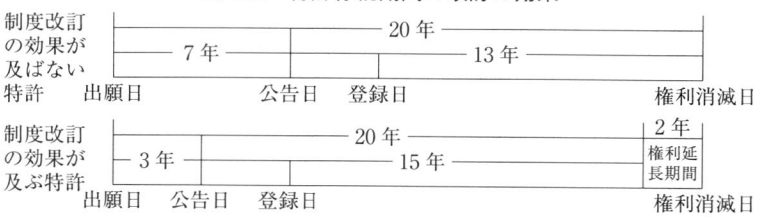

表 1.2 は，日本の主要企業 40 社が 1995 年に登録した特許の出願・公告ラグを調べたものである。それによると，出願・公告ラグが 5 年未満のものは，多くとも医薬品の 10％ほどで，他の産業では 4％ を下回っていた。出願・公告ラグが 5 年未満の特許の割合は，サンプル企業全体の平均で 5.4％ を占めるにすぎない。しかも，特許登録の更新には毎年維持年金が課されるので，存続期間を満了せずに権利が消滅してしまう特許も数多い。すなわち，5.4％の特許の中でも，存続期間を出願日から長期間にわたって維持する可能性のある特許だけにしか改訂の効果は及ばなかったことになる。このように，権利存続期間に関する 1995 年の改訂はごく僅かな特許にしか影響をもたらさなかったと判断されるのである。以上のように，1970 年以降の日本において，権利存続期間に関する実質的な改訂が実施されたことはなかったといえよう[1]。

表 1.2 出願・公告ラグが 5 年未満の割合（1995 年登録）

出願・公告ラグ	5 年未満(％)	5 年以上(％)
全体	5.39	94.61
医薬品	10.03	89.97
化学	3.66	96.34
電気	1.29	98.71
精密	3.08	96.92
輸送	1.05	98.95

（資料）"StraVision"．

---

[1] ただし，医薬品等に関連する特許については，1988 年以降，延長登録の出願が認められるようになった。詳細は本章 2.1 および第 8 章の補論を参照。

第2節　権利化プロセスと公報情報

2.1　公　　報

　現代の特許法は，発明者に独占的排他権を付与する代わりに発明の公開を義務付けている。発明の内容や権利化プロセスの経緯などの公開は，特許庁が発行する各種公報を通して行われている。特許経済分析に用いられる特許データの多くは，この各種公報から取得され数量化されものである。広報には，「公開特許公報」，「特許公報」，「審判公報」，「特許庁公報」など非常に多くの種類があるが，ここでは権利化プロセスと関係付けながら，特許経済分析に有用なデータが取得できる公報を中心に紹介する（図 1.4 参照）。

　まず，特許権を取得しようとするものは，所定の書類を特許庁に提出して特許出願を行う。出願後，出願書類の方式が適切かどうかを審査する「方式審査」が行われる。出願書類に不備があると補正命令を受けたり不受理処分となったりすることがある。特許出願日から 18 カ月経過後，「公開特許公報」の発行により出願内容が公開される（特許法第 64 条）。この公報からは，出願日，出願時クレーム数，IPC コード（技術分野コード）などの特許データが取得できる。

　現行特許法では，実体審査は出願人（もしくは第三者）の審査請求を待って行われ，審査請求可能期間は出願日より 3 年と定められている。出願公開後，出願人（もしくは第三者）が審査請求を行った場合には，審査請求日などが記載された「特許庁公報（審査請求リスト）」が発行される（特許法第 48 条の 5 第 1 項）。

　実体審査において，審査官が拒絶理由を見出すことができなければ，特許出願は特許査定を受け，出願人が特許査定謄本の送達を受けてから 30 日以内に 3 年分の特許料を納付すれば（これを設定納付という），特許権の設定登録がなさ

図1.4 権利化プロセスと主要公報の発行

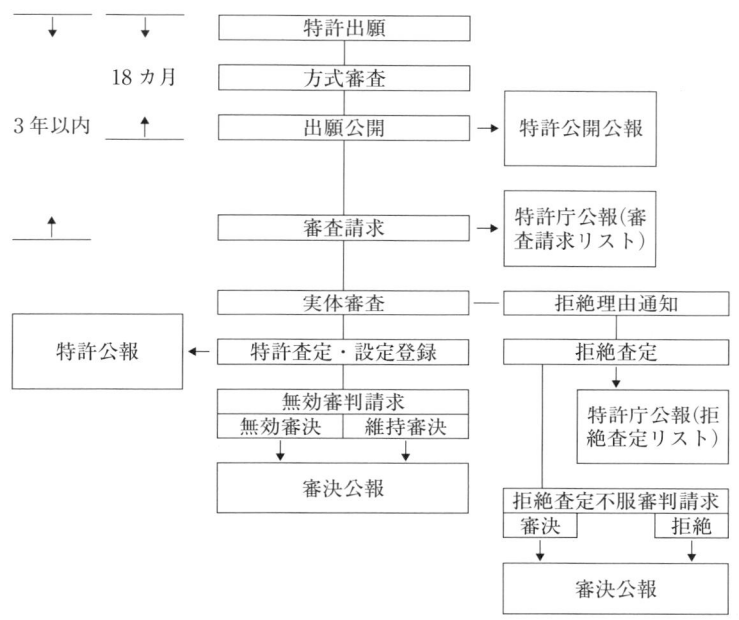

れ「特許公報」が発行される（特許法第66条第3項）。「特許公報」からは審査請求日，登録日，登録時クレーム数，審査官引用特許文献などの特許データが取得できる。なお，出願日から18カ月以内に設定登録となった特許の「特許公報」は出願公開前に発行される。こうした特許出願の「公開特許公報」は発行されないので，未公開分の技術情報などを掲載した公報が設定登録時に発行される。

他方，審査官が拒絶理由を見出したときは，出願人に拒絶理由を記載した「拒絶理由通知書」が送付される。ただし，出願人には「補正書」および「意見書」の提出による再審査の機会が与えられている。出願人の反論または補正が拒絶理由を覆すことができないと審査官が判断した場合，拒絶査定が確定して「特

2 　審査請求可能期間内に審査請求が行われないと特許出願は取下げられたものとみなされる。こうした「みなし取下げ」となった特許出願の「特許公報」は発行されないので，審査請求日等が把握されない。「特許庁公報（審査請求リスト）」は，審査請求があった時点で発行されるので，こうした特許出願の審査請求日の把握を補うために発行されている。

許庁公報（拒絶査定リスト）」が発行される。拒絶査定といえども，実体審査が行われているので，審査プロセスには重要な情報が含まれている。なかでも審査官が拒絶理由として引用した特許文献は「審査官被引用回数」をカウントする際の重要な情報ソースとなる。

「意見書」や「補正書」が認められず，拒絶査定が確定した場合でも，出願人は「拒絶査定不服審判請求」を起こすことが認められている。審理の結果，特許審決の場合でも拒絶審決の場合でも「審決公報」が発行される。また，特許査定後，第三者が審査の段階では発見されなかった拒絶理由を見出した場合，特許権の付与を無効にすることができる（無効審判請求制度）。無効審判請求に対する審決（無効審決・維持審決）も「審決公報」の発行を通して公開される。

なお，医薬品等一部の分野では，安全性確保のため「薬事審査制度」が設けられており，規制当局の厳格な審査を通過しなければ医薬品等の製造・販売を行うことができない。このため，これらの分野では権利設定後特許発明を実施することができない期間が生じることがあるので，5年を限度として，延長登録の出願が認められている（桝田〔2005〕，元橋・蟹〔2009〕）。こうした延長出願があった場合や，それが認められ延長登録された場合，そうした内容が記載された特許庁公報（公示号）が随時発行される。

以上のように，特許出願については権利化プロセスの各段階における情報が漏れなく公開されるよう，多くの公報が発行されているのである。[3]

2.2　整理標準化データ

本章2.1でみたように，特許経済分析に必要なデータは特許庁が発行する各種公報から取得される。現代では，各種公報に掲載された情報はXML形式とSGML形式で電子情報化されている。これらの電子情報は「整理標準化デー

---

[3] 一層詳細な特許制度や特許データの解説については，山田〔2009〕の第1章第1・2節を参照。

タ」と呼ばれる。整理標準化データには,「出願マスタ」,「登録マスタ」,「Fターム サーチマスタ」,「国内引用文献マスタ」などの種類がある。

　整理標準化データは一般向けに販売されているので,これらのデータソースを元に特許データベースを作成したり,必要な特許データを取得したりすることができる。SBI インテクストラ株式会社の"StraVision",後藤・元橋〔2005〕による「IIP 特許データベース(財団法人・知的財産研究所)」などはその代表例である。また,企業の特許戦略をサポートする目的で,株式会社パトリスによる「PATOLIS」,株式会社発明通信社による「HYPATWeb」,NRI サイバーパテント株式会社による「NRI サイバーパテント」など,数多くの商業用のデータベースも開発されている。そこでここでは,実際の公報情報が具体的にどのように整理標準化データとして記録されているのかをみておこう。

　図 1.5 は,出願人・株式会社日立製作所が 2012 年 1 月 13 日に出願した特許出願に関する公開特許公報の一部を示したものである。出願番号と出願日は書

図 1.5　公開特許公報の具体例

```
(19)日本国特許庁(JP)        (12)公 開 特 許 公 報(A)        (11)特許出願公開番号
                                                          特開2012-118548
                                                          (P2012-118548A)
                                        (43)公開日  平成24年6月21日(2012.6.21)

(51)Int.Cl.                F I                            テーマコード (参考)
   G03B  21/14   (2006.01)     G03B  21/14   Z            2H021
   G03B  21/00   (2006.01)     G03B  21/00   D            2H087
   G03B  21/58   (2006.01)     G03B  21/58                2K103
   G02B  13/16   (2006.01)     G02B  13/16
   G02B  13/18   (2006.01)     G02B  13/18
                              審査請求 有  請求項の数 15  OL  (全 33 頁)  最終頁に続く

(21)出願番号    特願2012-4879 (P2012-4879)    (71)出願人   000005108
(22)出願日      平成24年1月13日 (2012.1.13)              株式会社日立製作所
(62)分割の表示  特願2009-205636 (P2009-205636)           東京都千代田区丸の内一丁目6番6号
              の分割                            (74)代理人   110000350
   原出願日    平成18年10月13日 (2006.10.13)              ポレール特許業務法人
                                              (72)発明者   平田　浩二
                                                         神奈川県横浜市戸塚区吉田町292番地
                                                         株式会社日立製作所製品開発事業部内
                                              (72)発明者   谷津　雅彦
                                                         神奈川県横浜市戸塚区吉田町292番地
                                                         株式会社日立製作所製品開発事業部内
                                              (72)発明者   久田　隆紀
                                                         神奈川県横浜市戸塚区吉田町292番地
                                                         株式会社日立製作所ユビキタスプラットフ
                                                         ォーム開発研究所内
                                                                        最終頁に続く

(54)【発明の名称】投写型映像表示システム
```

誌情報の(21)と(22)にそれぞれ記載されている。公開日は(43)に記載されており，2012年6月21日となっている。この特許出願は分割出願されたもので，元特許の出願日は2006年10月13日（原出願日）となっている。

図1.6は，これらの数値情報がどのような形式で整理標準化データに記録されているのかを示した具体例である（XML形式）。公開特許公報に記載されている出願番号，出願日，公開日などの数値情報は，整理標準化データの「出願マスタ」において図1.6のように記録されている。図1.6にみるように，数値情報はタグで階層化されているので，階層構造を示した「整理標準化データ仕様書」をみれば，必要な情報の収集が可能となる。図1.6には「整理標準化デー

図1.6　整理標準化データの具体例

```
<jp:infdoc lang="ja" dtd-version="1.0" country="JP" xmlns:jp="http://www.jpo.go.jp">
            (ルート)整理標準化データ
    <jp:fundamental-article-info>
            基本情報
        <jp:law>1</jp:law>
            四法
        <application-reference  appl-type="0004">
            出願書類記事
            <document-id   lang="ja">
                    ドキュメント識別
                <country>JP</country>
                    発行国
                <doc-number>2012004879</doc-number>
                    出願番号
                <date>20120113</date>
                    出願日
            </document-id>
                /ドキュメント識別
            <jp:retroacted-date>20061013</jp:retroacted-date>
                    遡及日
        </application-reference>
            /出願書類記事
        <publication-reference jp:kind-of-jp="A">
            公開記事(文献情報)
            <document-id lang="ja">
                    ドキュメント識別
                <country>JP</country>
                    発行国
                <doc-number>2012118548</doc-number>
                    公開番号
                <kind>A</kind>
                    公開種別
                <name>Published patent application</name>
                    公報名称(英語)
                <date>20120621</date>
                    公開日
```

レベル0
　レベル1
　　レベル2
　　　レベル3
　　　　レベル4

タ仕様書」からタグの日本語表記を追記してある。

たとえば，出願日（2012.1.13）を取得する場合，ルート階層から，基本情報（< jp:fundamental-article-info >），出願書類記事<（application-reference >），ドキュメント識別（< document-id >）といったようにタグを頼りに階層構造をたどっていけば出願日（< date > 20120113 </date >）の取得が可能となる。このように整理標準化データでは規則的なルール（XML方式）に従って各種公報情報が記録されているので，検索プログラムの作成により膨大な情報の収集が可能になる。

2.3 特許データの活用

以下の各章で行われる実証分析では，様々な特許データが用いられる。表1.3は，これらの特許データを整理標準化データのマスタごとに分類したものである。ここでは表1.3に示した主な特許データについて，それらがどのように特許経済分析に用いられるのかをみていこう。

「出願マスタ」に記録されている出願日や登録日は，企業や産業によってある

表1.3 特許データの種類

出願マスタ	国内引用マスタ
出願日	被引用回数
公開日	審査官拒絶理由引用件数
審査請求日	審査官公報引用件数
公告日	
登録日	審判マスタ
拒絶理由起案日	無効審判請求回数
発明者数	
IPCクラス数	登録マスタ
外国出願国数	権利消滅日
出願時クレーム数	
登録時クレーム数	
情報提供回数	
閲覧請求回数	

時点に生産された技術知識の量を計測するために有用な情報をもたらす。先願主義が採用されている日本では，出願日は発明の完成時点と近接していると考えられる。したがって，出願年が同じ特許出願を集計すればその年の技術知識の生産量の代理指標を作成することができる。特許出願のなかで登録に至った一層価値の高い技術知識の量を計測するには，出願年が同じ特許の中から登録年が刻まれたデータだけを集計すればよい。また，「出願マスタ」に記録されている審査請求日と出願日を合わせて用いれば，審査請求率が判明し，審査請求行動の分析に役立つ。

「出願マスタ」からは発明者の数，外国出願国数，出願時クレーム数などがカウントできるが，これらの指標は特許価値を説明する有力な属性と考えられている。クレーム数は，正確には「特許請求項の数」といわれ，出願人が請求する権利保護の対象の数を意味している。第3章1.5で詳細に検討するが，1988年の「改善多項制」の導入以来，1つの特許出願に複数の発明が包含されている可能性がある。このため，単純な特許出願数の集計より，クレーム数で加重された特許出願数の方が研究開発費等と高い相関を示すことが知られている（Tong and Frame〔1994〕）。なお，登録時クレーム数は出願時クレーム数と異なっている場合が多い。それは，実体審査の過程で出願人がクレーム自体を削除したり，または新たなクレームを追加したりすることがあるからである。

「審判マスタ」からカウントできる無効審判請求回数や「出願マスタ」からカウントできる情報提供回数も，特許価値を説明する属性と考えられている（山田〔2009〕，Nakanisi and Yamada〔2007〕）。たとえば，ある企業がすでに出願したり登録したりしている発明の実施権を他の企業が獲得したい場合，他の企業はその特許出願が審査中の場合は情報提供を行って権利化を阻止しようとしたり，査定後の場合は無効審判請求を起こして権利を無効にさせようとしたりする行動をとることがある。他の企業が時間と労力を要する情報提供や無効審判請求を行うのは，その発明が他の企業の収益を脅かすからか，その実施権の獲得が大きな収益につながる可能性が高いからであると推測される。したがって，情報提供や無効審判請求を受けた回数の多い特許ほど経済的価値は高いといえる。

先にも述べたように，出願人が特許査定謄本の送達を受けてから30日以内に設定納付金を納付すれば，3年間は特許権が維持されるが，設定登録から4年目以降も特許権を維持するには毎年所定の「維持年金」を納付する必要がある。ただし，権利満了日（出願日から20年）前に，維持年金の納付が行われず権利が放棄される場合がある。その放棄時点を記録したものが権利消滅日である（「登録マスタ」）。権利消滅日から，個々の特許の権利保持期間を知ることができる。権利消滅日は，特許オプションモデルを実証分析に用いる際の重要な基礎データとなる（第7・8章参照）。

2.4　切断バイアス

　特許データには「切断バイアス（truncation bias）」と呼ばれる独特のデータ欠損問題が生じる場合がある。たとえば，研究開発活動の成果指標として登録特許数をカウントする場合を考えてみよう。出願から登録に至るまでには時間を要するので，最長の出願・登録ラグに相当する時間が経過した後のデータでしか登録特許数をカウントすることができない。たとえば，観測時点が2005年で最長の出願登録ラグが10年のとき，完全に登録が確認される特許の出願年は1995年となり，それ以降の特許出願の中には2005年以降にも登録される可能性のある特許が含まれている。したがって，1995年以降に出願された特許の登録特許数には欠損が生じてしまうことになる。そして，出願年が観測時点に近づくほど登録特許数の欠損は増大する。こうした特許データの欠損を切断バイアスという。特に日本では出願・登録ラグが長いので，観測時点からかなり遡及しないと正確に登録特許数をカウントできないという不都合がある。

　また，以下で詳しくみるように，特許が引用される回数は特許価値判別指標として多方面で活用されているが，特許出願は出願公開時から原理的には永遠に引用される可能性がある。したがって，出願公開からの経過年数が不足していると被引用回数にも切断バイアスが生じてしまう。

　以上のような登録特許数や被引用回数に関する切断バイアスは，「特許ストッ

ク」や「被引用ストック」を作成する際に深刻な障害となる（山田〔2008〕）。ただし，登録や被引用回数の発生時点に関する時系列は規則的な時間分布に従っていることが知られている。この点に着目した Hall, Jaffe and Trajtenberg〔2001, 2005〕は，こうした規則的な時間分布を過去の切断バイアスの心配がないデータから推計し，切断バイアスに伴うデータ欠損を補完する方法を考案した。こうした補完方法は「疑似構造法（quasi-structural approach）」と呼ばれる。たとえば，観測時点が 2005 年で 2000 年に出願公開された特許の生涯登録特許数をカウントする場合を考えてみよう。登録率に関する時間分布が過去のデータから推計されていれば，2005 年以降に登録される可能性のある特許数を逐次予測していくことができるので，2000 年出願で登録が確認されている特許数に修正倍率をかけ，観測時点以降に登録される可能性のある特許を補完することができる[4]。

2.5　特許引用情報

「国内引用文献マスタ」から得られる特許引用情報は，とりわけ有用な情報ソースとして多方面で活用されている。特許引用情報には，特許価値を判別するための情報と，知識フローを観測するための情報が含まれている。

多くの実証研究では，技術知識の質を測る尺度として，特許が引用される回数（被引用回数）に注目している。学術研究の世界でも，他の研究者から引用される回数の多い論文ほど学術的価値が高いとみなされている。特許文献についても，後続の出願人によって引用される回数の多いものほど価値が高いと考えるのは，ごく自然な発想であるし直感的にも理解しやすい。

経済学的な問題意識から，初めて特許の被引用回数に注目したのは Trajtenberg〔1990〕であった。彼は，CT スキャナーに関連する特許データを

---

[4]　修正法にはこうした「疑似構造法」の他に「固定効果法（fixed effects approach）」がある。一層詳細な修正方法については，山田〔2009〕第 4 章を参照。

収集して被引用回数で加重された特許数（WPC; Weighted Patent Counts）と社会的収益率の間に高い相関を見出し，被引用回数がイノベーションの質を差別化する情報として有用であるとしている。Jaffe, Trajtenberg and Fogarty〔2000〕も，発明者に技術の重要性を尋ねたサーベイデータを用い，発明者によって高い評価を与えられた特許ほど被引用回数は多いという関係を見出している[5]。また，Lanjouw and Schankerman〔1999, 2004〕，Harhoff, et al.〔1999〕は，特許の登録更新確率と被引用回数の間に有意な相関を見出している[6]。日本でも，後藤ほか〔2006〕が，重要特許を含む396件の特許について，出願人による引用を検索して被引用回数をカウントし，その有用性を確かめている。

技術知識の質の違いが被引用回数に反映されているなら，被引用回数で加重した特許ストック（被引用ストック）は，質の違いを考慮した技術知識の量を代理していると考えられよう。この点に着目したBloom and Van Reenen〔2002〕，Hall, et al.〔2001, 2005〕は，被引用パテントストックを作成し，それが企業価値やトービンのqを有意に説明するとしている。

また，被引用回数は，研究開発の収益率や生産性を計測する際にも有用な情報源となる。従来の研究は，付加価値や売上高，利潤やトービンのqなど，企業の業績に関する指標を研究開発費で説明することにより，いわば間接的に研究開発の生産性や収益率を計測してきた（Hall and Mairesse〔1995〕，Haneda and Odagiri〔1998〕，Jaffe〔1986〕）。しかし，企業の業績指標は，研究開発以外の様々な要因の影響を受けており，これらの要因をコントロールして研究開発の成果のみを抽出して評価するのは難しい。これに対して，被引用回数が知識の質の違いを的確に捉えているなら，研究開発の生産性や収益率の計測ははるかに容易になる。

欧米の実証研究では，特許引用情報として出願人引用が用いられている。ところが，日本では2002年まで出願人引用が義務付けられてこなかったこと[7]，仮

---

[5] 同様の研究はCarpenter, et al.〔1981〕によっても行われている。
[6] Harhoff, et al.〔1999〕は，ドイツと米国のデータにより，存続期間を満了した特許は，そうでない特許より多くの引用を受ける傾向にあることを明らかにした。
[7] 日本においても，2002年9月に先行技術文献情報開示制度が導入され，所定の要件がみたされていないと拒絶理由となることがある。

に出願人が先行特許文献を引用していたとしても，その検索が技術的に困難であることなどから，利用可能な引用情報は出願人引用とは性質の違う審査官引用であり，この審査官引用の有用性については様々な見方がある。

2.6　審査官引用情報

　出願人引用の場合，出願人に引用される回数の多い特許は，多くの発明者がその技術の有用性に触発されて新しい発明の契機を見出しているという意味で，価値判別指標としても知識フローの指標としても有用であるといえるし，本章2.4でみたようにその有用性は多くの実証研究で確かめられている。ところが，日本の審査官引用は，主として拒絶理由を探すために行われているので，審査官は発明の有用性に注目して特許文献を引用しているわけではない。審査官は出願人に対して拒絶の理由を提示する目的のために先願・公開特許文献を引用しているにすぎない。また，引用された特許からそれを引用した審査官の間に知識フローが成立しているわけでもない。

　図1.7は，審査官引用の発生プロセスを例示したものである。審査官が特許Bの実体審査を行い，先願・公開特許文献である特許Aを拒絶理由として拒絶理由通知を出せば，特許Aに被引用回数1が刻まれる。これが審査官拒絶引用である。本章2.1でみたように，出願人は拒絶理由通知を受けても意見書・補正書の提出による再審査の機会が与えられている。そして，意見書・補正書が認められ，一度は拒絶通知を受けた特許出願でも査定に至るケースは少なくない。したがって，審査官拒絶引用は，最終的に拒絶査定となった特許にのみ刻まれるだけではない。また，審査官は拒絶理由通知なしで特許査定とする場合も，先願・公開特許文献を引用する場合がある。こうした引用情報は「公報引用」と呼ばれる。

　特許Bが拒絶通知を受けたのは，特許Aと特許Bが同一発明，もしくは進歩性を有するほどの技術ではなかったからである。したがって，多くの後続発明者が特許Aと同じ発明，もしくは関連する発明を行えば，必然的に特許A

の被引用回数は多くなる。そのため，拒絶理由のための審査官引用回数の多さは，単に後続の発明者による重複技術開発の多さを意味しているにすぎない，という解釈が成り立つ。また，特許Bの出願人は，特許Aの存在を知らないで，たまたま同一技術分野の類似発明を出願して拒絶されてしまった，とも考えられる（後藤・元橋〔2005〕）。

被引用回数の多さが，重複技術開発や偶発発明の多さを示しているだけなら，日本の審査官引用に技術知識の質や知識フローに関する有用な情報が含まれているとは言い難い。しかし，もし以下に示すようなケースが一般的なら，審査官に引用される回数の多い特許は，多くの後続企業が権利取得をしたいと考える有用な技術知識であると考えられるし，進歩性や新規性が失われず排他権が維持された価値の高い技術知識であるとも考えられる。

図1.7において，特許Bの出願人が特許Aと同一もしくは関連する発明を出願したため，審査官は特許Aを引用して拒絶理由通知を出した。このとき，特許Bの出願人は本当に先行特許Aを知らないで，同一・類似発明を行ったのだろうか。特許Bの出願人は，特許Aが多くの収益を企業にもたらす価値の高い技術知識であることを知り，特許Aのクレームに抵触しないように差別化を行い同種類の技術知識の専有権を取得しようと試みたのかもしれない。しかも，特許Bが拒絶査定となれば，特許Aの技術知識の新規性や進歩性は失われず，依然として排他権が維持される。

また，再審査プロセスを経て，最終的には特許査定となれば，特許Aと特許Bの間に知識フローが成立し，特許Aの技術知識をベースに新しい技術知識が生産されたという解釈も成り立つ。[8]

---

[8] 米国の出願人引用についても，審査官の判断が強く介在している。米国の特許制度では，審査官は出願人の先行特許文献の引用漏れや意図的な隠匿をチェックする責任を負っており，審査官の判断により引用特許文献が追加されることがある。米国では，2001年より出願人による純粋な引用数と，こうした審査官による追加引用数を別けて公表するようになった。Alcacer and Gittelman〔2006〕の調査によると，特許出願1件当たりの平均被引用回数のおよそ63％は審査官が追加した引用文献であるという。特許権の取得を容易にするために，出願人が故意に同一発明の先行特許文献を引用しないケースも考えられよう。審査官が同一発明を見出し，引用文献への追加を要求したとき，それは，審査の過程において審査官が拒絶引用を行っているのと実質的に同じ意味を持つ。こうしたケースでは，日本の審査官引用と審査官の判断が強く介在する米国の出願人引用に本質的な差異はないと考えられる。

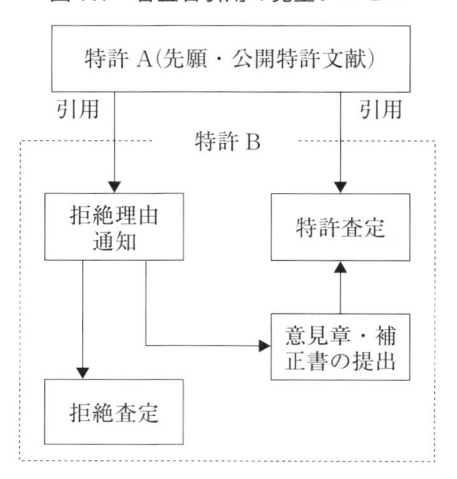

図 1.7 審査官引用の発生プロセス

```
        特許 A(先願・公開特許文献)
         │引用            │引用
         │    特許 B      │
         ▼                ▼
       拒絶理由          特許査定
        通知              ▲
         │                │
         │         意見章・補
         │         正書の提出
         ▼
       拒絶査定
```

　このように，審査官引用の性質については様々な解釈が成り立ち，どのようなケースが一般的であるかを調べるのは難しい。したがって，審査官引用の有用性を確かめるためには，統計的な解析による他はないように思われる。そこで山田〔2010b〕は，審査官引用の価値指標としての有用性を確かめるため，特許の登録更新確率を被引用回数が有意に説明するか否かをプロビットモデルにより推計した。その結果，審査官引用は安定的に登録の更新確率を説明し，日本における審査官引用も価値判別指標として有用性を持つ可能性が高いことが明らかにされている。

　また，本書の第4章では，「出願公開制度」導入の前後に観察された被引用データの構造変化を詳細に分析し，審査官引用は関連発明発生の「事後報告」という性質を持っており，過去の発明に誘発されて起こされた後続発明に関する情報を含んでいることを明らかにする。

第3節　特許性向と特許価値

3.1　特許性向や専有可能性の重要性

　本章1.1で指摘したように，技術知識（発明）という財は「競合性」が著しく低く複製の費用がきわめて安価なため，それが競争市場で取引されると「排除性」を失ってしまう可能性が高い。したがって，研究開発費を投じて発明を起こした企業が，発明から安定的な収益を得るためには，発明を市場で専有するための何らかの手段を講じなければならない。言い換えれば，発明は何らかの専有手段が講じられなければ私的価値を生まない。企業が発明を専有する手段には，営業秘密（trade secrets），ノウハウ（know-how），その他の法的手段など多様なものがあり，特許取得はそれらの中の1つの手段にすぎない。発明の専有手段として特許取得が選択される割合は「特許性向（propensity to patent）」，あるいは「特許による専有可能性（appropriability）」と呼ばれている。

　ただし，特許性向と専有可能性は同じ概念ではないので注意する必要がある。図1.8はこの違いを図示したものである。専有手段として特許取得が選択される場合，1つの発明を専有するのに複数の特許取得が必要になる場合がある。たとえば，発明Aを専有するのに2つの特許取得が必要であったとしよう。また，発明Bと発明Cはそれぞれ営業秘密とその他の法的手段によって専用が確保されていたとしよう。特許性向とは，全発明数に対する特許数の割合を計測したもので，図1.8の例では2/3となる。一方，専有可能性とは特許取得による専有が有用であった発明の全発明数に対する割合で，図1.8の例では1/3となる。1つの発明を特許取得で専有するのに，多くの特許取得が必要になるほど専有可能性に対して特許性向は大きくなる。

　特許性向や専有可能性の実態を調査することは，特許データが技術知識の生

図1.8 特許性向と専有可能性

特許1	特許2	営業秘密	その他の法的手段
発明A		発明B	発明C

産活動の指標として有用がどうかを確かめるために非常に重要な手段となる。これまでは，技術知識の量を計測する指標として研究開発費が頻繁に利用されてきた[9]。しかし，研究開発費は知識生産活動の投入費用（input）にすぎないのであって，その成果（output）を意味しているわけではない。企業によって支出された研究開発費のすべてが有効に活用され，企業価値や収益の創出に貢献しているわけではない。研究開発活動の成果の程度には違いがあるだろうし，ある部分は失敗に終わり企業価値や収益に何ら貢献しない場合もあるだろう。研究者はこの種の失敗を「ドライホール（dryholes）」と呼んでいる。

ドライホールの問題は，特許データの利用により払拭されるのではないかと期待されるようになった。それは，企業は成功したプロジェクトに関する発明のみを特許として出願し，そのうち新規性・進歩性・産業上の利用可能性が認められた価値の高い特許出願だけが登録に至るからである。すなわち，特許出願や登録特許は研究開発活動の成果を捉えていると考えられる。

ところが，企業は発明の専有手段を特許取得以外にも複数所有しているため，すべての成功した発明が特許取得によって専有されているわけではない。もし，発明の大半が特許取得以外の手段で専有されているなら，特許データは知識生産活動の一部を捉えているにすぎず，特許データを全体の知識生産活動の成果の代理指標として利用するのは危ういかもしれない（Pakes and Griliches〔1984〕）。ただし，仮に特許取得によって発明が専有される割合が小さくても，特許性向や専有可能性が安定的なら，特許データは知識生産活動全体の変化を捉える代理指標として活用できる。

---

9 研究開発費を一定の陳腐化率を仮定して積算したデータを技術知識ストックの代理指標とみなし，技術知識の蓄積と付加価値やトービンのqとの関係を定量的に分析した研究にHall and Mairesse〔1995〕，Cockburn and Griliches〔1988〕，Griliches〔1990〕，Haneda and Odagiri〔1998〕などがある。

以上のように，特許データの有用性を確かめるためには，特許性向や専有可能性の実態を明らかにする必要がある。そして，仮に特許性向や専有可能性が不安定であったとしても，それらの決定要因や変動要因が解明されれば，特許データを適宜に修正することによって有用情報の抽出が可能になるだろう。

　特許性向や専有可能性の実態に関する調査は，特許政策の評価を行う際にもきわめて有用となる。たとえば，何らかのプロパテント政策が実施されたとき，そうした政策が有効であれば，特許取得による専有確保は企業にとって魅力的となるはずなので，特許性向や専有可能性の向上が観察されるはずであろう。

　また，現代の特許制度は独占的排他権の付与の代償として，発明の公開を義務付けている。発明の公開は，知識の流布（diffusion）を促し，多くの企業に新しい技術開発の契機を与えている（Johnson and Popp〔2003〕）。発明の公開は知識フローによるスピルオーバー効果を作用させ，持続的な技術知識の質の向上に貢献していると考えられる（第4章参照）。さらに，発明の公開により，重複技術開発が抑制され，経済全体で利用される研究開発資源が節約されるという効果も期待される。

　このように，発明を公開させることが特許制度の主要な役割の1つなら，そうした役割が十分に果たされているどうかを確かめるためにも特許性向や専有可能性の実態調査が必要となるのである。[10]

3.2　特許性向や専有可能性に関する調査

　欧米では，特許性向と専有可能性に関連する実態調査や，それらの決定要因に関する実証的研究が数多く行われている。

　Levin, et al.〔1987〕は，米国の研究開発投資を実施している650社に対し，

---

[10] 特許性向や専有可能性を計測する指標としてしばしば特許出願数を研究開発費で割ったPRR（Patent-R&D Ratio）が用いられることがある（Scherer〔1965, 1983〕）。しかし，PRRはイノベーション・コストや研究開発生産性の影響を受けてしまうので特許性向や専有可能性の実態を計測する指標としては適切ではない（Arundel and Kabla〔1998〕，Brouwer and Kleinknecht〔1999〕）。詳細は山田〔2009〕の第2章第1節を参照。

特許や営業秘密など，様々な発明の専有手段がどの程度有効であったかを訪ねている。調査表は，「まったく有効でなかった」から「非常に有効であった」まで7段階の選択肢のどれかを選択するようになっており（seven-point Likert scale），製品イノベーションと工程イノベーションについてそれぞれ質問が行われている。調査の結果，工程イノベーションにおいて特許は最も有効ではない専有手段であり，製品イノベーションにおいても特許は営業秘密より有効であっただけで，必ずしも有効性の高い専有手段とはいえなかった。産業別の集計では，特許は医薬品や化学で有効な専有手段であった。

Arundel and Kabla〔1998〕や Brouwer and Kleinknecht〔1999〕は，企業へのアンケート調査により，発明数に対する特許出願数の割合を尋ね，こうして計測された特許性向を様々な企業属性で説明するパラメトリックな分析を行った。Arundel and Kabla〔1998〕は，1993年の欧州において調査された製造業に属する大企業604社のサーベイデータを利用した。彼らの調査によると，特許性向の産業平均は35.9％であり，最も特許性向が高い産業は医薬品（79.2％）で，それが最も低い産業は繊維（8.1％）であった。彼らはさらに，企業の特許性向を5段階に区分し，売上高で測られた企業規模，そして，専有可能性（特許か営業秘密か），イノベーションの目的としてライセンス収入を重視するか否か，研究開発投資に積極的であるか否か，製品を日本または米国に輸出しているか否か，などの質問項目に対する回答を説明変数としたオーダード・ロジット（ordered logit）推計を行った。

推計の結果は，企業規模が大きいほど特許性向は高い，技術の専有手段として特許を重視している企業ほど特許性向は高い，製品を日本またはアメリカに輸出している企業の特許性向は高い，というものだった。意外だったのは，研究開発に対する意欲（R&D intensity）が特許性向に何ら影響していないという結果であった。

Brouwer and Kleinknecht〔1999〕は，1988年と1992年にオランダ企業1,300社を対象に実施されたCIS（Community Innovation Survey）データを用いて，特許出願数に関するパラメトリックな推計を行った。CISでは，製品イノベーションと工程イノベーションについて，特許による専有手段が，「ほとんど有効

でなかった」,「適度に有効であった」,「きわめて有効であった」, という質問をしている. CIS によると,「適度に有効であった」と「きわめて有効であった」と回答した企業の割合が高い産業は医薬品と化学であり, この割合が低い産業は基礎金属や自動車などであった. また, 製品イノベーションと工程イノベーションを比較すると, 特許による専有手段が重要なのは製品イノベーションにおいてであった.

さらに, Brouwer and Kleinknecht〔1999〕は, 各企業の特許出願数を被説明変数とし, 企業規模, 共同研究開発ダミー, ハイテク企業ダミー, 研究開発意欲[11], などを説明変数とした回帰分析を行った. 推計の結果, 企業規模が大きいほど特許出願数が有意に増加する, 共同研究開発を実施している企業はそうでない企業より特許出願が有意に多い, などが明らかとなった[12].

これまでの特許性向や専有可能性に関する調査とはやや異なり, 特許制度の存在によって創出されたとみなされる発明を調査したものに Mansfield〔1986〕がある. Mansfield〔1986〕は, 製造業に属する米国企業 100 社をランダムにサンプル抽出し, 1981～1983 年の研究開発プロジェクトのうち, もし特許制度による権利保護が存在しないとしたならば, 着手しなかったであろう研究開発プロジェクトの数や, 商品化しなかったであろう研究開発プロジェクトの数を尋ねている. この割合が高い企業ほど, 特許制度はその企業にとって重要で, 特許制度の存在によって生み出された発明数が多い企業ということになる. Mansfield〔1986〕の調査結果によると, 特許制度の存在によって創出された発明が多いのは医薬品や化学においてだけで, その他の産業においては特許制度以外の要因が重要であった.

さらに Mansfield〔1986〕は, 特許性向の時系列変化にも着目している. 彼は, 研究開発プロジェクトのうち, 特許として出願された発明数を 1965～1969 年と 1980～1982 年の比較において, 増加させた企業の割合, 減少させた企業の割

---

[11] 共同研究開発ダミーは, 他社と共同で研究開発を行っている企業が 1, そうでない企業はゼロをとる変数. 研究開発意欲は, 売上高に対する研究開発費の割合.
[12] この他にも, サーベイデータから特許制度の重要性を評価した研究に, Taylor and Silverston〔1973〕, Cohen, et al.〔1996〕などがあり, これらの研究も, 多くの産業にとって特許は主要な専有手段ではないと指摘している.

合，変化させなかった企業の割合を集計した。集計の結果，およそ半分の企業は特許性向を変化させていなかったが，残り半分の企業はそれを変化させていた。特許性向を変化させた企業のうち，それを向上させた企業と低下させた企業はおよそ半々であった。

3.3 日本における特許性向や専有可能性に関する調査

日本においても，特許性向に関する調査が科学技術庁科学技術政策研究所〔2000〕（以下では，科技研〔2000〕とする）によって実施されている。この調査は，専有可能性に係わる質問項目を記載した調査票を，研究開発を実施している資本金10億円以上の企業1219社に送付し（回収率52.7%），その回答を集計したものである（1994年）。調査票は，イノベーションから得られる収益の専有可能性（appropriability）を確保する上で，どのような手段が有効であったかを尋ねている。企業が回答する専有可能性の選択肢として，a. 技術情報の秘匿，b. 特許による保護，c. 他の法的手段，d. 製品の先行的な市場化，e. 販売・サービス網の保有・管理，f. 製造設備やノウハウの保有・管理，g. 生産，製品設計の複雑性，h. その他，が挙げられ，製品イノベーションと工程イノベーションについてそれぞれ回答が求められている。

科技研〔2000〕の特許による専有可能性（製品イノベーション）に関する調査結果を引用したものが表1.4である。それによると，欧米の調査と同様，日本においても医薬品や化学などで特許による専有可能性が高い。また，産業全体の平均では，製品イノベーションで37.8%であったのに対し，工程イノベーションでは24.8%であり，特許による工程イノベーションの専有確保は相対的に有効ではない。

科技研〔2000〕は，この他にも特許出願の動機や特許出願をしなかった理由を尋ねている。調査の結果は，特許出願の主な理由は他社による模倣の防止にあり，特許を出願しない主な理由は技術公開や迂回発明の回避にある，というものであった。

表1.4 特許による専有可能性

業種	特許による専有可能性	業種	特許による専有可能性
食品工業	27.9	金属製品	37.8
繊維工業	33.5	一般機械	37.6
パルプ・紙	23.1	特殊機械	45.8
出版・印刷	37.5	工作機械	27.5
石油・石炭製品	41.0	コンピューター	47.1
化学工業	55.5	電気機械機器	38.6
基礎化学品	35.0	電気・発電機	43.6
プラステック原料	45.8	電線・ケーブル	40.0
医薬品	65.7	半導体	38.1
その他化学工業	44.0	通信機器	32.0
プラステック製品	38.3	テレビ・ラジオ	32.9
窯業・土石製品	29.3	医療用機器	32.5
ガラス製品	20.0	計量器・測定器	37.9
コンクリート製品	40.0	自動車	29.0
基礎金属	34.2	自動車部品	33.7
鉄鋼業	36.0	その他の製造業	46.7

(注) 単位は%で製品イノベーションに関する数値.科学技術庁科学技術政策研究所〔2000〕より作成.

　科技研〔2000〕以降,近年の日本においても特許性向に関連した調査は複数行われている.しかし,いずれも専有手段選択の実態を的確に調査したものとはいえない.それらの調査とは,特許庁による「知的財産活動調査報告（知財調）」における「届出発明数」に関する調査,そして,科学技術・学術政策研究所が実施した「民間企業の研究活動に関する調査（民研調）」における「ノウハウ比率」である.これらは特許性向の計測を意図して調査されたもののようであるが,以下のような問題点が指摘される.まず「知財調」からみてみよう.

　特許庁では,2002年7月の「知的財産戦略大綱」の具体的行動計画として示された「知的財産関連調査統計の整備」を受けて,2002年度以降「知財調」を毎年実施し,その結果を公表している.この「知財調」において,2007年度調査から,出願人の発明等のうち「届出された件数」と,その内訳として「出願しなかった件数」と「出願した件数」についての質問項目が追加された.ここで「届出された件数」とは,「企業によって発明されたもののうち,出願したし

ないにかかわらず，知的財産管理部又は知的財産担当者に届出されたもの」のすべての件数とされている。また，「出願しなかった件数」は営業秘密・ノウハウとした件数であることが意図されている。したがって，「出願した件数」を「届出された件数」で割った数値は，特許性向を近似する指標として活用できると期待された。

ところが，「届出された件数」は企業が起こした発明全体ではなく，飽くまでも知財管理部等に届出された特許性のある発明なのであって，特許取得が有利な専有手段ではない発明，先行調査が不十分な発明，そもそも特許性のない発明などが特許性向を計測する際に必用となる発明数（分母）から欠落している可能性が高い。したがって，これらのデータから特許性向を計測すると大幅な過大評価になってしまう危険性がある。[13] 図1.9は，先にみた Arundel and Kabla〔1998〕が1990～1992年に欧州において調査した産業別の特許性向と「知財調」における特許性向を比較したものである。調査産業全体で，知財調の74.8%は Arundel and Kabla〔1998〕による特許性向35.9%を大幅に上回っている。産業ごとにみても，すべての産業において「知財調」による数値の方がかなり大きい。こうした大幅な乖離を，調査時点や国による違いだけで説明することは困難であると思われる。

発明数の過少把握の問題は，「民研調」にもみられる。「民研調」では，「権利化可能な技術知識のうち，ノウハウ・営業秘密として管理されているものの割合」を調査している。そしてこの比率は「ノウハウ比率」と呼ばれている。また，権利化可能な技術知識のうちノウハウ・営業秘密として管理されている発明以外は，特許取得によって専有が確保されていると想定され，1からノウハ

---

[13] この点に関し，山田・石井〔2009〕は，企業が「届出発明数」をどのように認識しているかについてインタビュー調査を行った。調査の対象としたのは，化学，金属製品，鉄鋼，電気・電子，機械の各産業に属する大手企業である。対象とした各企業に対して，知的財産管理部門に届出される発明の属性について質問したところ，すべての企業から「先行技術調査が実施され，特許要件を備えていると考えられる発明が届出されている」という回答を得た。そして，届出数に対する特許出願の割合として，多くの企業が8～9割といった数値を挙げていた。また，一部の企業からは，もし先行技術調査が実施されていない発明を含めて届出がなされれば，その場合の特許出願割合は50%程度（金属製品），あるいは20～30%程度（電気・電子）になるであろうとの回答も得た。これらの割合が真の特許性向に該当するものと考えられる。

図 1.9 特許性向の比較

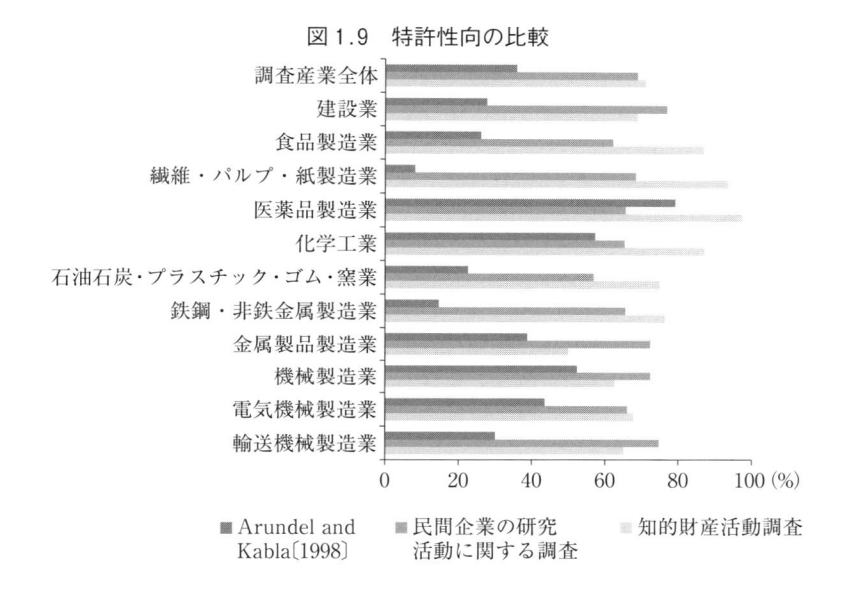

調査産業全体
建設業
食品製造業
繊維・パルプ・紙製造業
医薬品製造業
化学工業
石油石炭・プラスチック・ゴム・窯業
鉄鋼・非鉄金属製造業
金属製品製造業
機械製造業
電気機械製造業
輸送機械製造業

■ Arundel and Kabla〔1998〕　■ 民間企業の研究活動に関する調査　□ 知的財産活動調査

ウ比率を引いた数値は特許性向を意味するとされている（山内ほか〔2012〕）。しかし，権利化可能な発明は知財管理部等に届出されるはずなので，先の届出発明数と権利化可能な発明数はかなり近似した概念として理解されてしまうように思われる。したがって，権利化可能な発明数はやはり特許性向を計測するための発明数としては過少把握となっている可能性が高い。しかも，そもそもノウハウ・営業秘密として管理されているものは，権利化できない技術知識の中にこそ多く含まれているはずであり，ノウハウ・営業秘密自体も大幅な過少把握になっている可能性がある。

図 1.9 には，1から「民研調」によるノウハウ比率を引いた数値を，Arundel and Kabla〔1998〕や「知財調」によるものと同時に図示してあるが，調査産業全体では68.8%とやはり高い数値が算出されている。

以上のように，科技研〔2000〕以降，特許性向や専有可能性の実態に関する的確な調査は実施されていないといえよう。本章3.1で指摘したように，特許政策を評価する上で，専有手段選択の実態調査からは非常に重要な情報を得ることができるので，的確な調査が定期的に実施されることが望まれる。

3.4 特許価値とパテントプレミアム

　本書の以下の各章で行われる実証分析では,「特許価値（patent value）」,あるいは「特許権の私的価値（private value of patent rights）」という概念が頻繁に登場する。特許価値はしばしば誤解されやすい概念なので,ここで明確な定義を与えておこう[14]。

　まず第1に,ここでいう特許価値は,特許を出願した者に対する価値で,特許発明を利用する者に対する価値や外部効果を通して経済全体に波及する部分を含む社会的価値を意味しない。

　第2に,特許価値はフロー価値であってストック価値ではない。一般に,株式や債券などの有価証券と異なり,特許権が取引される市場は存在しないので,特許権の資産価値を把握することはできない。したがって,特許取得によって企業にもたらされる毎期のフロー収益の割引現在価値の合計としてしか特許権の資産価値は把握されない。そして,この毎期の私的フロー収益が特許価値に他ならない。

　第3に,特許価値は特許制度が存在しなければ発生しえない価値を意味する。したがって,特許権が放棄された時点や法定満了時点以降は特許制度が存在しないことと同じなので,特許価値は消滅する。

　本章3.1で指摘したように,発明という財は競争市場において「排除性」を失う可能性が高いので,何らかの専有手段が講じられないとその私的価値を生むことはなかった。そして,発明を専有する手段は複数存在した。いま,特許取得以外で最も有効な専有手段を「次善の専有手段」と呼ぶことにしよう。企業が特許取得を選択しているかぎり,当然のことながら,特許取得は次善の専有手段よりも有利なはずであろう。本書で定義される特許価値とは,特許取得によって企業が毎期得られるフロー収益から,次善の専有手段を講じたときの

---

[14] ここでの「特許価値」の定義はSchankerman〔1998〕に従うものである。Schankermanでは特許権の私的価値が,"The private value of patent rights represents the incremental returns generated by holding a patent on the invention" と定義されている。

フロー収益を引いたものであり，特許取得によって高められている価値部分を意味する。

　Arora, Cecagnoli and Cohen〔2003, 2008〕は，次善の専有手段が講じられたときの発明の価値（以下では次善価値と呼ぶ）が，特許取得によって何倍高められているかを示す「乗数」をパテントプレミアム（patent premium）と呼んだ。このパテントプレミアムをλ，次善価値をvとすれば，本書で定義される特許価値xは，

$$x = v\lambda - v \qquad (1.1)$$

と表される。[15]

3.5　パテントプレミアムと特許性向の関係

　パテントプレミアムと特許性向には密接な関係がある。この関係は，以下に示すように特許制度を評価する上で重要な手掛かりを提供する。

　現代の特許制度では，特許取得に伴い発明の公開が義務付けられる。発明の公開は，合法的な迂回発明の機会を競合他社に与える危険性があるので，特許取得による専有確保からの収益には不確実性が伴うと考えられる。そこで，パテントプレミアムは次のような正規分布に従う確率変数であるとしよう。

$$\lambda \sim N(\mu, \sigma^2)$$

ここで，μとσ^2はパテントプレミアムの期待値と分散を意味する。以下では，この正規分布の密度関数を$f(\ )$，標準正規分布の密度関数と累積密度関数をそれぞれ$\phi(\ )$と$\Phi(\ )$のように表記する。また，パテントプレミアムが1以下になることを許容する。パテントプレミアムが1より小さいということは，特許取得よりも次善の専有手段の方が有利であることを意味する。このとき，特許性向aは以下のように記述される。

---

[15]　第2章1.4で述べるように，本書では発明の価格がゼロのときの消費者余剰を「発明の潜在価値」と呼ぶが，発明の潜在価値と次善価値は連動していると考えられるので，パテントプレミアムが一定のかぎり，発明の潜在価値が高いほど特許価値も高い。

特許取得には費用 c を要するとすれば，特許取得が選択される条件は，$v\lambda - v > c$ となる。この条件を λ について解けば，

$$\lambda > z, \quad z = \frac{c}{v} + 1$$

となる。λ が閾値 z を上回る確率が，特許取得が選択される確率，すなわち特許性向 a に対応するので，それは，

$$a = 1 - \Phi(\alpha), \quad \alpha = \frac{z - \mu}{\sigma} \qquad (1.2)$$

と表される。(1.2) 式から，パテントプレミアムの期待値 μ が仮に 1 であっても，特許性向はゼロにはならないことがわかる。すなわち，企業が特許取得によって平均的には何の収益も得られないと考えている場合でも，1 を超えるパテントプレミアムを実現する可能性があるかぎり，企業にとって特許制度が不要というわけではないのである。

本章 3.2 や 3.3 でみたように，特許性向や専有可能性はそれほど大きな数値ではなく，特許取得は必ずしも有効な専有手段とはいえなかった。しかし，だからといって特許制度の重要性が低いということを意味しない。直観的には，特許性向が低いのは，特許取得によって次善価値を大きく高められる可能性は低いからであると考えられよう。しかし，パテントプレミアムの条件付期待値と特許性向は単純な比例関係にはない。

当然のことながら，特許を取得しなければパテントプレミアムは生じない。したがって，特許取得によって次善価値が平均的にどの程度高められているかは，パテントプレミアムの条件付期待値を計算しなければわからない。この条件付期待値は，z を閾値とした切断正規分布（truncated normal distribution）の期待値となるので，

$$E[\lambda | \lambda > z] = \mu + \sigma \frac{\phi(\alpha)}{1 - \Phi(\alpha)}, \quad \alpha = \frac{z - \mu}{\sigma}$$

と表される。よく知られているように，切断分布の期待値は閾値の増加関数となる（Greene〔1993〕，Figure22.2 参照）。したがって，閾値 z が大きいほどパテントプレミアムの条件付期待値は増加する。これに対し，(1.2) 式から明らか

なように，閾値 z が大きいほど特許性向 a は低下する。パテントプレミアムの条件付期待値から1を引いた数値は，特許取得による収益率の期待値を意味している。したがって，特許性向が低くとも，こうした収益率が十分に高いケースも考えられるのである。

パテントプレミアムの実測は，Arora, Ceccagnoli and Cohen〔2008〕や山田〔2009〕において行われている。日本の特許データを用いた山田〔2009〕による計測では，調査サンプル全体の平均でパテントプレミアムの期待値 μ が 0.79，その条件付期待値は 1.55 というものであった[16]。これらの結果から，企業にとって特許取得は平均的には発明の次善価値の損失を伴うものであるが，特許取得に有利性が見出される場合の次善価値引上げ効果は決して小さくはない，ということを示唆している。

---

[16] Arora, Ceccagnoli and Cohen〔2008〕は，米国19産業のパテントプレミアムの期待値と条件付期待値をそれぞれ 0.60 と 1.47 と推計している。

第2章　特許経済学の基礎理論

第1節　特許制度の経済的機能

1.1　独占を特別に許す特許制度

　経済学では，企業の自由な事業活動，人々の自由な経済的取引や職業選択を保証しておけば，あたかも「神の見えざる手」に導かれているかのように，「効率的資源配分」と「社会的余剰の最大化」が実現されると考えられている。企業の自由な事業活動は激しい企業間競争をもたらすので，製品の品質は改善され，生産費用を最小化するような生産方法が選択されるようになる。モノやサービスを生産するには「資源」が必要でそれには限りがあるが，自由な市場経済はこうした希少性のある資源を無駄なく，そして最も効率的に活用するように人々の行動を仕向ける作用をする。さらに自由な市場経済では，「価格機構」の作用により生産者余剰と消費者余剰の総和である「社会的余剰」が最大化されると考えられている。

　しかし，現実の経済では「規模の経済」などが原因で「独占市場」や「寡占市場」などの非競争的市場が形成される場合も少なくない。独占市場では，単一の企業が財の供給を独占しているので，そうした企業は製品の品質を改善す

る努力やより安価な生産方法を選択する努力を怠りがちになり，市場に非効率が発生する。また，独占企業は完全な「価格支配力」を持つので，完全競争市場の場合よりも価格が高騰し，社会的余剰の最大化が妨げられる。寡占市場とは，比較的少数の企業が同種類の代替的な製品を生産・販売し，製品差別化などを通してある程度の価格支配力を行使している場合であるが，寡占市場においても，個々の企業が共謀して行動するようになると，市場は事実上独占市場と同じ状態に陥ってしまう。

そこで，現代の政府は「独占禁止法（私的独占の禁止及び公正取引の確保に関する法律）」を制定し，私的独占，不当な取引制限，不公正な取引方法などを禁止して，完全競争市場に近い市場構造をつくりだすように努力している。このように，経済学では「効率的資源配分」や「社会的余剰の最大化」が実現される経済状態を望ましいとし，そうした状態の実現を妨害する独占などは極力排除するべきであると考えている。

ところが，政府が独占を「特別」に「許」している場合がある。それは特許権など「知的財産権」の利用や実施についてである。それではなぜ，政府は例外的に知的財産権について独占を認めているのだろうか。あるいは，独占を認めることに合理的な根拠はあるのだろうか。以下では，特許権付与の対象となる技術知識（発明）に焦点を絞って，こうした点を経済学的に検討してみよう。

1.2 技術知識の非競合性という性質

工業製品のような通常の財と技術知識という財は，それらを生産するためには資源が必要で費用がかかる，生産者にも消費者にも余剰をもたらす，などの点では共通した性質を持っている。技術知識は無費用で生まれてくるものではなく，多くの場合，企業が膨大な研究開発費を投じることで初めて新製品や既存製品の改良（製品イノベーション），新たな生産方法（工程イノベーション）などが創出される。そして，新しい有用な技術知識は経済の効率を改善させ経済成長を促す。

他方，通常の財と技術知識は決定的に異なっている点もある。それは，通常の財は「競合的」であるが，技術知識は「非競合的」であるという点である。経済学では，ある人の財の利用が他の人の財の利用を妨げたり減らしたりすることのないとき，その財は「非競合的」であるという。技術知識の実体は，紙などに記録された情報や電子媒体に記録された電子信号であったり，人間の脳の中に記憶されたりしている情報である。情報は，ある人が利用すると他の人が利用できなくなるというものではない。また，通常の財は「排除可能性」という性質を持っているが，技術知識を複製する費用は非常に安価なので他者による「フリーライド」が生じやすい。そのため，「非競合性」とう性質と相俟って，費用を負担していないものを技術知識の利用から排除することが難しくなり「排除性」が失われてしまう場合が多い。

　技術知識のような非競合的な財は一度生産されてしまえば，通常の財とは違って誰がどれだけ利用しようとも余計な資源が必要で，生産費用が増加するということはないので「限界費用」は生じない。これに対し，通常の財の場合，財の利用者を増加させようとすれば，当然そうした財を一層多く生産しなければならず，その分費用も増加するため限界費用はゼロではない。

　先にも指摘したように，競合性のある財が取引されている完全競争市場がもたらす最大のメリットは，効率的な資源の利用が保証されるという点にあった。完全競争市場では，価格（＝限界費用）を負担してまで財を利用したくはないと思っている人々は，そもそも財を購入せず市場から退出するので，その分資源が節約され，価格以上の利益を感じている人々のためだけに資源を活用することができる。そして，価格以上の利益を感じている人々のすべてがそうした財を利用することができる。

　しかし，競合性のない技術知識が完全競争市場で取引されると，事態はかなり異なったものとなる。競合的な財が取引されている完全競争市場の場合，価格ほどの利益を感じていない人は財を購入せず，市場から退出するという点が効率的な資源の利用にとって重要であったが，非競合的な財の場合，限界費用が生じないので価格もゼロとなる。したがって，すべての人たちは技術知識を利用したいと考えるので市場から退出するものはいなくなる。しかも，技術知

識に低い利益しか感じていない幾らかの人々を市場から退出させたところで，資源が節約されるということもない．

技術知識の生産の場合，その追加的な利用を増加させるために犠牲にしなければならない資源は存在しない，すなわち「機会費用」はゼロなので，多くの人に技術知識を利用させるほど社会的余剰は増加するはずである．したがって，すべての人たちが無償で技術知識を利用できる環境を整えることが経済的には望ましい．そして技術知識の場合，その利用について費用を負担していないものを排除することが困難な場合が多いので，完全競争市場では自ずとそうした状態が実現されやすい．ところが，「排除性」が失われてしまうと技術知識を生産するための費用が回収されないので，そもそも技術知識を生産しようというインセンティブ自体が生まれてこない．ここに，技術知識という財の特殊性による矛盾が存在する．

1.3　インセンティブ・システム

それでは，どうすれば経済主体に技術知識生産のインセンティブを与えることができるのだろうか．実は，人間の長い歴史の中でこのようなインセンティブを引き出すために様々な工夫が凝らされてきた．優れた技術を開発した発明者や人々が必要とする技術の開発に成功した発明者に賞金を与える制度，あるいは，発明者に政府が資金援助を行う制度などが試されてきた．こうした試行錯誤の結果，現代では技術知識を生産した経済主体に対して，その実施に関して「独占的排他権」を与える「特許制度」がインセンティブ・システムとして次のような点で優れているのではないかと考えられるようになった．[1]

第1に，特許制度は独占市場を形成させるが，独占市場にも市場経済のメリットの一部は残されている．それは，技術知識生産の費用をそれを利用したい人

---

[1] ただし，現代においても，政府が民間企業や大学に多額の研究開発費を支出したり政府自らが研究開発を実施したりしているので，特許制度と共に資金援助制度も同時に活用されているといえよう．

だけに負担させられる，というメリットである。他方，資金援助制度では，技術知識生産の費用は税金で賄われるので，本来その技術知識を利用したいとは思わない人にまで費用負担が及んでしまう，という不都合が生じる。

ただし，あらゆる技術知識についてこのようなことがいえる訳ではない。すべての人たちが有用と考え利用したいと思うような技術知識は，むしろ資金援助制度による供給の方が効率的な場合もある。したがって，ある一部の人たちが望んでいるような技術知識については特許制度を活用し，公益性の高い技術知識については資金援助制度を活用するという役割分担が望ましい。

第2に，特許制度は分権化の利益をもたらす。特許制度では，十分な収入を回収できるという見込みがあるかぎり，誰に許しを請うこともなく，あらゆる人たちが技術知識の生産に挑戦できる。しかし，資金援助制度では，いくら優れたアイデアでも，政府の許可がなければ技術知識生産に着手することはできない。すぐれたアイデアかどうかは，政府が判断するよりもアイデアを思いついた人に分権的に判断させるほうが望ましい。

仮に，技術知識の生産の結果，十分な収入が回収できなくとも，その責任はアイデアを思いついた人が負うことになるので誰もからも非難されない。他方，資金援助制度では，損害を被るのは一般納税者なので彼らからの不満が噴出するのは必至だろう。

1.4　死荷重の抑制

特許制度にはいくつかの点で他のインセンティブ・システムにはないメリットがあるが，他方で市場独占による「死荷重」の発生は避けられず，市場に非効率をもたらすというデメリットがある。そこで，研究開発のインセンティブが損なわれないようにしながら，同時に死荷重の発生を最低限に抑制するにはどうすればよいかが重要な論点となった。この点を検討するため以下ではまず，特許制度がもたらす市場の非効率性を理論的に定式化しておこう。

本章1.2で説明したように，発明（技術知識）のような非競合的な財は，す

べての人々に無償で利用させることが社会的には望ましい。発明をすべての人々に無償で利用させたときの消費者余剰の大きさは，発明の「潜在的価値」といわれる。いま，ある発明に対する需要関数を $Q(p)$ と表そう。ここで，p は発明の価格である。ただし，$Q_p<0$ を仮定する。競争市場において発明の価格はゼロとなるので，発明の潜在的価値 B は，

$$B=\int_0^\infty Q(p)dp$$

と表される。先に指摘したように，発明という財は非競合的で複製の費用がきわめて安価なので，完全競争市場では排除性を失ってしまう。そこで，発明創出に対するインセンティブを引き出すには，発明に要した費用を回収できるように発明の実施について独占的排他権を付与すればよい。これが特許制度に他ならない。発明の実施について独占が認められると企業はプライメーカーとして完全な価格支配力を行使できるので，発明の価格は $p^*=\arg\max_p pQ(p)$ のように決定される。ただし，独占が許容されるため市場には，

$$D=B-W, \quad W=p^*Q(p^*)+\int_{p^*}^\infty Q(p)dp$$

に相当する死荷重が発生してしまう。ここで，W は生産者余剰と消費者余剰の合計を意味する（社会的余剰）。このように，特許制度による独占的排他権の付与は，市場に死荷重をもたらすという非効率を生む（図2.1参照）。

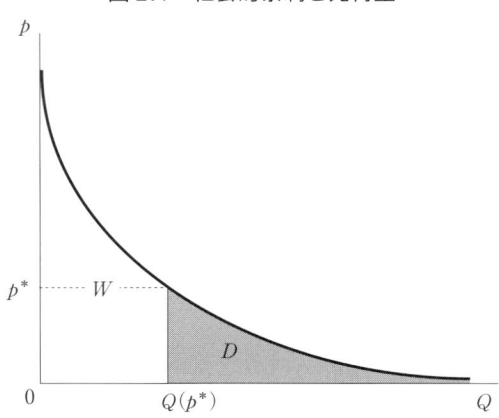

図2.1　社会的余剰と死荷重

以上のように，発明の実施に独占的排他権を付与する特許制度は，発明に対するインセンティブを引き出すものの，他方で市場に非効率をもたらす。そこで，Nordhaus〔1969〕以来，特許制度による非効率を最小限に留める方法が考案されてきた。そうした理論研究による解答は，企業が研究開発費を回収できる程度に特許保護期間を定め，研究開発費が回収された後は「公共財」あるいは「パブリックドメイン（誰でも利用できる状態）」として発明を市場に解放する，というものであった（Klemperer〔1990〕，Gilbert and Shapiro〔1990〕）。そこで次に，こうした特許保護期間がどのように決定されるべきかをみてみよう。

いま，発明は無期限にわたって市場に消費者余剰や生産者余剰をもたらすとし，特許保護期間を T，発明創出に必要な研究開発費を C，割引率を ρ と表記する。このとき，発明がもたらす経済厚生 S は，

$$S = \int_0^\infty W e^{-\rho t} dt + \int_T^\infty D e^{-\rho t} dt - C = \frac{W}{\rho} + \frac{D}{\rho} e^{-\rho T} - C \tag{2.1}$$

と表される。(2.1) 式の右辺第1項は，発明がもたらす社会的余剰の現在割引価値合計を意味している。右辺第2項は，特許保護期間終了後に復活する死荷重に相当する消費者余剰の現在割引価値合計を意味している。(2.1) 式から明らかなように，特許保護期間が長いほど死荷重の発生期間が長期化するので経済厚生は低下する。

死荷重の発生期間をできるだけ小さくして経済厚生を最大化するには，企業が投下した研究開発費を回収できる収入が得られる程度の特許保護期間を認めればよい。すなわち，

$$\int_0^T R e^{-\rho t} dt = \frac{R}{\rho}(1 - e^{\rho T}) = C, \quad R = p^* Q(p^*)$$

を満たす特許保護期間 T を定めればよい。この式を T について解けば最適保護期間 T^* が，

$$T^* = -\frac{1}{\rho} \ln\left(1 - \frac{\rho C}{R}\right)$$

のように決定される。[2] T^* が経済厚生を最大化する，あるいは死荷重を最小化する特許保護期間であることは次のように理解される。

図2.2にみるように特許保護期間が$T^* > T$のとき，企業は発明に要した研究開発費を回収することができないので，そもそも発明創出は行われず経済厚生は生まれないので$S=0$となる。一方，$T^* \leq T$のとき，発明創出は行われるが，(2.1) 式より特許保護期間が長くなるほど経済厚生は低下してしまう。すなわち，

$$S = \begin{cases} 0 & \text{for } T^* > T \\ \dfrac{W}{\rho} + \dfrac{D}{\rho}e^{-\rho T} - C & \text{for } T^* \leq T \end{cases}$$

である。この式の下段は特許保護期間の単調減少関数なので，経済厚生Sの最大化は$T = T^*$のとき実現される。

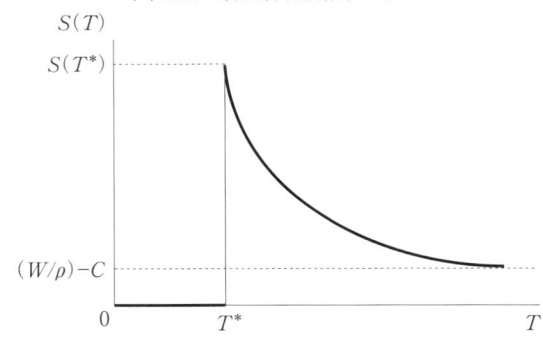

図2.2 最適保護期間の導出

---

2 最適な特許保護期間が正の値となるためには，$R/\rho > C$が成立していなければならない。この条件は，独占的排他権が無限期間にわたって付与されるときの収入の現在割引価値合計が研究開発費を上回っていなければならない，ということを意味する。

第2節　特許権の「範囲」と「長さ」

2.1　特許権の範囲と長さの代替性

　どの程度までの模倣発明を特許侵害と認めるかは，特許制度が定める特許権の範囲に依存する。特許制度が広い範囲の特許権を認めれば他者による模倣は困難となり，狭い範囲の特許権しか認めなければ模倣は容易となる。

　第1章3.3でみた「専有可能性」の調査によると，開発された技術知識を特許出願しなかった理由として，多くの企業が「合法的に迂回発明されてしまうから」という選択肢を選んでいる。ここで，「合法的な迂回発明」とは，先行特許のクレームを侵害せず，クレームを迂回して類似技術の開発が行われることを意味する。もちろん，迂回発明は特許侵害には該当しない。多くの企業が合法的な迂回発明を恐れているという事実を経済学的に解釈すれば，「現実の特許制度が付与する独占的排他権は，市場における完全な価格支配力を保証せず，迂回発明という代替財の生産により価格支配力の行使が不完全になる場合がある」ということになろう。

　したがって，本章1.4では，特許制度が付与する独占的排他権は技術知識の生産者に完全な価格支配力を与え，技術知識の市場では独占価格が形成されると考えたが，これはあまり現実的ではないことになる。先にも指摘したように，設定される特許権の範囲の広さによって，どこまでが特許侵害に該当するかが規定されるので，価格支配力の強さは異なると考えられる。非常に広い範囲のクレームを認める特許制度は，迂回発明を完全に牽制するので，技術知識の生産者は完全な価格支配力を行使して可能なかぎり多くの生産者余剰を獲得することができるだろう。これに対して，狭い範囲のクレームしか認めない特許制度は，競合他社による迂回発明を可能とさせるので，需要がある程度競合他社

に奪われてしまう危険性がある。したがって，完全な価格支配力が行使されず，いくらかの生産者余剰が失われるだろう。

特許権の範囲は，特許制度の設計の仕方や運用，さらには特許係争を扱う裁判所の判例などに依存するので，特許保護期間と同様に一種の「政策変数」であると考えることができる（第3章1.1参照）。したがって，特許権の範囲を定める制度設計も特許保護の強さを規定するので，特許保護期間と特許権の範囲は代替性を持つと考えられる。そこで，特許制度の弊害を緩和して経済厚生を最大化するには，どのような政策手段の組合せを選択したらよいかという問題が浮上する。この問題に対する解答をかなり一般的な前提のもとで導出した研究に Gilbert and Shapiro〔1990〕がある。そして彼らは，できるだけ狭い特許権の範囲と長い特許保護期間の組合せを推奨する。以下では，どうしてこのような命題が導出されるのかをみてみよう。

2.2　特許権の範囲と長さに関するトレードオフ関係

本章1.4でみた基本モデルと同様，企業は発明創出に投下した研究開発費以上の収入が得られなければ発明を行わないと仮定し，研究開発費を C と表す。特許保護期間を T とし，この期間中にある発明が体現された製品の販売から企業が得られる毎期の利潤を π，権利が消滅した後の毎期の利潤を $\bar{\pi}$ とする。[3] したがって，生産者余剰の現在割引価値合計 V は特許保護期間の関数として，

$$V(T) = \int_0^T \pi e^{-\rho t} dt + \int_T^\infty \bar{\pi} e^{-\rho t} dt$$

と表される。

特許保護により企業が π の利潤を得たときの毎期の社会的余剰（生産者余剰と消費者余剰の合計）を $W(\pi)$，特許権が消滅した後のそれを $\overline{W} = W(\bar{\pi})$ と表そう。ただし，特許保護期間終了後には死荷重が消費者余剰として復活するの

---

[3] 本章1.4の基本モデルでは，特許保護期間終了後に企業に利潤は発生しないと仮定したが，ここでは僅かながら利潤が残存すると仮定する。もちろん，$\pi > \bar{\pi}$ である。

で $W(\pi)<\overline{W}$ である．この場合の経済厚生は，特許保護期間中の社会的余剰と保護期間終了後の社会的余剰の現在割引価値合計として，

$$S(T)=\int_0^T W(\pi)e^{-\rho t}dt+\int_T^\infty \overline{W}e^{-\rho t}dt \tag{2.2}$$

となる．本章1.4の基本モデルと同様，特許保護が企業にもたらす所与の利潤 π のもとで，研究開発費を回収できる特許保護期間は，$C=V(T)$ を満たす T として，

$$T^*=-\frac{1}{\rho}\ln\left(\frac{\pi-\rho C}{\pi-\overline{\pi}}\right) \tag{2.3}$$

で与えられる．(2.2) 式より特許保護期間の長期化は経済厚生を低下させるので（$S'(T)<0$），最低限の研究開発費を回収できる特許保護期間 T^* を定めるのが望ましい．ただし，最適な特許保護期間が正に定まるためには，

$$\frac{\overline{\pi}}{\rho}<C<\frac{\pi}{\rho} \tag{2.4}$$

が成立している必要がある．

ここまでは本章1.4でみた基本モデルと大きな違いはないが，以下では特許制度が企業に認める特許権の範囲によって，企業の得られる利潤が変化すると仮定しよう．すなわち，特許制度が認める特許権の範囲が広いほど企業は強い価格支配力を行使することができ，利潤を増加させられると仮定する．これに対して，狭い範囲の特許権しか認められない場合は価格支配力が弱まるので，企業は価格を引き下げざるを得ず企業利潤が減少すると仮定する．また，特許保護期間中に発生する死荷重は，企業の利潤が大きくなるほど増大するので，$W'(\pi)<0$ とする．

もし，特許権の範囲の設定によって企業の利潤が変化するのであれば，企業に最低限の研究開発費の回収を保証する特許権の範囲と長さについて，複数の組合せが存在することになる．広い特許権の範囲を認めれば，企業は単位時間当たりにより多くの利潤を得ることができるので，特許保護期間が短くても研究開発費の回収が可能になるはずであろう．これに対し，狭い特許権の範囲しか認められなければ，特許保護期間が長くないと研究開発費の回収が不可能になるはずである．このようなトレードオフ関係は，(2.3) 式を π について解い

た次の式として表される。

$$\pi = \frac{\rho C - \bar{\pi} e^{-\rho T}}{1 - e^{-\rho T}} \qquad (2.5)$$

(2.5) 式を $\pi = \phi(T)$ と表そう。この式は，任意の特許保護期間の下で，企業が投下した研究開発費を回収するために必要な利潤の大きさを表している。(2.5) 式を T で微分すれば，

$$\frac{d\pi}{dT} = \phi'(T) = \frac{\rho e^{-\rho T}(\bar{\pi} - \rho C)}{(1 - e^{-\rho T})^2} \qquad (2.6)$$

となる。(2.4) 式より $\bar{\pi} < \rho C$ なので $\phi'(T) < 0$ が成立する。すなわち，狭い特許権の範囲しか認められなくとも，それによる利潤の減少が相殺されるように特許保護期間を長期化させれば，企業は投下した研究開発費の回収が可能になる。このように，特許保護期間と特許権の範囲の間にはトレードオフ関係が存在する。

2.3 「長さ」と「範囲」の最適な組合せ

特許権の範囲に関わる制度設計によって，企業の価格支配力が左右されるとき，研究開発費を回収できる特許保護期間と特許権の範囲の組合せは複数存在した。それでは，どのような組合せを選択すれば経済厚生が最大化される（死荷重が最小化される）のであろうか。以下ではこの点を検討していこう。

先の (2.5) 式から，特許保護期間終了後の利潤 $\bar{\pi}$ を引けば，

$$\phi(T) - \bar{\pi} = \frac{\rho C - \bar{\pi}}{1 - e^{-\rho T}}$$

となるので，この式を (2.6) 式に代入して整理すれば，$\phi'(T)$ は，

$$\phi'(T) = \frac{-\rho e^{-\rho T}}{1 - e^{-\rho T}} \{\phi(T) - \bar{\pi}\} \qquad (2.7)$$

と表される。企業に研究開発費を回収させるためには $\pi = \phi(T)$ が満たされていなければならない点に注意して，(2.2) 式を T で微分すると，

$$\frac{dS}{dT}=[W\{\phi(T)\}-W(\bar{\pi})]e^{-\rho T}+\frac{W'\{\phi(T)\}}{\rho}(1-e^{-\rho T})\phi'(T)$$

を得る．この式に（2.7）式を代入して整理すれば，$dS/dT>0$ が成立する条件は，

$$\frac{W\{\phi(T)\}-W(\bar{\pi})}{\phi(T)-\bar{\pi}}>W'\{\phi(T)\} \tag{2.8}$$

となる．(2.8) 式が成立するとき，特許保護期間を長期化させる代わりに特許権の範囲を狭めていけば，経済厚生が改善される．そして，(2.8) 式の成立は以下のように証明される．

図 2.3 は，$W''\{\phi(T)\}<0$ のとき (2.8) 式が成立することを示したものである．図 2.3 において，縦軸には社会的余剰の大きさが，横軸には企業利潤の大きさが測られている．$W''\{\phi(T)\}<0$ なので，企業利潤と社会的余剰の関係は右下がりで原点に対して凹の曲線として描かれる．図 2.3 の直線 a-b の傾きは (2.8) 式の左辺に等しい．また，企業利潤 $\phi(T)$ における接線の傾き c-d は (2.8) 式の右辺に等しいので，社会的余剰関数が原点に対して凹であるかぎり，必ず (2.8) 式が成立する．

また，$W''\{\phi(T)\}<0$ がごく一般的な条件のもとで成立することは以下のよ

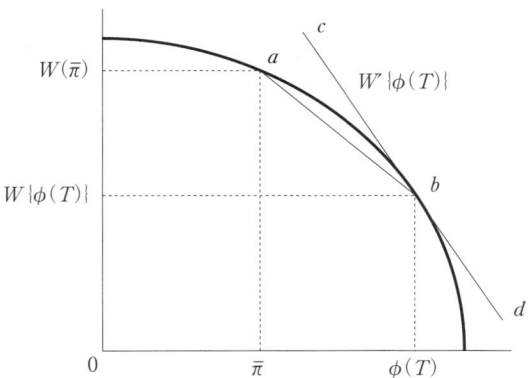

図 2.3　社会的余剰と利潤の関係

うに証明される。

　いま，ある発明が体現された製品の生産量を x，この製品に対する逆需要関数を $p(x)$，費用関数を $c(x)$ とすれば，企業利潤は，

$$\varphi(x) = xp(x) - c(x)$$

と表される。十分に広い範囲の特許権が認められる場合，企業は完全な価格支配力を行使できる。そこで，この式を最大化する生産量を x_m，価格を p_m と表記する。

　特許権の範囲が狭められると，迂回発明による代替製品が登場し市場が蚕食されてしまうので，企業は独占価格を維持できなくなり，価格を引き下げざるを得なくなる。その結果，当該製品の生産量は増大する。すなわち，政策当局は特許権の範囲を調整することで当該製品の生産量に影響することができる。

　企業の生産量が x のとき，生産者余剰と消費者余剰の合計は，

$$w(x) = \int_0^x p(z)dz - c(x)$$

と表される。この社会的余剰を最大化する生産量を x_w としよう。一般に，企業が完全な価格支配力を行使したときの生産量 x_m より社会的余剰を最大化する生産量 x_w の方が大きい（$x_w > x_m$）。生産量 x_w は $p(x) - c'(x) = 0$ を満たす。一方，生産量 x_m は $p(x) - c'(x) + xp'(x) = 0$ を満たすので，$p(x_m) - c'(x_m)$ は正の値でなくてはならない。したがって，x_w において $p(x_w) - c'(x_w)$ はゼロとなり社会的余剰は最大化されるので，x_m は x_w より小さくてはならない。

　また，$x_m < x < x_w$ のとき，

$$\varphi'(x) < 0, \quad \varphi''(x) < 0$$
$$w'(x) > 0, \quad w''(x) < 0$$

となる。企業利潤は生産量 x に規定されるのでこの関係を $\pi = \varphi(x)$ と表記し，その逆関数を $x = \varphi^{-1}(\pi) = f(\pi)$ と表記する。また，$W(\pi) = w\{f(\pi)\}$ と表記する。このとき，社会的余剰関数 $W(\pi)$ の2階微分は，

$$W''(\pi) = w'f'' + w''(f')^2$$

となる。

　この式は先の条件 $w'(x) > 0$，$w''(x) < 0$ より f'' が負のとき負となる。

$dx=f'd\pi$, $d\pi=\varphi'dx$ なので，$dx=f'\varphi'dx$ となる．また，$f'(\pi)=1/\varphi'\{f(\pi)\}$ なので，

$$f''=-\frac{\varphi''f'}{(\varphi')^2}<0$$

が成立する．したがって，$W''(\pi)<0$ が成立する．

　以上のように，特許権の範囲と長さの間のトレードオフが考慮された Gilbert and Shapiro〔1990〕のモデルでは，特許権の範囲を狭める代わりに特許保護期間を長期化させるほど経済厚生は向上するので，できるだけ長い特許保護期間と狭い特許権の範囲が推奨される．彼らのモデルによれば，長い特許保護期間を定める場合も広い範囲の特許権を認める場合も同様に市場の効率に影響するが，特許権の範囲の方が市場の効率に強く影響するので，できるだけ狭い範囲の特許権しか認めず，長い保護期間の設定を通して企業に研究開発費の回収を可能とさせる制度設計が望ましい．

2.4　トランスポート・コスト

　先にみた Gilbert and Shapiro〔1990〕のモデルにおいて，特許権の範囲に関わる制度設計は価格支配力に影響すると仮定されていた．狭い特許権の範囲しか認められないとき，企業は完全な価格支配力を行使できず，価格を引き下げざるを得ないので完全な独占利潤の実現が阻害された（本章2.2参照）．しかし，どうして完全な価格支配力を行使できないのか，という点についてのメカニズムは必ずしも明確にされているとはいえない．これに対し，トランスポート・コスト（transport cost）という概念の導入よって，特許権の範囲と価格支配力の関係を明確にした研究に Klemperer〔1990〕がある．トランスポート・コストとは，1単位の「質的距離」の下で，模倣代替品に対する支払費用について消費者が感じる負担感の相対的大きさを意味する．

　一般に，模倣代替品の価格は発明に要する費用が節約されているのでオリジナルのものより低い．しかし，消費者は模倣代替品の質に対していくらかの不

満を感じているはずなので，模倣代替品に対する評価はオリジナルより低い。したがって，本物志向が強く模倣代替品の質に強い不満を感じている消費者は，支払い費用に関する負担感も強いので，いくら模倣代替品の価格が安くてもオリジナルの方を選択するだろう。これに対し，模倣代替品の質にそれほど不満を感じていない消費者は，支払費用についての負担感も小さいので模倣代替品を選択するだろう。

　ここで，特許権の範囲に規定される変数 ω をオリジナルからの「質的距離」と呼ぶことにしよう。広い範囲の特許権が認められる場合，オリジナルに近い質の模倣代替品は特許侵害に該当してしまうので，模倣代替品の質はオリジナルに比べて低くならざるを得ない（オリジナルからの質的距離が遠くならざるを得ない）。逆に，狭い範囲の特許権しか認められない場合，オリジナルに近い質の模倣代替品でも特許侵害には当たらないので，模倣代替品の質は高くなる（あるいはオリジナルからの質的距離は近くなる）。したがって，広い範囲の特許権が認められるほど ω は大きくなる（オリジナルからの距離は遠くなる）。

　$\omega=1$ のとき，模倣代替品に対する消費者の支払費用に関する負担感の大きさを τ と表そう。この τ が Klemperer〔1990〕のいうトランスポート・コストに他ならない。そして，トランスポート・コストと質的距離の積 $\tau\omega$ は，質的距離が ω の場合に，模倣代替品に対する支払費用について消費者が感じる負担感の大きさを意味する。したがって，広い範囲の特許権が認められるほど質的距離 ω は大きくなり模倣代替品の質は低下するので消費者の支払費用についての負担感は大きくなる。オリジナルに対する支払費用についての負担感の大きさは価格 p そのものなので，消費者は $p \leq \tau\omega$ のときオリジナルを選択する。

2.5　特許権の範囲と利潤

　トランスポート・コスト τ は，消費者の「主観」に依存しているはずなので，消費者によって大きく異なると考えられる。そこで，トランスポート・コスト τ は，ある確率分布 $g(\tau)$ に従っていると考えよう。だだし，この確率分布は

$\lim_{\tau \to 0, \infty} g(\tau) = 0$ という条件を満たすと仮定する。すなわち，模倣代替品に対してまったく負担感を感じない消費者も，無限大の負担感を感じる消費者も存在しないと仮定する。

消費者がオリジナルを選択する条件は $p/\omega \leq \tau$ と書きかえられるので，オリジナルを選択する消費者の割合は，オリジナルの価格が p，質的距離が ω のとき，

$$G(p/\omega) = \int_{p/\omega}^{\infty} g(\tau) d\tau$$

となる。したがって，広い特許権の範囲を認めるほど質的距離 ω は大きくなるので，オリジナルの価格が一定であるかぎりオリジナルを選択する消費者の割合が高まる。そして，無限大の範囲の特許権を認めるとき，質的距離も無限大になるので ($\omega \to \infty$)，$\lim_{\omega \to \infty} G(p/\omega) = 1$ となり，すべての消費者はオリジナルを選択する。

トランスポート・コストという概念の導入により，特許権の範囲と企業の価格支配力や利潤との関係をより明確に定式化することができるようになる。いま，模倣代替品が存在しないときのオリジナルに対する需要関数を $Q(p)$ と表そう。特許権の範囲が模倣代替品の登場を可能とする程度に定められているとき（すなわち ω が無限大ではないとき），オリジナルに対する需要が浸食されてしまうので，オリジナル企業が直面する需要関数は $Q(p)G(p/\omega)$ となる。この需要関数の下で，オリジナル企業は収入が最大となるように価格を設定する。オリジナル企業の収入は $pQ(p)G(p/\omega)$ なので，収入を最大化する価格 p_ω は，

$$\omega G(p_\omega/\omega)\{Q(p_\omega) + p_\omega Q'(p_\omega)\} + p_\omega Q(p_\omega) G'(p_\omega/\omega) = 0 \quad (2.9)$$

という条件を満たす。一方，$\omega \to \infty$ とき $G(p/\omega) = 1$ となるので，収入を最大化する価格 p_m は，

$$Q(p_m) + p_m Q'(p_m) = 0 \quad (2.10)$$

という条件を満たす。ここで，p_m は完全な価格支配力を行使できるときの独占価格に他ならない。

$p_m > p_\omega$ であることは容易に証明される。(2.9) 式において，p_ω の代わりに p_m を代入すると (2.10) 式より第1項はゼロとなる。また，$G'(p/\omega) < 0$ なので

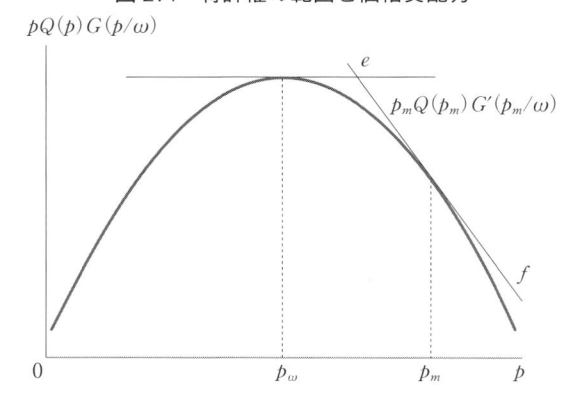

図 2.4 特許権の範囲と価格支配力

(2.9) 式の第 2 項は負となる。すなわち，$p_m Q(p_m) G'(p_m/\omega) < 0$ である。図 2.4 は，横軸に価格，縦軸にオリジナル企業の収入を測り，収入を最大化する価格の決定を図示したものである。図 2.4 から明らかなように，(2.9) 式に p_m を代入するとそれは負となるので，接線 $e-f$ は p_ω の右側で収入線と接していなければならない。すなわち，p_m は p_ω より必ず大きくなくてはならない。このように，十分に広い範囲の特許権が認められず，模倣代替品の登場を許す程度のものであるとき，オリジナル企業は完全な価格支配力を行使できなくなり，価格を引き下げざるを得なくなる。[4]

2.6 イミテーション・コスト

本章 2.4 と 2.5 でみたように，十分に広い範囲の特許権が認められていないとき（質的距離が無限でないとき），発明を起こした企業が完全な価格支配力を行使できない理由を，Klemperer〔1990〕は模倣代替品市場の創出による消費需

---

[4] 特許権の範囲を狭めるほど，価格は低下する。Klemperer〔1990〕ではさらに，模倣代替品の市場を含めた厚生分析が行われている。

要の移動に求めた。これに対し，Gallini〔1992〕は，迂回発明のコストさえ負担すれば，後続企業は消費者にとって完全な代替品を供給でき，オリジナル市場への参入が可能となるため，オリジナル企業は完全な価格支配力を失うと考えた。そしてGallini〔1992〕は，この迂回発明のコストをイミテーション・コスト（imitation cost）と呼んだ。

いま，オリジナル企業が起こした発明を体現した製品について，完全な価格支配力を行使できる場合の独占価格を $p(0)=\arg\max_p pQ(p)$，このときの利潤を $\pi(0)$ としよう。ここで，$Q(p)$ は市場の需要関数を意味する。ただし，後続企業はイミテーション・コストを負担しさえすれば，この市場へ参入できるとしよう。参入企業による製品は，オリジナル企業の製品と完全に代替的であると想定されるので，オリジナル企業を含むすべての企業にとって価格は与件となり，価格水準は参入企業の数に規定される。そこで，参入企業が存在する場合の価格を $p(n)$ と表そう。n は参入企業数を意味し，参入企業が多いほど価格は低下する（$p'(n)<0$）。

特許権の範囲とイミテーション・コストの間には密接な関係がある。十分に広い範囲の特許権が認められる場合，イミテーション・コストは高くなる。逆に，狭い範囲の特許権しか認められない場合，イミテーション・コストは安くなる。したがって，後続企業はこのイミテーション・コストの多寡によって参入の意思決定を行う。参入企業数が n のとき，個々の企業は利潤の均等配分を受けるとすれば，1企業単位時間当たりの利潤は $\pi(n)=(1/n)p(n)Q\{p(n)\}$ となる。需要の価格弾力性が1より小さいとすれば，参入企業数 n が増加するにつれ，1企業当たりの利潤は減少する（$\pi'(n)<0$）[5]。

イミテーション・コストを k，特許保護期間を T とすれば，参入企業数 n は，

$$\frac{\pi(n)}{\rho}(1-e^{-\rho T})=k$$

を満たす n として与えられる。図2.5は，参入企業数とイミテーション・コス

---

[5] 単位時間当たりの利潤 $\pi(n)$ を n について微分すると，
$$\pi'(n)=p'(n)Q\{p(n)\}n^{-1}(1-\varepsilon)-p(n)Q\{p(n)\}n^{-2}$$
となる。$p'(n)$ は負なので，需要の価格弾力性が $\varepsilon<1$ のとき，$\pi'(n)$ も負となる。

トの関係を図示したものである。特許保護期間における利潤の現在価値合計は，参入企業数の減少関数となるので，イミテーション・コストが低下するにつれて参入企業数は増加する。たとえば，イミテーション・コストが k_1 のとき参入企業数は n_1 に決定される。これに対し，オリジナル企業が完全な価格支配力を行使したときの利潤の現在割引価値合計 $\pi(0)(1-e^{-\rho T})/\rho$ より，イミテーション・コストが高い場合（k_0），参入企業数はゼロとなる。このように，十分に広い範囲の特許権が認められるとき，高いイミテーション・コストが後続企業の参入を阻止するので，オリジナル企業は完全な価格支配力を行使できる。

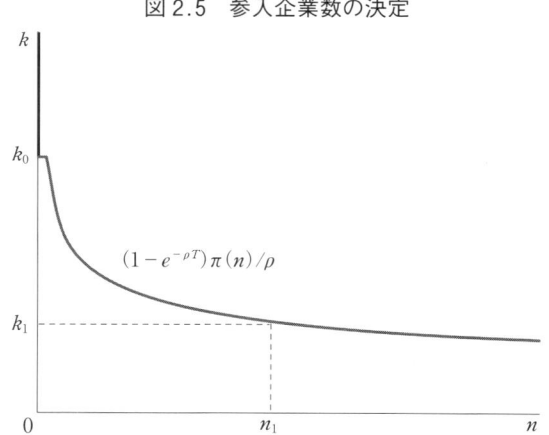

図2.5 参入企業数の決定

Gallini〔1992〕のモデルの興味深い点は，オリジナル企業の価格支配力が，特許権の範囲だけでなく特許保護期間にも影響される，ということである。イミテーション・コストが所与のとき，これを回収できる程度に特許保護期間が設定されていないと，後続企業の参入は起こらない。したがって，後続企業の参入を阻止し，オリジナル企業が完全な価格支配力を行使できる特許保護の範囲と特許保護期間の組合せが存在する。オリジナル企業の独占利潤の現在割引価値合計とイミテーション・コストを等しくさせるイミテーション・コストと特許保護期間の関係は，

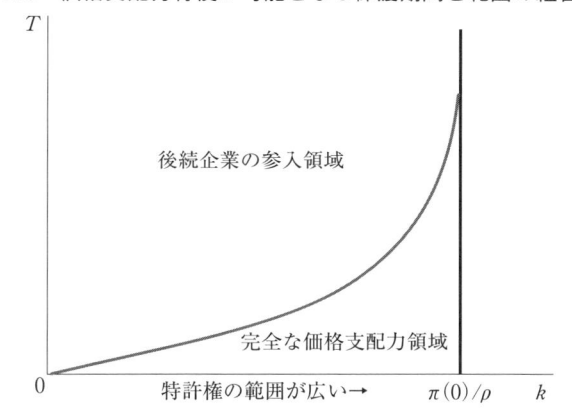

図2.6 価格支配力行使が可能となる保護期間と範囲の組合せ

[図：縦軸 T、横軸 k。右上がりの曲線により「後続企業の参入領域」（曲線の上側）と「完全な価格支配力領域」（曲線の下側）に分けられる。横軸上に $\pi(0)/\rho$ の点が示され、「特許権の範囲が広い→」の矢印がある]

$$T(k) = \frac{1}{\rho} \ln \left\{ \frac{\pi(0)}{\pi(0) - \rho k} \right\}$$

と計算される。図2.6はこの式を図示したものであるが，特許保護期間 T とイミテーション・コスト k の組合せが右上がりの曲線の上に位置しているとき，参入が生じオリジナル企業は価格支配力を失う。逆に，この組合せがこの曲線の下に位置しているとき，オリジナル企業は完全な価格支配力を行使できる。なお，イミテーション・コスト k が $\pi(0)/\rho$ に等しいとき，無限の特許保護期間が保証されないかぎり，オリジナル企業は完全な価格支配力を維持できる。また，イミテーション・コスト k が $\pi(0)/\rho$ より大きいとき，特許保護期間に関わらず，完全な価格支配力が維持される。

ただし，Gallini〔1992〕のモデルは，オリジナル企業が特許発明を起こしているにも関わらず，イミテーション・コストさえ負担すれば完全な代替財が供給され市場が競争的となる，としている点に違和感がある。現実には，特許発明に対して完全な代替財を供給することは不可能であり，いくらか質の低い模倣代替財が供給されるにすぎない。この点で，質の低い模倣代替財へ消費需要が移動するとした Klemperer〔1990〕の想定の方が現実的であるといえよう。

2.7 特許権の「縦の範囲」

これまでの特許権の範囲は，代替品の模倣の程度をどこまで許容するかを定めたものであった。こうした特許権の範囲を「横の範囲」と呼ぶことにすれば，もう1つの重要な特許権の範囲に「縦の範囲」がある。「縦の範囲」とは，新たな特許発明として認定されるために達成されなければならない最低限度の技術知識の改善の程度を意味する。

日本の特許法では，特許要件として「新規性」と「進歩性」が要求される。新規性とは「同じ発明が公になっていないこと」，進歩性とは「公になった発明から容易には思いつかない発明であること」とされている。新規性は「横の範囲」と，進歩性は「縦の範囲」とそれぞれ密接に関連している。本章では，容易に思いつくような発明は，おおむね技術知識の改善度が低いと考えられるので，要求される進歩性の程度が「縦の範囲」に対応すると考えることにする。

ある時期に進歩性が認められる発明が起きたとき，その発明者は特許制度により独占的排他権を行使できる。しかし，後続企業が次の発明を起こして更なる進歩性が認められれば，従来の発明者は排他的独占権を失う。しかし，次の技術改善の程度が僅かで，進歩性が認められなければ，従来の発明の独占的排他権は維持される。このように，進歩性の程度をどのように定めるかは，特許保護の縦の強さを規定する。すなわち，特許法が後続発明に大きな進歩性の程度を要求するほど，特許保護の程度は強くなる。特許権の「縦の範囲」に関わる制度設計は，研究開発のインセンティブに影響し，ひいては経済厚生にも影響する。こうした特許権の「縦の範囲」と研究開発活動との関係を分析したものに O'Donoghue, Scotchmer and Thisse〔1998〕がある。そこで以下では，彼らのモデルの基本構造を説明しよう[6]。

いま，企業は従来技術の質を改善するためのアイデアを思いつくことが頻繁

---

[6] O'Donoghue, Scotchmer and Thisse〔1998〕では，「縦の範囲」を "leading breadth" と呼んでいる。

にあるとしよう。アイデアが生じるのは確率的現象で，到達率（単位時間当たりのアイデアの平均発生回数）がλのポアソン分布に従って生起するとしよう。そして，アイデアを具体化したときの技術知識の質の改善度をγと表記する。

次に，あるレベルの技術知識の質の改善度をγ'と表記する。企業はこの改善度以上のアイデアにのみ研究開発投資を行い，アイデアを具体化するとしよう（$\gamma \geq \gamma'$）。改善度は密度関数$h(\gamma)$に従うとすれば，技術改善の到達率（単位時間当たりの技術改善の平均発生回数）は，

$$\Gamma(\gamma') = \lambda \left\{ 1 - \int_0^{\gamma'} h(\gamma) d\gamma \right\} = \lambda \{1 - H(\gamma')\}$$

と表される。

ここで，特許保護期間は無限で，どの程度の改善度でも技術の質が改善されていさえすれば進歩性を認め，特許権を付与する特許制度を考えよう（「縦の範囲」がゼロ）。企業は技術改善によってγに等しい収益を得られるが，たとえ特許保護期間が無限でも，後続のさらなる技術改善によって独占的排他権を失う可能性がある。従来企業が独占的排他権を行使できる期間をtとすれば，γの改善度から得られる収益の現在価値合計は$\gamma(1-e^{-\rho t})/\rho$となる。ここで，$\rho$は割引率を意味する。ポアソン分布の「加法性」により，技術改善は到達率$\Gamma(\gamma')$のポアソン分布に従う。したがって，期間tは密度関数$\Gamma(\gamma')e^{-\Gamma(\gamma')t}$に従う確率変数となるので，$\gamma$の技術改善度を実現した従来企業が期待する収益の現在割引価値合計は，

$$\int_0^\infty \frac{\gamma}{\rho}(1-e^{-\rho t})\Gamma(\gamma')e^{-\Gamma(\gamma')t}dt = \frac{\gamma}{\rho + \Gamma(\gamma')}, \quad \gamma \geq \gamma'$$

となる。

2.8 「縦の範囲」と研究開発投資のインセンティブ

これまでは，アイデアを具体化し技術改善につなげるための研究開発費用c

が考慮されてこなかった。研究開発費用 c を負担する必要のあるとき，企業は γ^* 以上の技術改善をもたらすアイデア（$\gamma \geq \gamma^*$）のみに研究開発投資を行い，アイデアを具体化する。ただし，γ^* は次の式を満たす。

$$\frac{\gamma^*}{\rho + \Gamma(\gamma^*)} = c \tag{2.11}$$

（2.11）式の γ^* は企業が研究開発投資を行う最低限度の技術改善度を意味する。このモデルでは，特許保護期間は無限でも，後続の技術改善によっていつかは独占的排他権が失われる。そこで，独占的排他権を行使できる平均期間を「実効保護期間」と呼ぶことにしよう。実効保護期間は $1/\Gamma(\gamma^*)$ で与えられる。

進歩性が認められ後続の企業に特許権が付与されるには，従来の技術改善度と比較して，ある大きさの質的改善度 σ が要求されるとしよう。すなわち，この σ が特許権の「縦の範囲」に他ならない。もし $\sigma < \gamma^*$ ならば，γ^* 以下の質的改善しかもたらさないアイデアには研究開発投資が実施されないので，「縦の範囲」は研究開発行動に何の影響ももたらさない。これに対し，広い「縦の範囲」の特許権が認められ，$\sigma \geq \gamma^*$ が成立するとき，実効保護期間が長期化して従来企業の研究開発投資へのインセンティブが刺激される。この点は以下のように証明される。

改善の程度が少なくとも σ 以上でないと進歩性は認められず，特許権は付与されないので，後続企業は σ 以上の質的改善をもたらすアイデアにしか投資しない。したがって，技術改善の到達率は $\Gamma(\sigma) = \lambda\{1 - H(\sigma)\}$ となる。このときの収益の期待割引価値合計は，

$$\int_0^\infty \frac{\gamma}{\rho}(1 - e^{-\rho t})\Gamma(\sigma)e^{-\Gamma(\sigma)t} = \frac{\gamma}{\rho + \Gamma(\sigma)}$$

となる。先と同様，研究開発投資の費用 c を負担する必要のあるとき，従来企業は γ_σ 以上の技術改善をもたらすアイデアにしか投資しない。ただし，γ_σ は以下の条件を満たす。

$$\frac{\gamma_\sigma}{\rho + \Gamma(\sigma)} = c \tag{2.12}$$

「縦の範囲」σ が制約となっているとき，後続企業の技術改善の到達率は低下

するので，$\Gamma(\sigma)\leq\Gamma(\gamma^*)$ となる。その結果，(2.11) 式と (2.12) 式より $\gamma^*\geq\gamma_\sigma$ が成立する。アイデアへの投資確率は，

$$\int_{\gamma_\sigma}^{\infty}h(\gamma)d\gamma \geq \int_{\gamma^*}^{\infty}h(\gamma)d\gamma$$

となる。また，実効保護期間は $1/\Gamma(\gamma_\sigma)\geq 1/\Gamma(\gamma^*)$ となる。したがって，特許権の「縦の範囲」の拡張は，実効保護期間を長期化させ，研究開発活動を刺激する。これは，σ が大きくなると後続企業が新たな技術改善を起こす単位時間当たりの頻度が低下し，従来企業が独占的排他権を行使できる期間が長期化する結果，期待収益の増加が生じるためである。このように，特許権の「縦の範囲」に関わる制度設計は，研究開発活動や技術改善の頻度に影響する。[7]

第3節　出願権の帰属と研究開発活動

3.1　対価請求訴訟

本章1.3では，企業の発明インセンティブを引き出すためには，企業に特許権を付与することが有効であると述べたが，現実には，技術知識の生産は企業と発明者の共同作業よって行われるので，出願権の付与に関する特許法の設計の仕方は，研究開発活動の成果に強く影響すると考えられている。そこでこの節では，出願権の帰属と研究開発成果の関係を経済学的に検討してみよう。まず，問題の所在を明確にするため，次のような対価請求訴訟に関する具体的な事例から始めよう。

音楽や映像の再生に使われるCDプレイヤーやビデオディスク・プレイヤー

---

[7] 第4章でみる「内生的成長論」では，こうした単位時間当たりの技術改善の頻度が経済成長率を規定する重要な要因となる。

には，円盤状の記録媒体から情報を読み取るための「光ピックアップ装置」が組み込まれている。光ピックアップ装置は，光学式再生機器のいわば心臓部ともいえる装置である。1978年，オリンパス光学工業（現オリンパス）は，この光ピックアップ装置の小型軽量化に関する発明を特許出願し，1989年に特許査定を受けた。

光ピックアップ装置は，オリンパス光学工業という企業が発明したものではない。正確には，オリンパス光学工業に勤務している研究開発部の従業員が発明したものである。ただし，従業員が発明したものでも「出願権」は企業に譲渡されるのが普通で，光ピックアップ装置の発明に関する出願権も，会社に譲渡されていた。したがって，特許出願書類の書誌情報には，出願人には企業の名称が，発明者には研究従業員の名前が記載されるのが一般的で，光ピックアップ装置の場合もそうであった。

ところが，出願権は会社に譲渡されたはずなのに，光ピックアップ装置を発明した従業員は，会社を退職した翌年の1995年に，「相当の対価」として2億円の支払いを求める訴訟を起こした。

オリンパス光学工業の従業員は発明の際，およそ21万円の補償金および報奨金を受け取っていたが，会社へ大きく貢献したにも関わらず会社が支給した対価が少なすぎるとして訴訟を起こしたというわけである。そして，1999年東京地方裁判所は，およそ229万円の追加支払いを命じる判決を下した。この判決以来，こうした対価請求訴訟は急速に増加した。

出願権の譲渡や補償金および報奨金の支払は，会社と従業員の間でかわされた契約に基づいて行われたはずであろう。そうだとすれば，相互が納得して研究開発を行っていたはずなのに，どうしてこうした対価請求が可能になったのだろうか。

それは，日本の特許法は出願権を基本的に個人に帰属させるが，出願権の譲渡が認められているので，特許法第35条において出願権が譲渡された場合，従業員は相当の対価を受ける権利を有すると定められているからである。そして，オリンパス事件の判決では，特許法第35条が，「強行規定」として解釈された。すなわち，企業と従業員の間で交わされた契約やルールを無視して，従

業員は対価請求を行えるという解釈である。

3.2 特許権を受ける権利（出願権）

　企業に雇用されている従業員が，企業の業務範囲に属する発明を職務として行った場合，その発明は「職務発明」といわれる。一方，企業の業務範囲に属するという点では同じだが，従業員の発明が職務として行われたわけではない場合，その発明は「業務発明」といわれる。

　光ピックアップ装置は，オリンパス光学工業の業務に役立つし，従業員が会社の研究設備を用いて職務として行った発明なので「職務発明」に他ならない。これに対し，もし，営業担当の従業員が光ピックアップ装置を発明したとしたら，その発明は「業務発明」となる。営業担当の従業員の職務はあくまで営業なのであって，研究開発ではないからである[8]。特許法では，特許を受ける権利のことを「出願権」というが，出願権を個人に与える規定は，企業にとってみれば望ましくない規定であろう。なぜなら，発明者に特許権の実施を断られれば，その発明から企業は収益を上げることができなくなってしまうからである。

　しかし，職務発明の場合，研究開発にかかる費用は企業が負担しているのが一般的なので，企業が発明に貢献している部分も相当大きいはずである。そこで特許法は，企業に対して職務発明に関する「通常実施権」を認めている。通常実施権により，発明者が特許を取得した場合でも，企業はその特許を実施する権利を持つ。ただし，「専用実施権」と違い，企業が特許権を独占できるわけではない。

　企業は特許権をできれば独占したいと考えるので，通常，出願権や特許権を従業員に譲渡させる社内ルールを作る。しかし，それでは今度は逆に，従業員が成果に応じた相当の対価を受けられない可能性がでてくるので，特許法第35

---

[8] ちなみに，オリンパス光学工業の重役を送迎する車の運転手が，有機化学肥料を発明したら，それは業務に役立つわけでもなく，職務でもないので「自由発明」といわれる。

条は，社内ルールによって企業が出願権や特許権を譲渡させた場合には，従業員は相当の対価を受ける権利を有すると定めているのである。

対価請求訴訟が起きる原因は，そもそも出願権を企業にではなく個人に与えているからに他ならない。会社の業務として起こした発明が，企業によって実施できないと困るので，企業も特許法も上でみたようなルールの作成を余儀なくされている。そうであるなら，職務発明に関しては，出願権を始めから企業に与えておけば対価請求訴訟は起きないし，複雑な付帯ルールも作成しなくてすむのではないだろうか。実際，イギリスやフランスでは，職務発明に関する出願権は企業に帰属する。

しかし，それでは研究開発に携わる従業員のインセンティブが損なわれてしまうと考えて，日本の特許法は発明者（個人）に出願権を与えているのである。すなわち，出願権を発明者に与えれば，発明者は出願権の譲渡を断れるという企業に対する潜在的威嚇力を持つようになる。そして，こうした潜在的威嚇力は，対価報酬の分配において，発明者に交渉力を持たせることにつながる。出願権が企業に帰属してしまうと，発明者は何の交渉力も持たなくなってしまうであろう。そこで以下では，出願権の帰属と発明者のインセンティブの関係を契約理論の観点から分析した Aghion and Tirole〔1994〕のモデルを参考にして，望ましい出願権の帰属について検討してみよう。

3.3 完備契約と不完備契約

研究開発活動は，企業と発明者の連携作業であると考えられる。企業は研究開発に必要な研究設備や資材を提供し，発明者はそれらを用いて研究開発の成功に向けて努力する。したがって，企業がまったく研究設備を提供しなければ，いくら発明者が努力しても研究開発の成果は得られない。一方，提供される研究設備が増加するほど，発明者が努力するほど，研究開発の成果は向上すると考えられる。

ただし，研究設備や発明者の努力は無制限に投入されるわけではない。研究

設備の投入には費用がかかるし,発明者の努力にも苦労が伴う。そこで,研究開発の成果から,これらの費用を除いた利益が最も大きくなるような研究設備と努力の投入水準が決定されることが社会的には望ましい。

社会的に望ましい研究設備の量と発明者の努力の水準が実現される状態は「ファースト・ベスト」と呼ばれる。ファースト・ベストを実現させるためには「完備契約」が成立する必要があるが,いくつかの理由でこうした完備契約を成立させることは困難で,「不完備契約」が一般的であると考えられている。不完備契約の場合,出願権を企業と発明者のどちらに付与するかは,研究開発活動の成果に影響する。

いま,研究開発活動の成果から得られる収入を $v(e, I)$ と表そう。発明者の努力水準 e が大きいほど,企業が提供する研究設備の量 I が多いほど,収入 $v(e, I)$ は増加する。収入 $v(e, I)$ は,それぞれの投入要素に対して逓減的にしか増加せず,$v_e>0$, $v_I>0$, $v_{ee}<0$, $v_{II}<0$ が仮定される。ただし,発明者の努力水準が $e=0$ でも研究開発の成果は実現される。発明者は研究開発に努力しないだけであって,通常の業務として研究開発活動に携わるので,研究開発の成果からの収入は発明者が努力する場合より減少こそすれゼロにはならない。また,第1期に e や I が投入され,第2期に研究開発の成果が実現されると仮定する。このとき,発明者と企業の結合利益は,

$$x = v(e, I) - e - I$$

となる。

完備契約が実現可能なとき,それぞれの要素投入量は,

$$v_e(e, I) - 1 = 0$$
$$v_I(e, I) - 1 = 0$$

を満たすような水準に決定され,社会的に望ましいファースト・ベストが実現される。そして,出願権を企業と発明者のどちらに付与しても,研究開発活動の成果はかわらない。ところが,以下にみるように不完備契約の場合はそうではない。

まず,特許法により出願権が企業に付与されたとしよう。このとき,発明者は何の交渉力も持たないので,企業は研究開発の成果からの収入を独占できる。

一方，発明者は収入の分配が得られないので，努力水準をゼロに選択する。このとき，企業は $v_I(0, I)-1=0$ を満たすような研究設備の量を決定するだろう。その場合の投資水準を $I(0)$ と表そう。したがって，出願権が企業に付与された場合の企業の利益 $π_F(0)$ と発明者の利益は，

$$π_F(0)=v(0, I(0))-I(0)$$
$$π_R(0)=0$$

となり，発明者の努力水準と利益はともにゼロとなる。

次に，出願権が発明者に付与されたとしよう。発明者の「外部機会」は閉ざされているとすれば，発明者が利益を得るには，実施権を企業に譲渡する他はない。しかし，発明者は実施権の譲渡を断るという「威嚇点」を持つので，収入の分配決定について交渉力を持つようになる。発明者が実施権を譲渡し，企業が研究設備を提供し両者が協力して研究開発活動を行えば $v(e, I)$ の収入が生じるが，両者が協力しなければ収入はゼロとなる。企業と発明者の交渉力に差がないとすれば，ナッシュ交渉解によりそれぞれの利益は，

$$π_F=\frac{v(e, I)}{2}-I$$
$$π_R=\frac{v(e, I)}{2}-e$$

となる。企業と発明者の利益の最大化条件は $v_I(e, I)=2$，$v_e(e, I)=2$ となるので，これらの連立方程式を満たす投入水準をそれぞれ $I(1/2)$ と $e(1/2)$ と表そう。

出願権が企業に付与された場合の発明者の努力水準はゼロだったので，出願権の発明者への付与は，発明者のインセンティブを引き出すことに貢献する。そして，このときの企業と発明者の利益は，

$$π_F(1/2)=\frac{v(e(1/2), I(1/2))}{2}-I(1/2)$$
$$π_R(1/2)=\frac{v(e(1/2), I(1/2))}{2}-e(1/2)$$

と表される。以下では，企業の利益と発明者の利益の合計（利益合計）が最も大きくなる場合を「研究開発の成果は効率的（efficient）」，そうではない場合を「研究開発の成果は非効率的（inefficient）」と呼ぶ。

3.4 出願権の安定性と研究開発の効率性

出願権の譲渡が可能な場合，条件によっては出願権の帰属先が不安定になり，研究開発の効率も変化する場合がある。

出願権を企業に与えた場合，企業は収入を独占してしまうので発明者は不満を感じるだろう。表 2.1 にみるように，$\pi_F(0) > \pi_F(1/2)$ なら企業は出願権の保持に積極的となるが，もし，$\pi_F(1/2) + \pi_R(1/2) > \pi_F(0)$ が成立しているなら，発明者は企業が出願権を放棄したときの損失 $\pi_F(0) - \pi_F(1/2)$ を補うことができるので，出願権を取得できる可能性がある。ただし，発明者は事前的な資金調達の手段を持っていないとすれば，このような譲渡は成立しないだろう。こうしたケースでは，企業への出願権の帰属は安定的であるが，研究開発の成果は非効率的とならざるを得ない（ケース A）。

一方，$\pi_F(1/2) + \pi_R(1/2) < \pi_F(0)$ が成立しているなら，発明者が仮に資金調達ができたとしても企業が出願権を放棄したときの損失 $\pi_F(0) - \pi_F(1/2)$ を補うことができないので，企業への出願権の帰属は安定し，研究開発の成果は効率的になる（ケース B）。

$\pi_F(0) < \pi_F(1/2)$ の場合，企業は出願権を発明者に譲渡し，発明者の研究開発インセンティブを引き出したいと考えるので，出願権は企業から発明者に移動するだろう。また，このケースでは $\pi_F(1/2) + \pi_R(1/2) > \pi_F(0)$ しか成立し得ないので，研究開発の成果は効率的となる（ケース C）。

表 2.1 出願権の帰属と安定性（1）

企業 F に出願権を付与する場合	$\pi_F(1/2) + \pi_R(1/2) > \pi_F(0)$	$\pi_F(1/2) + \pi_R(1/2) < \pi_F(0)$
$\pi_F(0) > \pi_F(1/2)$	ケース A F，非効率的	ケース B F，効率的
$\pi_F(0) < \pi_F(1/2)$	ケース C F → R，効率的	—

次に，出願権を発明者に付与した場合を考えよう．表2.2にみるように，$\pi_F(0) > \pi_F(1/2)$ なら企業は出願権を得たいと考えるだろう．しかし，$\pi_F(1/2) + \pi_R(1/2) > \pi_F(0)$ の場合，企業が出願権を取得した場合に増加する収益は，発明者が出願権を譲渡した場合の損失を補うことができないので，企業が事前的な資金調達の手段を持っていたとしても，発明者から企業への出願権の譲渡は起こらない．したがって，出願権の帰属は安定的となり，研究開発の成果も効率的となる（ケースD）．これに対し，$\pi_F(1/2) + \pi_R(1/2) < \pi_F(0)$ の場合には，企業は発明者の損失を補うことができるので，事前的な資金調達が可能であれば出願権は企業に移動し，研究開発の成果も効率的になる（ケースE）．

$\pi_F(0) < \pi_F(1/2)$ のケースでは，企業は出願権が発明者に帰属していることに何の不満も感じないので出願権の帰属は安定的となる．また，このケースでは $\pi_F(1/2) + \pi_R(1/2) > \pi_F(0)$ しか成立し得ないので，研究開発の成果も効率的となる（ケースF）．

以上のような Aghion and Tirole〔1994〕のモデルから得られる重要な含意は，特許法が出願権の譲渡を許せば，流動性制約が存在しないかぎり研究開発の成果が効率的になるように出願権の帰属先が決まる，ということである．ただし，表2.1のケースAのように，発明者が資金調達手段を持たない場合，研究開発の成果が効率的になるような出願権の移動は起こらない，という問題が生じる．そして，企業と異なり発明者が資金調達の手段を持っているとは考えにくい．したがって，あらかじめ発明者に出願権を与えておけば非効率の発生は避けられ，どのようなケースにおいても事後的には研究開発の成果は効率的となる．

表2.2　出願権の帰属と安定性（2）

発明者Rに出願権を付与する場合	$\pi_F(1/2) + \pi_R(1/2) > \pi_F(0)$	$\pi_F(1/2) + \pi_R(1/2) < \pi_F(0)$
$\pi_F(0) > \pi_F(1/2)$	ケースD R，効率的	ケースE R→F，効率的
$\pi_F(0) < \pi_F(1/2)$	ケースF R，効率的	—

第4節　特許の藪と私有地の悲劇

4.1　私有地の悲劇

　本章第2節において，特許保護による非効率性は主として死荷重という消費者余剰の損失によってもたらされると考えた。しかし，特許保護は発明を創出する企業自身にも弊害を及ぼす場合がある。代表的なものに，「特許の藪」が原因で生じる「私有地（アンチコモンズ）の悲劇」と呼ばれる現象がある。

　ある1つの製品を生産・販売するのに，多くの企業が分散的に保有している多様な特許化された発明を統合して利用しなければならないケースは少なくない。たとえば，最新の薄型テレビを生産・販売するには，およそ1万件の特許発明を用いる必要があるといわれている。そして，これらの特許は複数の電気メーカーが分散的に保有している。したがって，ある電気メーカーが薄型テレビを生産・販売するためには，関連特許を保有している多くの企業とライセンス交渉を行い，ライセンス料（特許実施料）を支払う必要があり，たいへんな手間と費用がかかってしまう。また，意に反して他者の特許権を侵害してしまう可能性もあり，特許訴訟などを受け事業活動が制約されてしまう場合もある。このように，製品化に必要な特許発明が複数の企業に分散的に保有されている状態を「特許の藪」といい，「特許の藪」がもたらす以上のような弊害を「私有地（アンチコモンズ）の悲劇」(Heller and Eisenberg〔1998〕) という。

　もともと，経済学では「共有地（コモンズ）の悲劇」という現象がよく指摘される。本来ある種の「資源」は非競合的であるのに，排除性がない場合には放置しておくと競合性を持つようになってしまうので，やがて枯渇の危機に直面してしまうという現象である。

　たとえば，本来海は誰の所有物でもないので，誰でも自由に海に出かけて魚

や貝などの海産資源を獲ることができるし，競合性のある資源でもない。ところが，海産資源を獲りすぎると再生が困難となるので，誰かの海産資源の利用は他者の海産資源の利用を妨げるようになり，海産資源は競合性を持つようになってしまう。それでも，海産資源の利用者は後を絶たない。それは，ある個人が余計に獲った魚や貝から得られる利益はその個人が享受できるが，余計に魚や貝が捕られることによって被害を受けるのは海産資源の利用者全体なので，ある個人にとっては収益が費用を上回り，魚や貝を捕り続けることが合理的な行動となるからである。こうして，海産資源はやがて再生が不可能となり枯渇してしまう。

　技術知識の場合は，それが共有され誰でも使える状態（パブリックドメイン）でも，競合性を持つようにはならないので，技術知識が枯渇するようなことはあり得ないが，それでは技術知識生産のインセンティブが生まれないので，特許制度により技術知識の私有が許可される。

　ところが，個々の特許発明が分散的に保有されていると，個々の特許権者は自らの利益を最大化するように行動するため，それらの特許発明の統合化が妨げられてしまう場合がある。共有地の悲劇は，共有化されていて競合性がある場合に発生する経済問題だが，技術知識に関しては，私有化されていて競合性もないにも関わらず，分散的な私的所有が新たな経済的不利益を招いているのである。

4.2　クロスライセンス

　現実の多くの企業は，自社の特許権を他者が実施することの見返りに，他者の特許権を実施する許諾を得る契約を結ぶ「クロスライセンス」や，製品化にあたりお互いに必要としている技術を特許化している企業同士で，仮に特許侵害に該当するようなケースが生じても互いにそれを黙認する「特許不争合意」などにより，私有地の悲劇を克服するよう努力している[9]。しかし，どのような状況においてもクロスライセンスが行われ，私有地の悲劇が克服されるわけで

はない。この点に関連して Fershtman and Kamien〔1992〕は，クロスライセンスが行われる条件と，クロスライセンス交渉におけるライセンス料がどのように決定されるのかを理論的に分析した。

　いま，ある製品を生産・販売するためには2種類の補完的な特許発明，すなわち特許発明 α と β を統合する必要があるとしよう。しかし，特許発明 α は企業1が，特許発明 β は企業2がそれぞれ分散的に保有している特許の藪を想定する。それぞれの企業は，製品の生産・販売を行うための2つの選択肢を持っている。第1の選択肢は，研究開発活動を続け迂回発明を通して自らが必要な技術の自社開発を試みる，というものである。すなわち，企業1は発明 β の，企業2は発明 α の自社開発を試みる。第2の選択肢は，クロスライセンスを行いお互いに必要な特許発明を提供し合う，というものである。すなわち，企業1は特許発明 α の企業2による実施を許諾し，その代わりに企業2は特許発明 β の企業1による実施を許諾する。

　第1の選択肢の場合，それぞれの企業が必要とする発明の成功・不成功は不確実であり，仮に成功したとしてもどちらが先に成功するかも不確実であるとする。また，企業1が先に β の発明に成功した場合，企業1は市場を独占することができ，企業2が先に α の発明に成功した場合，企業2が市場を独占することができる。それぞれの企業が必要な技術の発明に成功し市場を独占できるか否かは不確実なので，それぞれの企業は独占利潤に対して期待を形成する。そこで，その期待利潤を v_1, v_2 と表記することにしよう。

　第2の選択肢の場合，互いに必要な特許発明の実施が許諾されれば，2つの企業が同時に当該製品の生産・販売を行うことができるので，複占市場が形成され，クルーノー（Cournot）均衡が成立する。その結果，それぞれの企業は同

9　こうした企業間の自助努力は，本当に「私有地の悲劇」を克服しているのだろうか。もし，私有地の悲劇が生じているのなら，特許の藪が深刻な産業において特許侵害訴訟が多発し，知的財産活動費用が増加しているはずである。この点に着目した岡田・大西〔2007〕は，特許の藪が最も深刻であると考えられるエレクトロニクス産業において，特許侵害訴訟や知的財産活動費用が他の産業より多いか否かを統計的に検証した。その結果，特にエレクトロニクス産業においてそれらが多いという証拠は得られなかった。こうした実証結果は，企業間の自助努力が有効に機能している可能性のあることを示唆している。

じ複占利潤 π_D を得ることができるとしよう。

4.3 クロスライセンス交渉成立の条件

本章 4.2 でみたような状況下で，クロスライセンス交渉が成立するためには，クロスライセンスが行われた場合の両者の複占利潤の合計が，クロスライセンス交渉が決裂した場合の両者の期待利潤（威嚇点 (threat point)）の合計を超過していなければならない。したがって，その条件は，

$$2\pi_D - (v_1 + v_2) > 0 \tag{2.13}$$

と表される。図 2.7 に示されているように，複占利潤が所与とき，両者の期待利潤の組合せが右下がりの実線より内側に位置していなければクロスライセンスは成立しない[10]。

たとえば，期待利潤の組合せが $(v_{1,c}, v_{2,c})$ であったとしよう。この c 点において，企業 1 は，クロスラセンスを行わず β の発明の成功を目指して研究開発の継続を選択するだろう。なぜなら，研究開発を続けたときの期待利潤 $v_{1,c}$ が複占利潤 π_D を上回っているからである。ただし，企業 1 は $v_{1,c} - \pi_D$ を超えるラセンス料を受け取れればクロスライセンス交渉に応じるかもしれない。しかし，期待利潤の組合せが右下がりの実線の外にあるかぎり，企業 2 にとってそのようなライセンス料を支払えるほど複占利潤と期待利潤の差 $(\pi_D - v_{2,c})$ は大きくない。したがって，企業 2 は企業 1 に対して交渉のテーブルに着かせるほどの補償を提供することができず，クロスライセンス交渉は成立しない。

一方，期待利潤の組合せが a 点や b 点のようであれば，クロスライセンス交渉が成立する。a 点では $v_{2,a} > \pi_D$ なので，企業 2 は研究開発の継続を選択しようとするが，企業 1 が $v_{2,a} - \pi_D$ を超えるライセンス料を支払うことができるので，ライセンス交渉が成立する。

---

[10] 図 2.7 における右下がりの実線は，$2\pi_D = v_1 + v_2$ を満たす期待利潤の組合せを意味する。したがって，この実線上の組合せでは威嚇点が考慮された共同利潤はゼロとなる。

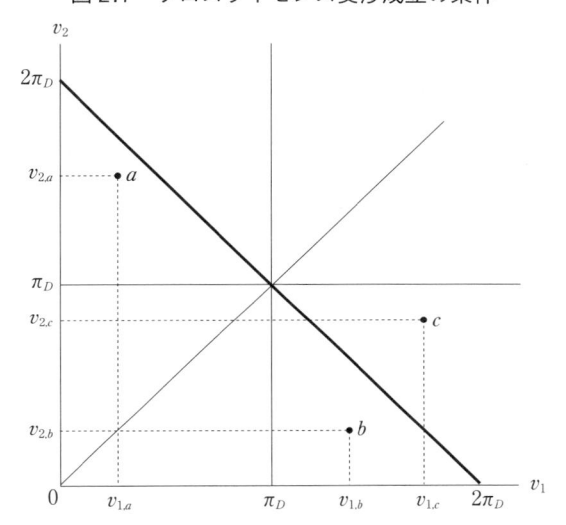

図 2.7 クロスライセンス交渉成立の条件

 次に，ライセンス交渉はナッシュ的（Nash〔1950〕）に行われると仮定した場合のライセンス料の決まり方をみてみよう。ここで，企業1から企業2へ支払われるライセンス料を l と表記する。ただし，l がマイナスの数値をとるときには，企業2から企業1へライセンス料が支払われることを意味する。この場合の，ナッシュ積は，

$$(\pi_D + l - v_1)(\pi_D - l - v_2)$$

となるので，ナッシュ交渉解の結果成立するライセンス料は，ナッシュ積を最大化するライセンス料として，

$$l^* = \frac{v_1 - v_2}{2}, \ \pi_D > \frac{v_1 + v_2}{2}$$

のように決定される。この式から明らかなように，両者の威嚇点が同じとき，ライセンス料は発生せず，そうでないとき片側ライセンス料が発生する。

 (2.13) で表されるクロスライセンス交渉成立の条件が満たされないとき，特許の藪が原因で発生する典型的な私有地の悲劇が生じる。そして，それは次の2つの意味で社会的な不利益をもたらす。

第1は，当該製品を生産・販売するために必要な発明が見出されているのに，生産・販売が大きく遅延するという不利益である。第2は，すでに見出されている発明に対して重複研究開発投資が行われ，社会的な資源の浪費が生じるという不利益である。こうした不利益を伴う私有地の悲劇を克服するためには，クロスライセンスを行ったときの利潤を増大させるか，あるいは，期待利潤を低下させる（威嚇点を小さくさせる）必要がある（(2.13) 式参照）。

　一般に，複占市場の場合，「クルーノー均衡解」より「共謀解」から得られる利潤の方が大きいことが知られている。したがって，企業間の共謀を促すような政策措置がライセンス交渉の成立を促すことになる。また，特許権の範囲を広く設定し，特許化された既存発明に対する迂回発明を困難にさせる政策措置も有効であると考えられる。特許権の範囲を広げれば，迂回発明に要する費用が増加し，代替発明を特許化することが難しくなるため，研究開発を継続したときの期待利潤を低下させることができるからである。

4.4　パテント・プール

　特許の藪がもたらす私有地の悲劇を予防するもう1つの方策として，近年注目されているものに「パテント・プール」がある。パテント・プールとは，複数の特許権者が共同で「特許プール代理人会社」を設立し，特許権者らが保有している特許権をこの代理会社に持ち寄り，それらの特許権の実施を必要としている企業に一括ライセンス供与を行う仕組みである（図2.8参照）。こうしたライセンス方式は，特許侵害訴訟の予防，取引コストの削減，技術サーチコストの削減など多様なメリットがあると考えられている。

　パテント・プールの形成は，分散的に特許化されている発明が相互に補完的な場合，通常のライセンスよりも，市場価格と特許権者の利益を増大させ，ひいては経済厚生の改善に貢献すると考えられている。そこで，ここではこうした経済厚生の改善がなぜ生じるのかを検討してみよう[11]。

　まず，特許の藪を想定し，ある製品の製造・販売に必要な技術が，多くの特

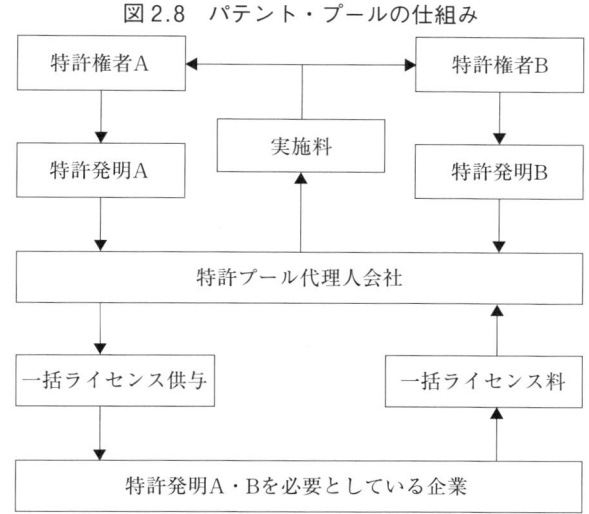

図2.8　パテント・プールの仕組み

許権者に分散的に保有されていて，個別ライセンスを用いて，その製品が製造・販売されているケースを考えよう．

ある製品を製造・販売するには N 個の特許化された発明を利用する必要があり，この製品を製造・販売する企業は，N 個の特許に対して，それぞれライセンス料 f_i ($i=1\cdots N$) を支払う必要がある．製品の市場が完全競争市場であるとすれば，製品の価格 p は限界費用に等しくなるので，

$$p = \alpha + \sum_{i=1}^{N} f_i \qquad (2.14)$$

となる．ここで，α は複数の技術を統合して製品を製造するための限界的な組み立てコストを意味する．

一般性を失うことなく，この製品に対する市場の需要関数を $p^{-\beta}$ に特定化する．また，特許化された技術知識を生産するためのコストを c_i と表す．このとき，それぞれの特許権者の利益は，

$$\pi_i = p^{-\beta}(f_i - c_i)$$

11　以下の理論モデルは Shapiro〔2001〕に基づく．

となる。個々の特許権者は利益が最大になるようにライセンス料を決定すると考えられるので，(2.14)式を考慮すれば最大化の1階の条件は次で与えられる。

$$\frac{d\pi_i}{df_i} = p^{-\beta} - \beta p^{-(1+\beta)}(f_i - c_i) = 0$$

この式をすべての特許権者について集計すれば，

$$p^{-\beta}N - \beta p^{-(1+\beta)}\sum_{i=1}^{N}(f_i - c_i) = 0 \qquad (2.15)$$

を得る。(2.14)式からライセンス料の集計値を (2.15) 式に代入して整理すると，

$$\frac{p - \left(\alpha + \sum_{i=1}^{N} c_i\right)}{p} = \frac{N}{\beta} \qquad (2.16)$$

となる。(2.16)式左辺は，この製品のマークアップ率を意味している。

次に，パテント・プールの場合を想定し，特許プール代理人会社が一括してライセンスを行う場合を考えよう。代理人会社は，特許化された技術知識の生産に要した費用を考慮して，次のような利益 π を最大化するように，一括ライセンス料 f を決定する。

$$\pi = p^{-\beta}\left(f - \sum_{i=1}^{N} c_i\right) \qquad (2.17)$$

パテント・プールが形成される場合の製品の価格は $p = \alpha + f$ となるので，(2.17)式をライセンス料 f で微分してゼロとおけば，

$$\frac{p - \left(\alpha + \sum_{i=1}^{N} c_i\right)}{p} = \frac{1}{\beta} \qquad (2.18)$$

を得る。(2.18) 式はパテント・プールが形成された場合のマークアップ率で，明らかに個別ライセンスの場合より低い。また，(2.18) 式は，(2.16) 式右辺の N を1とした場合に一致する。したがって，パテント・プールの形成は，製品の市場価格を低下させる。さらに，ライセンスの場合の統合利益より，特許プール代理人会社が得る利益の方が大きいので，特許権者はパテント・プールを形成するインセンティブを持つ。

第3章　改善多項制

第1節　特許権の範囲に関わる制度設計

1.1　オンコマウス

　ハーバード・メディカルスクールのレーダー博士とスチワート博士は，マウスの受精卵に癌に関連する遺伝子を組み込むことによって，非常に癌になりやすいマウスを生み出すことに成功した。この遺伝子組み換えマウスは「ハーバード・オンコマウス」と呼ばれ，1988年に特許出願され1991年に11ヵ国で特許査定を受けた。ハーバード・オンコマウスは，抗癌剤開発のための試験動物としてきわめて有用であったので多方面で活用された。しかも，この特許は非常に強い独占的排他権を発揮した。なぜなら，この特許のクレームは「オンコマウスを生み出す技術的手法」でも「癌になりやすいマウス」でもなく，「遺伝子操作によるヒト以外の哺乳動物」というものだったので，仮に後続の研究者が「癌細胞を待って生まれる猫」を開発しても，肥満の研究のために「肥満症の猿」を開発しても，それらが遺伝子操作によって生み出されたヒト以外の哺乳類であるかぎり，ハーバード・オンコマウスの特許を侵害することになってしまうからである（Merges and Nelson〔1990〕）。

第2章第2節でも指摘したように，特許制度が技術知識の生産者に対して付与する独占的排他権の強さは，主として特許権の「長さ」と「範囲」に依存する。そして，特許権の範囲は，出願書類の「特許請求の範囲（クレームの範囲）」に記載されている内容，および「請求項の数（クレームの数）」に規定される。一般に，権利の範囲が広く特許保護期間が長い特許ほど，強い保護を受けていると考えられる。特許保護期間を所与とすれば，クレームの範囲が広い特許ほど，技術知識市場における価格支配力は強くなる（第2章第2節参照）。したがって，広い範囲のクレームを認める特許制度は，生産者余剰を増大させるので，研究開発のインセンティブを刺激する効果を持つと考えられる。このように，特許権の「範囲」を定める制度設計は，独占的排他権を付与するという特許制度の側面の本質を形成しているといえる。もちろん，オンコマウスのような広いクレームの範囲を持つ特許は，後続の関連発明を抑制し，研究開発活動を停滞させる要因にもなりうる。しかしこの章では，特許権の範囲の拡張がもたらす研究開発インセンティブの刺激効果に焦点を絞って分析を行う。

　特許権の「範囲」は，特許制度の設計や運用，さらには特許係争を扱う裁判所の判例などに依存しているので，ある程度まで意図的に操作できる「政策変数」であると考えられる。日本では，1988年に「改善多項制」が導入され，特許権の範囲が拡張された。そこでこの章では，この「改善多項制」の導入に注目し，それが特許価値に与えた影響を抽出できる推計モデルを考案して，特許権の範囲と研究開発インセンティブの関係を定量的に分析する。なお，本章は山田〔2012a〕を発展させたものである。

1.2　均等論

　特許権の保護を強化するような特許制度の運用や改訂は，一般に「プロパテント（pro-patent）政策」と呼ばれている。米国の1980年代は，強力なプロパテント政策が推進された時期として注目された。それ以前の米国では，特許権の強い保護は，競争市場の原理に背くことなので望ましくないという考え方が支

配的であった。しかし，80年代には，コンピュータ・ソフトウェアやビジネスモデルにも特許権が付与されるようになったり，医薬品に関する特許保護期間が延長されたり，「範囲」と「長さ」の両面において特許保護が強化されていった。

　なかでも特に注目されたのが，1982年の「連邦巡回訴訟裁判所（the Court of Appeals of the Federal Circuit：CAFC）」の設立である。CAFCは，特許係争を集中的に扱う裁判所として設立されたものであるが，この裁判所では「均等論」という考え方が広く適用されるようになった。本来クレームは，「権利の境界を定める文字の垣根」といわれるように，特許権によって保護される領域と公共財として公衆に寄進される領域を区別するもののはずである。ところが，均等論はクレームされていない領域に関してまで技術的範囲として権利を認めようという考え方なので，均等論の採用は強力なプロパテント政策の一環とみなされた。

　ここで，均等論という考え方を日本の具体的な事例を用いて説明しておこう。カメラやパソコンなどの精密機器を梱包する際，衝撃緩衝材として発泡スチロールがよく用いられるが，ドイツのバーデッシュ社は，石油から精製されたビーズと呼ばれる小さな粒にペンタンや石油エーテルのような発泡剤として機能する液体を染込ませ，それを金型に入れて加熱するという発泡スチロール製造方法を開発し特許を取得した。一方，日本の積水スポンジ社は，発泡剤としてプロパンを利用するという点を除いては，ほとんど同じ製法で発泡スチロールを製造していた。さて，積水スポンジ社はバーデッシュ社の特許を侵害していることになるのだろうか。

　バーデッシュ社の特許は「物の生産方法」に関する発明で，プロパンを用いるという方法はクレームされていなかった。したがって，その方法は公衆に寄進されたものとみなされ，積水スポンジ社はバーデッシュ社の特許を侵害していないというのが従来の考え方である。一方，「均等論」では，発泡剤としてペンタンや石油エーテルを利用することと，プロパンを利用することは「均等」であるとみなし，特許侵害を認める立場をとる。ただし，これらが「均等」とみなされるには，少なくとも次の2つの条件を満たす必要がある。

第1は,発泡剤としてプロパンを利用するという方法は,平均的な知識を持った技術者なら誰でも思いつくものである,という条件である。この条件は「置換自明性（置換安易性）」といわれる。第2は,利用される発泡剤が異なっていても,機能面において同じ品質の発泡スチロールが製造される,という条件である。この条件は「置換可能性」といわれる。プロパンを発泡財として利用するという方法が誰でも思いつくものなら,その方法をクレームしなかったバーデッシュ社に落ち度があるといえなくもないが,均等論はそれでは技術知識生産のインセンティブを阻害してしまう危険性があると考え,特許侵害を認める立場をとる（竹田〔2004〕）。このように,均等論が適用されれば,従来は合法的な迂回発明とみなされていた発明も特許侵害の対象となる場合が増加するので,特許権の範囲は拡張されることになる。[1]

1.3　プロパテント政策の帰結

　ところで,1980年代の米国における均等論の採用に代表されるようなプロパテント政策の推進は,米国経済にどのような影響をもたらしたのだろうか。1990年代の米国は,バブル崩壊後の長期低迷に喘いでいた日本とは対称的に,情報技術産業の急速な発展が引き金となって,経済全体が活況を呈した時期であったが,その原因を1980年代のプロパテント政策の推進に求める人は少なくない。

　また,R&D活動においても,1980年代の米国では内国人による特許出願数の急増が観察された時期でもあった。米国の研究者はこれを「出願爆発」と呼んでいる（Kortum and Lerner〔1999〕）。一般に,特許出願はR&D活動の成果を表すものとみなされているので,内国人による特許出願数の急増は米国国内のR&D活動が活発になったり,R&D生産性が向上したりした結果を意味してい

---

[1]　もっとも,日本では均等論が適用されるケースはそれほど多くない。実際,バーデッシュ社が積水スポンジ社の発泡スチロールの製造禁止を求めた仮処分は,大阪地裁で退けられている。

ると考えられた．もしそうなら，1980年代のプロパテント政策は，特許権の保護の強化を通じてR&D活動の規模拡大や効率改善をもたらし，ひいては経済全体の生産性を向上させた可能性がある．

そこで，Kortum and Lerner〔1999〕はCAFCの設立などに象徴されるプロパテント政策の推進が，「出願爆発」と何らかの関係があるかどうかを詳細に検討した．しかし彼らは，特許出願数の急増はプロパテント政策によるものではなく，研究開発活動における応用面の重視が主たる原因であると結論付けた．

また，Cohen, et al.〔2000〕は，Levin, et al.〔1987〕が1983年に実施した専有可能性に関する調査（Yale Survey）と，彼ら自身が1994年に実施した同じ形式の調査（Carnegie Mellon Survey）を比較し，技術知識の専有手段としての特許取得の有利性が変化しているかどうかを調べた．もし，プロパテント政策が有効であったなら，他の専有手段に比べて特許取得の有利性が高まっているはずであるが，1994年の調査からはそうした傾向を読み取ることはできなかった．さらに，もしプロパテント政策の推進が米国における特許保護を魅力的なものにしたなら，内国人だけでなく外国人による「出願爆発」が起きても不思議ではないはずであろう．しかし，そのような傾向も観察されなかった．それではなぜ「出願爆発」が起きたのだろうか．Cohen, et al.〔2000〕によると，「出願爆発」の背景には，クロスライセンス交渉の際の有利性の確保や特許侵害訴訟の回避など，企業の特許戦略の多様化があると指摘している．

以上のように，米国における特許権の範囲の拡張が研究開発インセンティブを刺激したとする有力な証拠は見出されていない．そればかりか，近年では，特許保護の強化は後続の関連発明を抑制し，「私有地の悲劇」（第2章4.1参照）を深刻化させ，むしろR&D活動を停滞させる作用をした可能性さえあると指摘されるようになっている．

1.4 改善多項制の導入

日本においても，1988年に特許権の範囲を定める制度についてきわめて重要

な改訂が行われた。「改善多項制」の導入である。

　日本の特許法は大正10年（1921）法より「一発明一出願主義」が規定され[2]，長い間「単項制」を採用してきた。単項制下では，クレームは「発明の内容の正確な記載」としか理解されず，発明の単一性の範囲も狭く解釈される傾向にあり，特許出願数をいたずらに増大させる要因になっているという批判がなされていた（土肥〔2007〕）。昭和50（1975）年には，特許協力条約（PCT）に加盟するため，1出願に複数のクレームの記載が認められ「多項制」が採用されるようになった。しかし，この改訂は必須要件項の他に複数の実施態様項の記載を認めただけで，しかも，実施態様項は必須要件項を引用する形式が要求されていたため，従来の「一発明一出願主義」という考え方が大きく変更されたわけではなく，実質的には単項制の域を出るものではなかった。

　単項制が持つ問題や矛盾は，1970年に米国ウェスタン・エレクトリック社（Western Electric Company）のSpencer〔1970〕が発表した論文が契機となり，広く認識されるようになったといわれている（竹田〔2004〕）。Spencer〔1970〕は，次のような事例を挙げて日本の単項制は発明を十分に保護していないと指摘した。

　いま，3つのクレーム，クレーム1「特定の送信機（transmitter）と特定の受信機（receiver）から成る電送システム（transmission system）」，クレーム2「特定の送信機」，クレーム3「特定の受信機」を考えよう。単項制を採用していた当時の日本では，この3つのクレームのうち1つを必須要件項として特許出願する他はない。ところが，クレーム1が特許された場合，送信機や受信機を単体で販売することはこの特許の侵害には当らない。そこで，クレーム2とクレーム3を記載して特許出願すると出願の単一性に抵触するとして拒絶されてしまう。かといって，それらを分割出願するとクレーム2やクレーム3は，クレーム1と実質的に同一発明だとして拒絶される[3]。すなわち，Spenser〔1970〕は単項制下では発明の内容を多面的に願書に記載することができないので，単

---

[2]　大正10年特施38条では，「特許請求ノ範囲ニハ発明ノ構成ニ欠クヘカラサル事項ノミヲ一項ニ記載スヘシ」と定められていた。

項制の特許保護の実効性はきわめて低いと指摘したのである。

　こうした問題を克服すべく，昭和62年（1987年）に特許法第36条，第37条，第123条等が改訂され，日本の特許法は同一の発明を複数の表現で願書に記載できる「改善多項制」を導入した。

1.5　改善多項制導入の意義

　改善多項制を採用している現行特許法第36条の⑤では，「一の請求項に係る発明と他の請求項に係る発明とが同一である記載となることを妨げない」としている。この条文は，先に示した Spencer〔1970〕の例でいえば，電送システムという発明に，送信機や受信機といった複数のクレームの記載が可能であることを意味している。また，特許法第37条では，「二以上の発明については，経済産業省令で定める技術的関係を有することにより発明の単一性の要件を満たす一群の発明に該当するときは，一の願書で特許出願することができる」と定めている。これは，互いに類似する複数の発明を，相互の関係が一定の条件を満たせば，1つの特許出願で行えることを意味している。ここで，一定の条件とは，特許法施行規則25条において「二以上の発明が同一のまたは対応する特別な技術的特徴を有していることにより，これらの発明が単一の一般的発明概念を形成するように連関している」場合と規定されている。

　こうした特許法や特許法施行規則の規定から，改善多項制下での1特許出願における発明とクレームの関係を示せば，図3.1のようになると考えられる。すなわち，一群の発明が一般的発明概念を形成すると考えられるときには，1

3　こうした単項制の持つ問題は，「コンビネーションとサブコンビネーション」の問題といわれている。コンビネーションは全体装置あるいは全体工程を意味し，サブコンビネーションはそれを形成するように結合した部分装置あるいは部分工程を意味する。本節の事例でいえば，電送システムがコンビネーション，受信機あるいは送信機がサブコンビネーションに相当する。コンビネーションとサブコンビネーションの問題以外にも，単項制下では，物・改良物・それらの製法を1特許出願することができないという問題も指摘されていた。詳細は小栗監修〔1992〕の第1章 II-2. を参照。

図 3.1 発明とクレームの関係

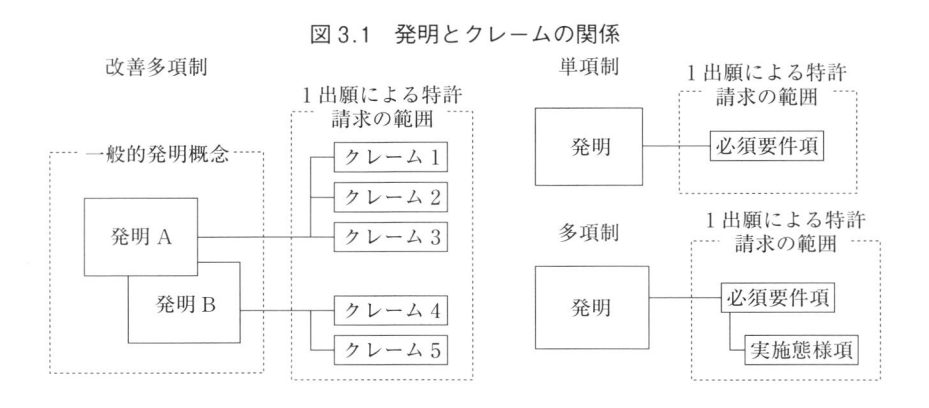

特許出願に複数の発明が包含されている場合があり，しかも，それぞれの発明についてはその発明を多面的に表現するための複数のクレーム（独立クレームや従属クレーム[4]）を記載することができる。そして，こうした改善多項制の導入は，特許保護の範囲を広げ，特許価値の向上を通して研究開発活動を促進させる経済効果があると期待された。

第 2 節　多項制乗数

2.1　改善多項制の利用の普及

改善多項制が 1988 年に施行されて以来，1 特許出願当たりの平均クレーム数は徐々に増加していった。図 3.2 は，1989〜2007 年における平均クレーム数の

---

[4] 従属クレームとは，他のクレームを引用して表現する形式のクレームを指す。従属クレームは，文章の重複表現を避けて請求項の記載を簡潔にするために活用されている。

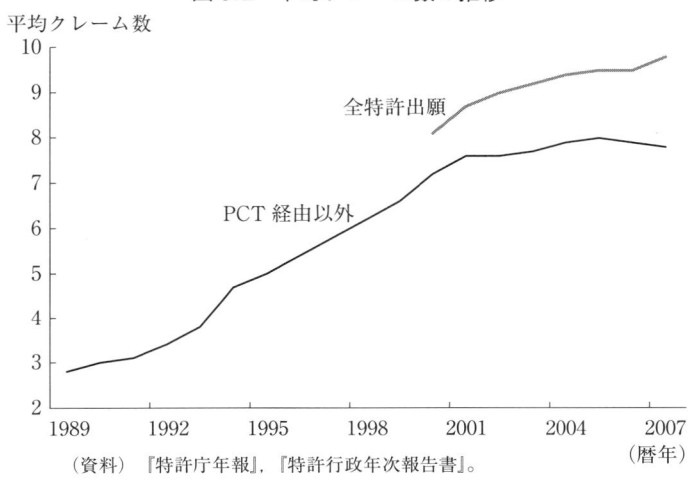

図 3.2 平均クレーム数の推移

（資料）『特許庁年報』，『特許行政年次報告書』。

推移（マクロベース）を観察したものであるが，改善多項制の導入以降，平均クレーム数は明確な増加傾向を示している。PCT 経由以外では，2000 年以降顕著な増加傾向は見られなくなったが，全特許出願ベースでは依然として増加傾向を示している。

　改善多項制がもたらす企業への利益としてまず考えられるのは，同じ程度の特許保護を受けるための特許費用が節約される，というものであろう。日本の特許法では，出願，審査請求，登録・登録更新の各時点において特許料が課される。このうち，審査請求時点と登録・登録更新時点における特許料は，1 特許出願当たりの固定部分とクレーム比例部分から構成されている。また，維持年金は固定部分とクレーム比例部分が登録期間とともに幾何級数的に上昇する仕組みとなっている[5]。したがって，複数の発明を 1 特許出願に集約させられる改善多項制は，特許費用の節約をもたらしたと考えられる[6]。

　この点に関連して山田〔2010a〕は，一定の発明の下で特許費用を最小化する

---

[5] ただし，1998 年の特許料の改訂で，登録期間が 10 年目以降の維持年金が平準化された（第 7 章 3.1 参照）。

平均クレーム数が維持年金のクレーム比例部分に対する固定費部分の比率に規定されることに注目し，維持年金の改訂によるこの比率の上昇が平均クレーム数増加の要因の1つになっていることを実証的に確認している．

　改善多項制の利用が生み出す一層重要な利益は，発明の保護が強化され特許権の私的価値（特許価値）が増大する，というものである．本章1.4でみたように，単項制下では，1つの特許出願に1つの発明しか包含できず，しかも，願書への掲載が認められるクレームは必須要件項だけで，複数のクレームを掲載して発明を多面的に保護することが困難であった．これに対して改善多項制下では，1つの発明にそれを多面的に保護するための複数の独立クレームや従属クレームの記載が可能で，しかも，関連する発明を1つの特許出願に包含させることができるので，一層広い範囲の発明のプロテクトが可能になったと考えられる．特許の私的価値の増加は，パテントプレミアム（patent premium）の期待値の向上を通して研究開発活動を刺激する効果が期待される（Arora, et al.〔2008〕）[7]．

2.2　先行研究と本書のアプローチ

　改善多項制導入に伴う経済効果の有無を実証的に分析した唯一の先行研究にSakakibara and Branstetter〔2001〕がある．この研究では，製造業に分類される307企業の個票データをプールし，企業の実施する研究開発投資を，トービ

---

[6] Sakakibara and Branstetter〔2001〕では，1993年における各種特許料や代書費用に基づき，1特許出願当たりの固定費用（F）を2,010,300円，クレーム比例部分の費用（V）を135,000円とし，当時の平均クレーム数（N）が3.77であったことから，特許費用の総額を$NV+F=2,519,250$円と試算している．単項制の下での特許費用の総額は，$N(V+F)=8,087,781$円となるので，改善多項制は特許費用の総額を556,8531円，68.9%節約する効果があったとしている．ただし，本章1.5で説明したように，すべてのクレームが発明に対応しているわけではないので，この節約効果は相当な過大推計を含んでいる．

[7] ここで，パテントプレミアムとはArora, et al.〔2008〕によって定義されたもので，特許取得によってイノベーションの価値が何倍高められたかを示す乗数を意味する．Arora, et al.〔2008〕によれば，パテントプレミアムの期待値の向上は，企業の特許性向を高めるばかりでなく，イノベーションからの収益率を高める効果を通して研究開発活動を刺激する（第1章第3節参照）．

ンのq，企業規模，産業ダミーなどでコントロールした上で，1988年前後における時間ダミーの変化を観察した。推計の結果，時間ダミーに大きな変化はみられず，1988年の改善多項制の導入は，研究開発活動に有意な影響をもたらさなかったと結論付けている。しかし，こうしたアプローチでは必ずしも的確に改善多項制の経済効果を検出できるとはいえない。そもそも，研究開発費の変動は非常に多くの要因に規定されておりコントロールの最も難しい変数の1つに数えられているので，改善多項制の導入だけが研究開発費に与えた影響を抽出して評価するのはきわめて難しい。

そこで本章では，改善多項制の利用により，単項制下では実現することのできない特許価値の創出が可能になっているかどうかを，「多項制乗数」の推計を通して検証する。本章で定義される多項制乗数とは，企業が多項制を利用して出願している特許の価値総額を，その特許価値を生み出している同じ数の発明がクレーム1項として分割出願された場合に実現したであろう特許の価値総額で割った数値を意味する。本書では，多項制乗数が1より大きいとき「プレミアム（Premium）」，1に等しいとき「ニュートラル（Neutral）」，1より小さいとき「ディスカウント（Discount）」と呼ぶ。

もし，多項制乗数がプレミアムであれば，企業は改善多項制の利用によって単項制下では実現されない特許価値を創出できていることになるので，改善多項制の導入に積極的な経済的存在意義を認めることができる。他方，多項制乗数がニュートラルやディスカウントであれば，分割出願と改善多項制の利用が特許価値に対して無差別であったり，分割出願した方が逆に特許価値を高めることができたりするので，改善多項制の導入により企業は特許価値を高められる機会を得たとはいえない。このように，多項制乗数の推計は，改善多項制の経済的評価を行う上できわめて有用な情報をもたらすと考えられる。そこで以下では，この多項制乗数の推計モデルと推計手続きについて説明する。

2.3 クレーム割引率

改善多項制の経済的評価を行うための指標である多項制乗数は,以下に述べる「特許価値のクレーム弾力性」と「クレーム割引率」を推計することで計算可能になる。まず,クレーム割引率とは何かを説明しよう。

1特許出願当たりのクレーム数に関する度数分布は,規則的な分布を示す。図3.3は,日本の主要産業(医薬品,化学,電気機械)に属する東証一部上場企業28社が1988年,1995年,2000年に出願した特許の出願時クレーム数に関する相対度数分布を観察したものである。1988年の改善多項制の導入以降,クレーム数に関する相対度数分布は右に移動している。相対度数が最も大きいクレームのランクは1988年には1〜4項であったが,1995年には5〜8項に移動し,改善多項制の利用の普及が進んでいることがわかる。

本章では,こうしたクレームに関する相対度数分布を $g(c;\gamma)$ のような連続的

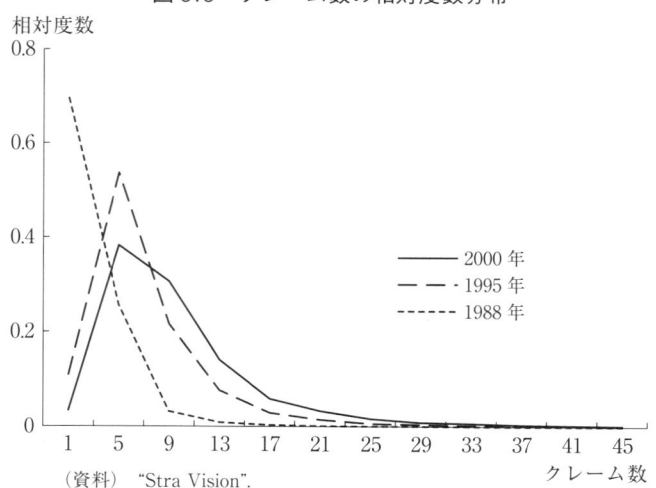

図3.3 クレーム数の相対度数分布

(資料) "Stra Vision".

な密度関数によって近似する．ここで，c は1特許出願当たりのクレーム数，γ は密度関数の平均値を意味する．また，出願時における特許価値（第1章3.4参照）は，クレームの増加関数であると仮定し，これを $v(c)$ と表す（$v'(c)>0$）．したがって，企業がある年に出願した特許の価値総額 V_M は，

$$V_M = p\int_1^\infty g(c;\gamma)v(c)dc, \quad \int_1^\infty g(c;\gamma)dc = 1$$

と表される．ここで，p は特許出願数を意味する．関数 $v(c)$ を平均値 γ でテーラー展開して線形近似すれば，この式は，

$$V_M = p\int_1^\infty g(c;\gamma)\{v(\gamma) - v'(\gamma)\gamma + v'(\gamma)c\}dc = pv(\gamma) \tag{3.1}$$

のように単純化される．(3.1) 式は，特許価値の総額は特許出願数 p と密度関数の期待値 γ がもたらす特許価値の積によって表されるということを意味している．

次に，特許価値の総額 V_M を生成させている発明の数を k としよう．特許価値の総額 V_M を生成させている総クレーム数は $p\gamma$ であるが，図3.1にみるように観察されるすべてのクレームが発明に対応しているわけではない．そこで，β_1 を「クレーム割引率」と呼び，観察されたクレーム数を β_1 で割り引いた c^{β_1} が発明の数に対応していると考える．したがって，c^{β_1}/c はクレーム c における発明の包含率を意味し，発明の包含率はクレームの増加とともに幾何級数的に低下すると仮定する．このような仮定の下で，特許価値の総額 V_M を生成させている発明の数 k は，

$$k = p\int_1^\infty g(c;\gamma)c^{\beta_1}dc, \quad 0 < \beta_1 < 1$$

と表される．先と同様に c^{β_1} を期待値 γ でテーラー展開して線形近似すれば，発明の数 k は，

$$k = p\int_1^\infty g(c;\gamma)\{\gamma^{\beta_1} - \beta_1\gamma^{\beta_1} + \beta_1\gamma^{\beta_1-1}c\}dc = p\gamma^{\beta_1}$$

と単純化される．

いま，単項制下での特許出願を想定し，企業が k 個の発明をすべて分割出願してクレームも1項しか記載しなかったとすれば，特許価値の総額 V_S は，

$$V_S = kv(1) = p\gamma^{\beta_1}v(1) \qquad (3.2)$$

と表される。(3.2) 式は，単項制のもとで特許出願した場合に実現されたであろう特許価値総額を意味している。

2.4 多項制乗数

次に，特許価値のクレーム弾力性を定義しよう。ここで，特許価値とクレームの関係を $v(c) = ac^{\theta_1}$ のように特定化する。このとき，クレームが1%増加した場合，特許価値の増加率は θ_1 となるので，θ_1 が特許価値のクレーム弾力性を意味する。本章では，V_M を V_S で割った数値 $\lambda = V_M/V_S$ を「多項制乗数」と呼ぶ。多項制乗数は (3.1) 式と (3.2) 式より，

$$\lambda = \frac{V_M}{V_S} = \gamma^\rho, \quad \rho = \theta_1 - \beta_1 \qquad (3.3)$$

と計算される。多項制乗数は，2つの構造パラメータ，すなわち特許価値のクレーム弾力性 θ_1 とクレーム割引率 β_1，および平均クレーム数 γ に規定される。

多項制乗数 λ は，企業が多項制を利用して出願している特許の価値総額 V_M と，その特許価値を生み出している同数の発明 k がクレーム1項として分割出願されたときに実現したであろう特許の価値総額 V_S を比較したものである。言いかえれば，多項制乗数は，クレームを1項として分割出願した場合に，改善多項制の利用によって得られる特許価値と同じ特許価値が得られるか否かを判別する指標を意味する。そこで，多項制乗数 λ が1より大きいとき「プレミアム（Premium）」，1に等しいとき「ニュートラル（Neutral）」，1より小さいとき「ディスカウント（Discount）」と呼ぶ。

ここで，なぜ特許価値のクレーム弾力性 θ_1 とクレーム割引率 β_1 によって改善多項制の経済的評価が可能になるのかを改めて説明しておこう。図3.4の縦軸には特許価値が，横軸にはクレーム数，あるいは発明数が測られている。特許価値のクレーム弾力性 θ_1 が1を下回っていれば，特許価値とクレーム数の関係は右上がりの逓減的な曲線として描かれる。いま，クレーム数 c_1 の特許

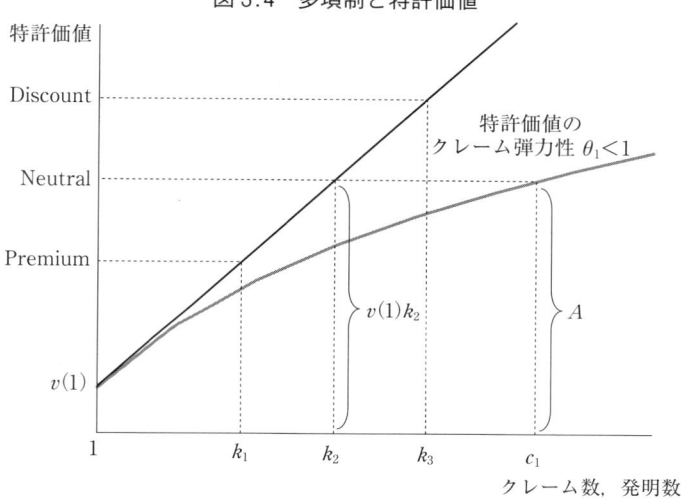

図3.4 多項制と特許価値

価値が A であったとしよう．ただし，クレーム数 c_1 のすべてが発明数に対応しているわけではない．クレーム数 c_1 に包含されている平均的な発明数は，クレーム割引率 β_1 から推計される．もし，発明数が k_2 なら，クレームを必須要件項1項として分割出願したときの特許価値 $v(1)k_2$ とクレーム数 c_1 の特許価値は同じになるので多項制乗数はニュートラルと判定される．一方，発明数が k_1 ならプレミアム，k_3 ならディスカウントと判定される．このように，特許価値のクレーム弾力性 θ_1 が大きいほど，またクレーム割引率 β_1 が小さいほど，多項制乗数はプレミアムと判定される可能性が高くなる．[8]

多項制乗数がプレミアムのとき，改善多項制の利用により，企業は単項制のもとでは得られない特許価値の創出が可能になっているので，改善多項制の導入に積極的な経済的存在意義を認めることができる．他方，多項制乗数がニュートラルやディスカウントである場合には，分割出願と改善多項制の利用が特許価値に対して無差別であったり，分割出願した方が特許価値を高められ

---

[8] 特許価値のクレーム弾力性が1より大きい場合には，クレーム割引率が1以下であるかぎり，多項制乗数は必ずプレミアムとなる．

たりすることを意味するので，改善多項制の導入により企業は特許価値を向上させられる機会を得たとはいえない。

以上で定義した多項制乗数によって，改善多項制の経済的評価を行うには，クレーム割引率 β_1 の推定値を得なければならない。また，特許価値とクレームの間に有意な正の相関があることを証明し，さらに，特許価値のクレーム弾力性 θ_1 の推定値を得なければならない。そこで以下では節を改めて，クレーム割引率 β_1 と特許価値のクレーム弾力性 θ_1 の推計方法を解説する。

第3節　改善多項制と特許価値

3.1　特許生産関数

クレーム割引率は，「特許生産関数（patent production function）」の推計を通して行われる。特許生産関数とは，研究開発活動と特許出願数の間に存在する規則的な関係を記述したものである。特許生産関数は，Pakes and Griliches〔1984〕によって初めて推計され，その後，多くの研究者が特許生産関数の推計を行っている（Brouwer and Kleinknecht〔1999〕, Jaffe〔1986〕, Acs and Audretsch〔1988, 1989〕, Hall, Griliches and Hausman〔1986〕, 山田〔2009〕）。

Pakes and Griliches〔1984〕は，1968～1975年に米国企業121社が出願した特許データを用いて特許生産関数を推計した結果，研究開発費が1％増加すると特許出願数が0.61％増加するという安定的な関係を見出した。このように，研究開発費と特許出願数の間には安定的な関係が存在することが知られているが，特許出願数の背後にある知識の生産量は研究開発生産性にも規定される。すなわち，研究開発生産性が高ければ，一定の研究開発費で生産される知識の量は多いはずであろう。そこで，特許出願関数を推計する際，研究開発生産性

を説明する適切なコントロール変数の必要性が認識されるようになった。そして，その有力な候補としてスピルオーバー・プール（spillover pool）と呼ばれる変数が注目されるようになった。

それぞれの企業の研究開発活動は，完全に隔離された環境のなかで独自に行われているわけではない。他の企業の研究開発の成果を参考にしながら，新しい技術を生み出したり従来の技術を改良したりしている。したがって，ある企業の研究開発活動は，その企業と研究開発の内容という点で近似性を持つ他の企業に正の外部効果をもたらし，他の企業の研究開発生産性を向上させる要因となっているかもしれない。この点に着目したJaffe〔1986〕は，特許文献に記載されている技術コードから「技術ポジション（technological position）」を定義して企業間の「技術距離（technological distance）」を計測し，「スピルオーバー・プール（spillover pool）」という変数を考案した。

本節の推計においても，特許生産関数を用いて的確にクレーム割引率を推計するには，研究開発生産性を十分にコントロールする必要がある。そこで以下では，このスピルオーバー・プールの作成手順を解説しておこう。

3.2 スピルオーバー・プール

特許文献には詳細な技術分類を表示したIPC（International Patent Classification）コードが付与されている。IPCコードの付与は，出願公開制度による重複技術開発の抑制効果を補完しているだけでなく，審査官による特許文献の検索を容易にして審査プロセスの効率化にも貢献している。

---

9 研究開発活動の成果が特許出願という形で現れるまでには一定の時間を要し，いわゆる「懐妊期間」が存在すると考えられる。しかし，研究開発活動と特許出願の間のラグ構造を同定することは困難であることが知られている。こうしたラグ構造の問題を主要な分析テーマとした研究にHall, et al.〔1986〕がある。彼らは，研究開発費の時系列構造が1階の自己回帰モデル（first-order autoregressive model:AR1）に従うとき，どのようなラグ次数を選択しても，ラグ係数の合計はほぼ一致することを証明した。この命題は，特許出願に関する研究開発費の長期弾力性の推定値はラグ次数の選択に依存しない，ということを意味する。

IPC コードはセクション，クラス，サブクラス，グループの4階層から構成されている。第1階層のセクションは，A；生活必需品，B；処理操作・運送，C；化学・冶金，D；繊維・紙，E；固定建造物，F；機械工学・照明・加熱・武器・爆破，G；物理学，H；電気，の8種類に分類されており，このセクションが最も基本的な技術分類である。たとえば，「B60L7」という IPC コードは，セクションが B で「処理装置・運送」，クラスが 60 で「車両一般」，サブクラスは L で「電気的推進車両の電気装置または推進装置」，グループは 7 で「車両用電気的制動方式一般」，を意味している。実際には，さらにこの下にサブグループ等の分類数値・記号が付加されるので，正式な IPC コードが 100 字を超える特許も少なくない。IPC コードによる分類は，一般的な産業分類とは異なっているが，それぞれの企業がどのような分野の技術開発に重点を置いているかを見る上できわめて有益な情報源となる。

Jaffe〔1986〕は，$\mathbf{F}_i = (F_{i1} \cdots F_{in})$ によって表されるベクトルを企業 i の技術ポジション（technological position）と呼んだ。ここで，F_{ik} は企業 i が技術分野 k に投下した研究開発資源の割合を意味する。一般的な経済データから，個別企業ベースで F_{ik} を測ることはできないが，企業が出願したすべての特許の合計数で，IPC コードを用いて分類された技術分野ごとの特許数を割れば，近似的にその企業の技術ポジションを計測できる。そして，この技術ポジションが近い企業間では，技術知識のスピルオーバー効果が強く働いていると考えられる。

さらに Jaffe〔1986〕は，このような企業間の技術ポジションの違いを技術距離（technological distance）と呼び，次のような相関係数を用いてこれを具体的に定義した。

$$\alpha_{ij} = \frac{\mathbf{F}_i \mathbf{F}_j'}{\{(\mathbf{F}_i \mathbf{F}_i')(\mathbf{F}_j \mathbf{F}_j')\}^{1/2}} = \frac{\sum_{k=1}^n F_{ik} F_{jk}}{(\sum_{k=1}^n F_{ik}^2 \sum_{k=1}^n F_{jk}^2)^{1/2}}$$

α_{ij} で表される企業間の技術距離は，0〜1 をとる数値で，技術ポジションを表すベクトルが2つの企業間で全く同じ場合1となり，それらのベクトルが直行する場合は0となる。このような企業間の技術距離を用いれば，企業 i が他企業から受けるスピルオーバー効果の量は，他企業の研究開発費を企業 i と他企

業の技術距離で加重した数値で測られる．

$$sp_i = \sum_{j \neq i} a_{ij} rd_j \tag{3.4}$$

ここで，rd_j は企業 j の研究開発費を意味し，sp_i が企業 i のスピルオーバー・プール（spillover pool）に他ならない．企業 i と他企業の技術距離が遠く，他企業が企業 i とは異なった技術分野に研究開発資源を投入している場合，他企業が研究開発費を増やしても，企業 i のスピルオーバー・プールはあまり増加しない．反対に，技術距離が近い場合には他企業の研究開発費の増加は企業 i のスピルオーバー・プールを増大させる．

3.3 特許生産関数の推計

本章 2.3 でみたように，特許価値の総額 V_M を生成させている発明の数 k は $p\gamma^{\beta_1}$ で表された．ここで，p は特許出願数，γ は平均クレーム数，β_1 はクレーム割引率である．そこで，p_{it} を i 企業が t 期に出願した特許出願数，k_{it} を発明数，γ_{it} を平均クレーム数とし，産業別ダミー変数を考慮して次のような特許出願関数を考える．

$$p_{it} = \gamma_{it}^{-\beta_1} k_{it} \exp(\sum_{c=1}^{n} \omega_c d_{ic}) \tag{3.5}$$

ここで，d_{ic} は第 i 企業が c 産業に属する場合に 1 をとるダミー変数で，産業による特許性向（propensity to patent）の違いを考慮するために導入される．また，知識生産関数（Pakes and Griliches〔1984〕）を，

$$k_{it} = rd_{it}^{\beta_2} sp_{it}^{\beta_3} \exp(\sum_{c=1}^{n} \phi_c d_{ic}) \tag{3.6}$$

と定義する．知識生産関数におけるダミー変数 d_{ic} は，産業によるイノベーション・コストの違いを推計に反映させるために導入される．発明数 k_{it} は，実質研究開発費 rd_{it} と，本章 3.2 で定義されたスピルオーバー・プール sp_{it} によって説明される．

(3.6) 式を (3.5) 式に代入して両辺に対数をとれば，特許生産関数は，

$$\ln p_{it} = -\beta_1 \ln \gamma_{it} + \beta_2 \ln rd_{it} + \beta_3 \ln sp_{it} + \sum_{c=1}^{n}(\omega_c + \phi_c)d_{ic} + \eta_i + e_{it}$$

(3.7)

となる。ここで，n_i は固定効果を意味し，企業ごとの特許性向やイノベーション・コストの違いがここに反映される。また，e_{it} は攪乱項を意味する。

本節では (3.7) 式を用い，医薬品，化学，電気機械に属する日本の大手企業74社が1988～2000年に出願した特許出願数を用いてクレーム割引率 β_1 を推計した。なお，推計期間の初めを1988年としたのは改善多項制導入以降の特許出願に限定するためである。また，推計期間の終わりを2000年としたのは，本節の特許経過情報の取得時点が2005年なので，出願・公開ラグに伴う切断バイアス（第1章2.4参照）を避けるためである。

特許データについては，インテクストラ株式会社の"Stravision"から各企業の特許出願数とクレーム数，および IPC コードを取得した。研究開発費は日本経済新聞社「NEEDS データベース」から取得し，実質化のためのデフレータは経済産業研究所の「日本産業生産性データベース2003（Japan Industrial Productivity Database 2003：JIP2003）」における産業別研究費デフレータ（表5-26）を利用した。表3.1にデータベースの基本統計量を示した。

表3.2は，有意性が確認されなかった説明変数を除いた特許生産関数の推計結果を示したものである。サンプル企業全体，医薬品，化学，電気機械について，平均クレーム数と実質研究開発費は理論的符号条件を満たし，統計的有意性も確認された。ただし，スピルオーバー・プールは，サンプル企業全体と化学においてのみ有用であった。

クレーム割引率の推定値は0.11～0.16と推計され，産業の区分によってそれほど大きな違いは見出されなかった。1995年の平均クレーム数を用いて発明の包含率 c^{β_1}/c を計算すると，サンプル企業全体で23％，医薬品で14％，化学で27％，電気機械で21％となり，医薬品における発明の包含率が相対的に低いことが確認された。[11]

---

[10] ただし，実際の推計では産業ダミーは個別企業効果に吸収されるので，産業ダミーは除かれる。

表3.1　クレーム割引率推計データの基本統計量

基本統計量	サンプル全体	医薬品	化学	電気機械
特許出願数 (p) の平均	1480.48	85.28	646.40	2881.05
クレーム数/特許出願数 (γ) の平均	4.86	7.34	4.37	4.47
実質研究開発費 (rd) の平均	32934	28651	13374	55326
スピルオーバー・プール (sp) の平均	929052	468583	713728	1327486
サンプル数	946	143	414	389

(注) 実質研究開発費およびスピルオーバー・プールの単位は百万円，その他は件数。

表3.2　クレーム割引率 β_1 の推計結果

1988〜2000	サンプル全体	医薬品	化学	電気機械
conat	-0.203	1.410	-3.025 **	4.775 **
	(1.183)	(0.921)	(1.432)	(0.517)
$\ln \gamma$	-0.164 **	-0.110 **	-0.133 **	-0.140 **
	(0.034)	(0.056)	(0.050)	(0.039)
$\ln rd$	0.187 **	0.299 **	0.165 **	0.239 **
	(0.028)	(0.096)	(0.029)	(0.059)
$\ln sp$	0.348 **	—	0.573 **	—
	(0.092)		(0.111)	
包含率	0.232	0.141	0.273	0.214
Adjusted R-squared	0.964	0.793	0.946	0.961
sample	946	143	414	402

(注) (　) 内は標準誤差，* は10％，** は5％有意を意味する。推計は固定効果法による。包含率は1995年の平均クレーム数を用いて計算された数値。

3.4　特許価値のクレーム弾力性 θ_1 の推計モデル

一般に，多くのクレームを包含している特許ほど特許価値は高いと考えられている。それは，研究開発費が単純な特許出願数よりもクレーム数で加重され

---

[11] 1995年の平均クレーム数は，サンプル企業全体で5.73，医薬品で9.07，化学で4.47，電気機械で5.99であった。

た特許出願数と高い相関を示すことや（Tong and Frame〔1994〕），クレーム数の多い特許出願ほど審査請求される確率が高い（山内・長岡〔2007〕）ことなどが知られているからである。しかし，特許価値とクレーム数に関するこうした実証の方法では，具体的な特許価値のクレーム弾力性の推定値を得ることができない。そこで，本節では特許登録更新回数のデータから特許価値を推測し，クレーム数との定量的な関係を明らかにする。

そもそも，特許価値のクレーム弾力性を推計するには，特許価値が把握されなければならない。しかし，企業の出願する特許の価値を客観的に示すデータは存在しない。ただし，日本の特許制度では，特許登録の更新に維持年金が課されるので，特許価値の高いものほど登録更新回数は増加すると考えられる。すなわち，登録更新情報には，特許価値に係る情報が含まれていると考えられる。この点に着目した，Lanjouw and Schankerman〔1999〕は登録特許を5年目以上権利が継続した特許とそれ以前に権利が消滅した特許に分割して，登録更新確率をクレーム数や被引用回数などで説明するバイナリー・プロビット推計を行っている。[12] ところが，日本の特許制度は米国に比較して複雑なだけでなく，単純なプロビット分析では特許価値のクレーム弾力性の推定値を得ることができない。そして日本において，特許価値のクレーム弾力性を的確に推定するには，以下の点に留意する必要がある（山田〔2010b〕）。

まず第1に，かつての日本では，登録期間は登録日ではなく公告日からカウントされていた。公告日とは他者による異議申立の受付を可能とする期間の始まりを意味する。後に詳しく述べるように，本節では1995年に登録された特許データを利用するので，登録期間を正確にカウントするには公告日を調べなければならない。

第2に，日本では出願・登録（公告）ラグが米国に比べて著しく長いため，出願年から公告年までの経過年数に応じた特許価値の陳腐化を無視するわけにいかない。Lanjouw and Schankerman〔1999〕は，5年目も登録が更新される確

---

[12] かつての米国には登録更新制度がなかったが，1982年の制度改訂で登録更新に特許料が課されることになった。現行法では，3年6カ月以内，7年6カ月以内，11年6カ月以内に，それぞれ単発的に特許料が課される。

率を推計しているが，米国では出願・登録ラグが短いので（平均2年程度），出願からの経過年数に応じた登録時の価値減衰は考慮されてない。しかし，日本では出願から公告まで10年を超える特許も少なくないし，出願・公告ラグの分散も大きい（山田〔2008〕）。

第3に，日本では登録時クレーム数に応じて設定納付金や維持年金が定められているので，特許によって登録維持のための費用負担が異なっている。したがって，登録時クレーム数の多い特許ほど維持年金が高額になるので，他の条件が等しいかぎり登録更新確率は低下すると考えなければならない。

本節では，以上のような留意点を考慮し，特許価値のクレーム弾力性を計測するモデルを以下のように考案した。

ある企業が出願したi番目の特許をp_iとしよう。この特許の出願時の価値v_iは，以下のような確率分布に従うと仮定する。

$$v_i \sim f(v_i | \mu, \sigma)$$

ここで，μ, σは確率分布を規定するパラメータを意味する。

特許価値は出願時からδで陳腐化していくとする。また，特許p_iの出願年をs_i，公告年をd_iとする。出願・公告ラグ$d_i - s_i$は特許によって異なっている。

企業は，登録更新時の特許価値と維持年金を比較して登録更新を決定する。日本の特許制度における維持年金は，固定額部分とクレーム比例部分から構成されている。そこで，登録時クレーム数をgc_iとし，公告年からj年目の維持年金を$\alpha_j + \beta_j \cdot gc_i (j = 4 \text{ or } 7)$と表す。特許$p_i$が$j$年目も登録を継続する条件は，維持年金より特許の残存価値が上回ることなので，

$$v_i (1-\delta)^{d_i - s_i + j - 1} > \alpha_j + \beta_j \cdot gc_i$$

となる。この式は，

$$v_i > z_{j,i},\ z_{j,i} = \frac{\alpha_j + \beta_j \cdot gc_i}{(1-\delta)^{d_i - s_i + j - 1}} \tag{3.8}$$

と変形される。(3.8)式は，閾値（threshold value）$z_{j,i}$を上回る特許価値を持つものだけが，j年目にも登録が更新されることを意味している。

特許価値の確率分布は，歪度（skewness）の大きい左に偏った分布を示すことが知られている（Schankerman〔1998〕，Scherer and Harhoff〔2000〕，山田〔2009〕）。

そこで，確率分布 $f(v_i|\mu, \sigma)$ を自由度の高い次のようなワイブル分布（Wibull distribution）に特定化する。

$$f(v_i|\mu, \sigma) = \sigma \mu^{-\sigma} v_i^{\sigma-1} \exp\{-(v_i/\mu)^\sigma\}$$

ワイブル分布を規定するパラメータ μ は，クレーム数の増加関数であると仮定し，

$$\mu(c_i) = \theta_0 c_i^{\theta_1}$$

とする。したがって，ワイブル分布の期待値は，

$$E[v_i|c_i, \sigma] = \theta_0 \Gamma(\sigma^{-1}+1) \cdot c_i^{\theta_1} \tag{3.9}$$

となるので，(3.9) 式の θ_1 は特許価値の期待値に関するクレーム弾力性を意味する。

次に，特許 p_i の公告年から権利消滅年までの経過年数を l_i とし，離散変数 y_i^* を次のように定義する。

$$y_i^* = \begin{cases} 1 \text{ if } l_i < 4 \\ 2 \text{ if } 4 \leq l_i < 7 \\ 3 \text{ if } l_i \geq 7 \end{cases}$$

特許 p_i の公告年から権利消滅年までの経過年数が 3 年以下，3 年超 6 年以下，6 年超となる確率は，ワイブル分布の累積密度関数は $1-\exp\{-(v_i/\mu)^\sigma\}$ なので，

$$\begin{aligned} \Pr[y_i^*=1] &= 1 - \exp\{-(z_{4,i}/\theta_0 c_i^{\theta_1})^\sigma\} \\ \Pr[y_i^*=2] &= \exp\{-(z_{4,i}/\theta_0 c_i^{\theta_1})^\sigma\} - \exp\{-(z_{7,i}/\theta_0 c_i^{\theta_1})^\sigma\} \\ \Pr[y_i^*=3] &= \exp\{-(z_{7,i}/\theta_0 c_i^{\theta_1})^\sigma\} \end{aligned} \tag{3.10}$$

と表される。

(3.10) 式より対数尤度関数が，

$$l(\theta_0, \theta_1, \delta, \sigma) = \sum_{i=1}^n \sum_{q=1}^3 \ln\{\Pr[y_i^*=j]\} \cdot \phi(y_i^*=q) \tag{3.11}$$

と書ける。ここで，$\phi(\ )$ はインジケーター関数で引数が真のときは 1，偽のときは 0 となる関数である。本節では，(3.11) 式の対数尤度関数を最大化するパラメータ θ_0, θ_1, δ, σ を最尤法によって推計する。[13]

---

[13] 実際の推計は，EViews 6 の LogL オブジェクト機能を用い，(3.11) 式の対数尤度関数を推計するためのプログラムを作成した。

3.5 データとクレーム弾力性 θ_1 の推計結果

特許価値のクレーム弾力性を推計するに当たり，本節では日本の主要産業（医薬品，化学，電気機械）に属する東証一部上場企業 28 社が 1995 年に登録した特許の属性データ（出願日，登録日，出願時クレーム数，登録時クレーム数，権利消滅日）を知的財産研究所「IIP 特許データベース（後藤・元橋〔2005〕）」[14]から取得した。「IIP 特許データベース」では，出願日が 1964 年 1 月～2004 年 1 月までの特許データを収集している。したがって，1995 年登録の特許の中には，まだ権利が存続し権利消滅日が刻まれていない特許も存在する可能性がある。本章 3.4 で説明した推計モデルにおいて，権利消滅期間の最後のインターバルを 6 年超としたのはこのためである。

また，日本の出願登録ラグは米国などと比較して著しく長いので（山田〔2008〕），1995 年登録の特許の中には，単項制時代に出願された特許も含まれている。そこで，単項制時代に出願された特許はデータベースから削除した。登録データ取得時点をあまり古くすると，単項制時代に出願された特許が増加してしまうし，かといって取得時点を新しくするとまだ権利消滅日が刻まれていない特許データが増加して望ましくない。データ取得時点を 1995 年としたのはこのような理由による。なお，「IIP 特許データベース」には公告日が収録されていないので，インテクストラ株式会社"StraVision"を用いて公告日を補完した。1995 年登録特許がその後に支払った設定納付金や維持年金は，特許庁編集による「工業所有権法沿革」から取得した。[15]

表 3.3 は，データベースの基本統計量を示したものである。1995 年に登録さ

---

14 「IIP 特許データベース」は，後藤・元橋〔2005〕が中心となって開発されたもので，財団法人知的財産研究所のホームページにおいて無料で公開されている。ただし，複数のテキストファイルとして提供されているため，利用にあたっては検索システムを作成しなければならない。本章では，エクセルのマクロ機能を用い企業ごとに特許データを検索できるプログラムを作成した。詳細は山田〔2009〕の第 1 章 3.7 を参照。

15 1988 年以降に出願され 1995 年登録となった特許が支払った設定納付金および維持年金は，1～3 年：13,000 円 + 1 クレーム当たり 1,400 円，4～6 年：23,000 円 + 1 クレーム当たり 2,100 円，7～9 年：40,600 円 + 1 クレーム当たり 4,200 円，であった。

表3.3 クレーム弾力性推計データの基本統計量

基本統計量	サンプル全体	医薬品	化学	電気機械
1995年に登録されたもので出願年が1988年以降の特許数	6,259	153	904	5,202
登録期間 $3 \geq l$ (%)	6.81	13.73	6.86	6.59
登録期間 $3 < l \leq 6$ (%)	21.22	20.26	19.91	21.47
登録期間 $6 < l$ (%)	71.98	66.01	73.23	71.93
平均維持年金(4年目,10万円)	0.276	0.315	0.274	0.276
平均維持年金(7年目,10万円)	0.499	0.575	0.494	0.498
平均出願・公告ラグ(年)	5.592	4.608	5.288	5.673
平均クレーム(出願時)	2.416	4.516	2.242	2.385
平均クレーム(登録時)	2.214	4.026	2.106	2.179

れたもので出願年が1988年以降の特許数は6,259件,うち医薬品が153件,化学が904件,電気機械が5,202件であった。登録期間は産業によって違いが見られた。医薬品では,登録期間が3年以下の特許が最も多く,しかも6年超の特許数は最も少ない。したがって,他の産業に比べて医薬品の権利消滅のテンポが速いことがわかる。これに対して,化学では登録期間3年以下の特許は少なく,しかも6年超の特許が最も多いので,化学における権利消滅のテンポは相対的に遅い。平均クレーム数についてみると,医薬品において4.52と最も多く,化学(2.24)と電気機械(2.38)は同程度であった。

表3.4は,先の(3.11)式で表される対数尤度関数を用い,パラメータ θ_0, θ_1, δ, σ を推計した結果を示したものである。まず,産業別のダミーを推計に加えてサンプル企業全体の特許データを用いて推計した結果,化学ダミーを除きすべてのパラメータは有意に推計された。[16] したがって,クレーム数の多い特許ほど特許価値は高いという安定的な関係が見出された。特許価値のクレーム弾力性は0.167と推計され,統計的有意性も確認された(5%水準で有意)。た

---

[16] 産業ダミーは(3.10)式において, $\theta_0 = \theta_2 + \theta_3 d\_dum + \theta_4 c\_dum$ のように推計した。ここで, d_dum は医薬品ダミー, c_dum は化学ダミーを意味する。本来は,上場企業の事業多角化傾向などを考慮すると,クレーム弾力性の推計は産業別に差別化して行うのではなく,技術分野別に差別化して推計するのが望ましい。ただし,クレーム弾力性を技術分野別に推計すると,クレーム割引率の推計との対応関係を持たせることが困難となるので,本節では産業別に差別化してクレーム弾力性を推計した。

表3.4 対数尤度関数(18)式の推計結果

Wibull Distribution	サンプル全体 係数	gradient	医薬品 係数	gradient	化学 係数	gradient	電気機械 係数	gradient
定数項	313633 ** (78055)	-1.E-09	59661 ** (32482)	5.E-10	146271 * (79024)	4.E-10	436186 ** (141427)	-5.E-11
出願時クレーム	0.167 ** (0.019)	2.E-04	0.132 * (0.080)	2.E-05	0.248 ** (0.050)	4.E-05	0.153 ** (0.023)	-5.E-05
医薬ダミー	-62429 ** (31164)	-4.E-11	−		−		−	
化学ダミー	-4309 (13623)	-9.E-11	−		−		−	
$1-\delta$	0.900 ** (0.016)	-3.E-03	1.028 ** (0.042)	2.E-04	0.948 ** (0.037)	-6.E-04	0.879 ** (0.020)	-4.E-04
σ	1.588 ** (0.101)	-3.E-04	1.807 ** (0.422)	1.E-05	1.909 ** (0.324)	1.E-06	1.500 ** (0.115)	-9.E-06
対数尤度	-4724.5		-125.4		-664.4		-3921.2	
収束回数	14		11		21		15	
サンプル	6259		153		904		5202	

(注）（ ）内は標準誤差。gradient は対数尤度関数の推定パラメータに関する1階の数値積分を推計されたパラメータを用いて評価したもの。* は10%有意，** は5%有意を意味する。

だし，特許価値のクレーム弾力性は1以下なので，クレーム数の増加に応じて特許価値は逓減的にしか増大しない。すなわち，クレーム数が1%増加しても特許価値は0.167%しか増大しない。陳腐化率δは10%と推計され有意性も確認された。ワイブル分布を規定するパラメータσは1.588と推計され，特許価値の分布は歪度が大きく，右に裾が長い分布型を示し，先行研究の結果と整合的であった。

次に，医薬品，化学，電気機械について産業別の推計を行った。まず，医薬品の特許データに限った推計においても，クレーム数のパラメータは正で有意に推計され，特許価値のクレーム弾力性は0.132となった。ただし，10%の有意水準でパラメータがゼロという帰無仮説が棄却されただけで，パラメータの統計的安定性は高いとは言えない。また，医薬品の推計では，陳腐化率の理論的符号条件が満されなかった。

化学と電気機械においても，クレーム数のパラメータは正で高い有意性が確

認され，特許価値のクレーム弾力性はそれぞれ0.248, 0.153と推計された．サンプル企業全体の推計結果と同様，陳腐化率も理論的符号条件を満たし，特許価値の分布は歪度の大きい分布型を示した．弾力性の定量的大きさを産業別に比較すると，化学において最も大きく，医薬品と電気機械で同程度であった．[17]

3.6 多項制乗数 λ の推計結果

本章2.4で説明したように，多項制乗数はクレームに関する相対密度関数の期待値 γ，および2つの構造パラメータ θ_1（特許価値のクレーム弾力性）と β_1（クレーム割引率）に規定された．表3.5は，特許価値のクレーム弾力性 θ_1 からクレーム割引率 β_1 を引いた ρ と，多項制乗数 $\lambda = \gamma^\rho$ を計算した結果を示したものである．

サンプル企業全体でみると，クレーム弾力性が0.167，クレーム割引率が0.164と推計されたので，僅かながら特許価値のクレーム弾力性がクレーム割引率を上回り，多項制乗数はプレミアムとなった．また，特許価値のクレーム弾力性の推計対象とした企業が1995年，1998年，2000年に出願した特許の平均クレーム数を用いて多項制乗数を計算した．ただし，特許価値のクレーム弾力性 θ_1 とクレーム割引率 β_1 の差 ρ がきわめて小さいため，多項制乗数もきわめて小さな数値となった．たとえば，2000年において改善多項制の利用は特許価値を0.6%高めているにすぎない．

次に産業別にみると，化学を除き，特許価値のクレーム弾力性とクレーム割引率の差はやはり僅かであった．医薬品のクレーム弾力性は0.132，クレーム割引率は0.110と推計されたので，ρ は0.022となり，2000年における多項制乗数は1.058と小さい数値となった．電気機械においては，医薬品よりも僅か

---

[17] 本節では，特許価値に関する確率分布を対数正規分布に特定化した場合も推計した．その際，対数正規分布の期待値とクレームを $E[v_i|c_i, \sigma] = \exp(\theta_0 + \theta_1 \ln c_i + 2^{-1}\sigma)$ のように関係付けて推計した．推計の結果，特許価値の期待値に関するクレーム弾力性は，サンプル企業全体で0.140，医薬品で0.131，化学で0.238，電気機械で0.128となり，ワイブル分布の場合と大きな違いはみられなかった．

に高いクレーム弾力性 0.153 が推計されたが，クレーム割引率が 0.140 と高く推計されたので，ρ は 0.013 となり医薬品よりも小さな数値となった。多項制乗数は 2000 年で 1.028 と計算され，電気機械においても改善多項制の利用は特許価値を大きく高めているとはいえない。

これに対して，化学では特許価値のクレーム弾力性 θ_1 とクレーム割引率 β_1 に明確な差が見出され，ρ は 0.115 と推計された。これは，化学のクレーム弾力性が他産業よりも高く推計されたためである。先と同様に，クレーム弾力性の推計対象とした企業が 1995 年，1998 年，2000 年に出願した特許の平均クレーム数を用いて，多項制乗数を計算した。その結果，1995 年の多項制乗数は 1.164，1998 年では 1.097，2000 年では 1.236 となった。したがって，2000 年についてみると，化学メーカーは改善多項制の利用により特許価値をおよそ 24％高めることができたことになる。

ただし，表 3.5 によれば，どの産業区分においても特許価値のクレーム弾力性 θ_1 とクレーム割引率 β_1 はかなり近接した数値となっている。そこで，特許価値のクレーム弾力性 θ_1 とクレーム割引率 β_1 は等しいという帰無仮説（$\theta_1 = \beta_1$）をワルド検定により検定した。検定の結果，サンプル企業全体，医薬品，電気機械で特許価値のクレーム弾力性 θ_1 とクレーム割引率 β_1 は等しいという帰無仮説は棄却されなかった。しかし，化学においてはこの帰無仮説が

表 3.5　多項制乗数の推計結果

推定結果		サンプル全体	医薬品	化学	電気機械
特許価値のクレーム弾力性；θ_1		0.167	0.132	0.248	0.153
クレーム割引率：β_1		0.164	0.110	0.133	0.140
$\rho = \theta_1 - \beta_1$		0.003	0.022	0.115	0.013
多項制乗数；λ	1995 年	1.005	1.048	1.164	1.023
	1998 年	1.002	1.028	1.097	1.008
	2000 年	1.006	1.058	1.236	1.028
Wald 検定 帰無仮説（$\theta_1 = \beta_1$）	標準誤差	0.019	0.080	0.050	0.329
	χ^2 検定量	0.021	0.076	5.213	0.023
	判定	Accept Neutral	Accept Neutral	Reject Premium	Accept Neutral

5％の有意水準で棄却された。これらの検定結果から，サンプル企業全体・医薬品・電気機械において多項制乗数はニュートラル（Neutral），化学においてプレミアム（Premium）が見出されたと判定した。

化学メーカーの特許は技術範囲が広く，多様な分野の技術を特許出願していることが知られている。したがって，化学メーカーは広い技術分野からの特許侵害を受けるリスクを負っており，そのために特許価値形成におけるクレームの重要性が相対的に高いと考えられる。こうした理由により，特許価値のクレーム弾力性が高く推計され，多項制プレミアムが見出されたと推察される。

以上の推計結果より，推計対象としたサンプル企業全体としてみれば，改善多項制導入により企業は特許価値を向上させられる機会を与えられたとはいえなかった。しかし，産業別には明確な違いがみられ，化学メーカーにおいては改善多項制の利用によって単項制のもとでは得られない特許価値の創出が可能となっていることが明らかとなった。

3.7 本章のまとめ

特許権の保護の強さは，特許権の「長さ」と「範囲」に規定され，特許権の保護を強める政策は「プロパテント政策」と呼ばれる。このうち本章では，特許権の範囲に注目した。1980年代の米国では「均等論」の普及により強力なプロパテント政策が展開されたが，米国の実証研究によれば，それが研究開発インセンティブを強く刺激したという証拠は見出せなかった。日本では特許権の範囲を拡張する「改善多項制」が1988年に導入された。改善多項制の導入は，企業がそれまでの単項制では実現できない特許価値の創出を可能にし，ひいてはイノベーションの収益率の向上を通して研究開発活動を刺激する経済効果があると期待された。しかし，改善多項制の経済的評価を行った唯一の先行研究であるSakakibara and Branstetter〔2001〕は，こうした問題意識から実証分析を行ったものの，改善多項制の導入に明確な研究開発投資の刺激効果を見出していない。

本稿は，先行研究のように，改善多項制の導入前後で企業の研究開発活動に変化が見られたか否かを問題にするのではなく，より直接的に改善多項制が特許出願の価値を向上させたか否かを多項制乗数の推計により評価した。

　サンプル企業全体を対象にした推計では，特許価値のクレーム弾力性とクレーム割引率に有意な統計的な差は認められず，多項制乗数はニュートラルと判定され，改善多項制に積極的な経済的存在意義を見出すことはできなかった。産業別の推計においても，医薬品や電気機械において多項制乗数はニュートラルと判定され，これらの点においては本稿の推計は先行研究と整合的な結果であった。改善多項制において，かつての単項制下での必須要件項に対応するクレーム以外を「周辺クレーム」と呼ぶことにすれば，このような推計結果は，周辺クレームの記載が特許価値の向上にあまり貢献していないことを示唆している。

　しかし，化学産業においては，特許価値のクレーム弾力性とクレーム割引率に明確な差が認められ，改善多項制の経済的存在意義を確認することができた。こうした推計結果は，改善多項制のもたらす経済効果はすべての出願人にとって一様ではなく，産業分野や技術分野によって著しく異なるものであることを示唆している。

第4章　出願公開制度

第1節　特許文献の公開と内生的成長論

1.1　知識フローと累積的イノベーション

　1968年キヤノン株式会社は，当時の主流であったゼロックス方式によらない普通紙による複写技術を開発し，世界的なコピー機メーカーへと成長した。1960年代におけるコピー機市場は，事実上米・ゼロックスによる独占であった。それは，ゼロックスが複写技術にかかわる多数の特許を保有していたからであった。

　ところが，カメラ専業メーカーであった後発のキヤノンは，ゼロックスの保有する特許にまったく抵触することなく普通紙によるコピー（Plain Paper Copy：PPC）技術の開発に成功した。キヤノンの技術開発部は，NPシステムと呼ばれるまったく新しい潜像形成法を開発したが，それが可能となったのは競合相手のゼロックスの発明が特許制度により公開されていたからに他ならない。先行発明が公開されていたおかげで，キヤノンの技術開発部は特許文献を詳細に検討することができ，克服すべき技術的課題が明確になったといわれている。そして，1970年代には世界のPPCの過半数がキヤノンのNP方式を採

用するようになった（丸島〔2002〕）。

　本章では，ある時点で到達された最も質の高い発明を「イノベーション (innovation)」と定義し，ある時点のイノベーションが次の時点でより高い質のものに置き換わる現象を「累積的イノベーション」と呼ぶ。また，イノベーションに成功した企業をイノベーターと呼ぶ (innovator)。上でみたキヤノンのNPシステムの開発は，累積的イノベーションの具体例とみることができるが，それが特許制度による発明の公開に支えられていたという側面に注目することが重要である。

　現代の特許制度は，技術知識の発明者に対して独占的排他権を付与する代わりに発明の公開を義務付ける。発明の公開により「技術知識のスピルオーバー効果」が強まり経済成長が促進されると考えられている。本書では，「技術知識のスピルオーバー効果」を「知識フローが発明の量を増加させたり，累積的イノベーションを起こしたりする現象」と定義する。ここで，「知識フロー」とは発明の公開が新たな発明の誘因となっていくプロセスを意味する。

1.2　内生的成長論

　伝統的な新古典派の経済成長理論では，定常状態において資本ストック，最終財の生産量，消費量などのあらゆるマクロ経済変数の成長率は，労働の増加率と技術進歩率の合計である「自然成長率」に一致し，労働1人当たりの経済成長率は技術進歩率のみに規定される（Solow〔1956〕）。そして，持続的な経済成長を説明する唯一の要因である技術進歩率は，決定要因のよくわからない「外生変数 (exogenous variable)」として扱われているにすぎない。しかし，1990年代にはこうした外生変数を内生化した経済成長のモデルが開発されるようになった（Romer〔1990〕，Aghion and Howitt〔1992, 1998〕，Grossman and Helpman〔1991〕）。

　そうした「内生的成長論」では，技術知識のスピルオーバー効果が持続的な経済成長を支えるエンジンとなっている。たとえば，この分野の先駆的研究で

あるRomer〔1990〕のモデルでは，最終財の生産量を規定する生産要素を資本と労働，および複数種類の中間財とし，中間財の種類は発明の量と等価とみなされ，研究開発部門における発明の増加が中間財の種類を増加させることで持続的な経済成長が実現する。そして，発明の量 q と研究開発部門に投入される労働力 n との間に次のような関係が仮定される。

$$d\ln q = \lambda n$$

この式は，発明の量の「成長率」が研究開発部門に投入される労働力の「レベル」に比例することを意味している。しかしこの式は，必ずしも自明な関係を表しているとはいえない。通常の生産関数などにおいて，最終財の生産量が一定の成長率を維持するには，資本ストックや労働力などの生産要素も一定の成長率で増加していかなければならない。これに対し，発明の場合には，研究開発部門の労働力 n が不変でも，発明の量は一定の成長率で自律的に増加していく。こうした「自律メカニズム」の背後には，技術知識のスピルオーバー効果が強く意識されている。

Romer〔1990〕は，同じ能力を持ったエンジニアでも，現代のエンジニアの方が100年前のエンジニアよりもはるかに生産性が高いはずだ，と指摘する。それは，現代のエンジニアは過去100年の間に蓄積された技術知識の利益を受けることができるからである。そして，現代のエンジニアが蓄積の利益を受けるためには，過去に生産された技術知識が「公開」され，尚且つ自由に入手でき，「巨人の肩の上に立つ」ことができなくてはならない。

Romer〔1990〕のモデルは，研究開発部門に投入される労働力が内生的に決定されるという点で，まさに経済成長を内生的に説明する画期的なモデルであったが，発明の自律的成長（$d\ln q = \lambda n$）についての根拠は，やや脆弱で強い説得力を持っているとはいえない。これに対し，イノベーションを確率的な現象と捉え，技術知識のスピルオーバー効果がなぜ生じるのかという点を，一層明確に説明した内生的成長論にAghion and Howitt〔1992,1998〕やGrossman and Helpman〔1991〕がある。そして，彼らのモデルにおいても累積的イノベーションが持続的な経済成長のエンジンとなっている。そこでこの第1節では，主として累積的イノベーションの発生メカニズムに注目しながら，彼らが開発した

理論モデルを応用することによって，発明の公開を義務付ける特許制度が，経済成長にどのような作用を及ぼしているのかを理論的に検討してみよう。

1.3　Aghion and Howitt〔1992,1998〕のモデルの基本構造

　経済は最終財生産部門と中間財生産部門から構成されており，最終財の生産に必要な生産要素は中間財のみとする。生産活動に従事する労働者は1人1単位の中間財を生産する。最終財の生産量を y，中間財の生産量（あるいは生産活動従事者）を x とすれば，生産関数は $y=Ax^\alpha$ と表記される（$0<\alpha<1$）。ただしここで，A は中間財の質を表しており，中間財の投入量が不変でも A が向上すれば最終財の生産量は増加する[1]。

　中間財部門には多くの企業が存在し，中間財の質を向上させるための研究開発に努力している。こうした研究開発競争の結果，最も質の高い中間財の生産に成功した企業，すなわちイノベーションに到達したイノベーターはそうした中間財の生産を実現させた発明について特許を取得し，次のイノベーションが起こるまで中間財生産からの利益を独占することができる。このように，中間財市場では特許制度により独占が形成される。ただし，最終財市場では完全競争が仮定される。

　経済には同質的な労働力が L 人存在し，研究開発活動か生産活動かのいずれかに従事する。したがって，研究開発従事者 n と生産活動従事者 x の合計は L に等しい（$n+x=L$）。

　単位時間当たり1人の研究開発従事者がイノベーションを起こすことのできる回数は確率変数で，平均 λ（到達率（arrival rate））のポアソン分布（Poisson Process）に従うと仮定される。このとき，τ 番目のイノベーションが起きてか

---

[1] 中間財の質を表すパラメータ A は全要素生産性（TFP）に相当する。Romer〔1990〕では，中間財の種類の持続的増加が経済成長の源泉となるが，Aghion and Howitt〔1992,1998〕モデルではTFPの持続的向上が経済成長を説明する。なお，ここでの説明は Aghion and Howitt〔1998〕の chapter2 に基づいている。

ら$\tau+1$番目のイノベーションが起きるまでの時間間隔tは指数分布$\lambda e^{-\lambda t}$に従う確率変数となる。そして，累積的イノベーションの平均時間間隔は$1/\lambda$（指数分布の期待値）で表される。したがって，τ番目のイノベーションが起きてからTの間に$\tau+1$番目のイノベーションが起きている確率$F(T)$は，

$$F(T)=\int_0^T \lambda e^{-\lambda t}dt=1-e^{-\lambda T}$$

となる。

イノベーションが起こると中間財の質はγ倍だけ向上する（$\gamma>1$）。たとえば，τ番目のイノベーションによって実現された中間財の質A_τは，$\tau+1$番目のイノベーションの発生により$A_{\tau+1}=\gamma A_\tau$となる。研究開発従事者がn人の場合，ポアソン分布の「加法性」により，単位時間当たりn人の研究開発従事者が起こすことのできるイノベーションの回数sは，平均λnのポアソン分布に従う。

中間財部門では，どの企業もイノベーターになれる可能性があるので，研究開発従事者を雇用し研究開発競争に参加するインセンティブを持つ。ある企業がイノベーションに到達し，イノベーターとなったときに得られる独占利潤πは，

$$\pi = p(x)x - wx$$

と表される。ここで，$p(x)$は中間財の価格，wは単位時間当たりの賃金を意味する。最終財市場は完全競争なので，中間財の価格は最終財を生産する際に用いられる中間財の限界生産力に等しくなる。すなわち，$p(x)=A\alpha x^{\alpha-1}$である。この式を利潤式に代入すれば，利潤$\pi$が最大化するような中間財の生産量が次のように選択される。

$$x=\left(\frac{\alpha^2}{\omega}\right)^{\frac{1}{1-\alpha}}, \quad \omega=\frac{w}{A} \tag{4.1}$$

ここで，ωは中間財の質によって基準化された賃金を意味する。このように決定される中間財の生産量を再び利潤式に代入すれば，最大化された独占利潤は，

$$\pi = A\left(\frac{1-\alpha}{\alpha}\right)\alpha^{\frac{2}{1-\alpha}}\omega^{\frac{-\alpha}{1-\alpha}} \tag{4.2}$$

となり，中間財の質 A と基準化された賃金 ω の関数となる。

1.4 研究開発従事者数の内生化

中間財部門の企業がどの程度研究開発従事者を投入するかは，研究開発活動から期待される収益に依存する。そこで，ある企業が $\tau+1$ 番目のイノベーションに到達したときに期待される研究開発の資産価値を導出しよう。イノベーションの単位時間当たりの発生回数は平均 λn のポアソン分布に従う確率変数なので，$\tau+1$ 番目のイノベーションに到達した後，この企業が T の間利潤を独占していられる確率，言い換えれば，後続のイノベーターが現れない確率は $e^{-\lambda n_{\tau+1} T}$ となる。ただし，$n_{\tau+1}$ は $\tau+1$ 番目のイノベーションが起きた後，$\tau+2$ 番目のイノベーションに向けて投入される研究開発従事者数を意味する。$n_{\tau+1}$ が大きいほど，誰かが $\tau+2$ 番目のイノベーションに到達する平均時間間隔は短縮されるので，$\tau+1$ 番目のイノベーションから得られる独占利潤 $\pi_{\tau+1}$ の割引現在価値の合計は少なくなる。したがって，$\tau+1$ 番目のイノベーションに向けた研究開発活動の期待資産価値は，ρ を安全資産の収益率として，

$$v_{\tau+1} = \int_0^\infty e^{-(\rho+\lambda n_{\tau+1})T} \pi_{\tau+1} dT = \frac{\pi_{\tau+1}}{\rho+\lambda n_{\tau+1}} \tag{4.3}$$

と表される。

研究開発従事者数は，労働市場の裁定条件により，$w_\tau = \lambda v_{\tau+1}$ を満たすように決定される。ただし，この式の左辺は単位時間当たりの賃金を意味する。$w_\tau = \lambda v_{\tau+1}$ は，研究開発活動の期待限界生産力と賃金が等価になるように研究開発従事者が決定されるということを意味している。$w_\tau = \lambda v_{\tau+1}$ に（4.3）式と（4.2）式を代入し，$A_{\tau+1} = \gamma A_\tau$ であることに注意すれば，

$$\omega_\tau = \frac{\lambda \gamma}{\rho+\lambda n_{\tau+1}} \left(\frac{1-\alpha}{\alpha}\right) \alpha^{\frac{2}{1-\alpha}} \omega_{\tau+1}^{\frac{-\alpha}{1-\alpha}} \tag{4.4}$$

を得る。また，$n+x=L$ より，

$$n_\tau + \left(\frac{\alpha^2}{\omega_\tau}\right)^{\frac{1}{1-\alpha}} = L \tag{4.5}$$

を得る。(4.4) 式と (4.5) から，ω_τ は $\omega_{\tau+1}$ と逆相関の関係にあり，同様に n_τ と $n_{\tau+1}$ も逆相関の関係にあることが容易に証明されるので，定常状態における研究開発従事者数と中間財の質で基準化された賃金は，$\omega_{\tau+1}=\omega_\tau=\omega$ および $n_{\tau+1}=n_\tau=n$ とおいた上で，(4.4) 式と (4.5) 式を連立させることにより求められる。

1.5 自律メカニズム

(4.4) 式と (4.5) 式より，研究開発従事者が一定となれば，生産活動従事者も一定となる（$\hat{x}=L-\hat{n}$）。その結果，生産関数より中間財の質が γ 倍になれば，最終財の生産量も γ 倍になる。単位時間当たりのイノベーションの発生回数は確率変数なので，各時点の最終財の成長率も確率変数となる。いま，$t+1$ 時点の最終財の生産量を y_{t+1} とすれば，単位時間当たりのイノベーションの発生回数は s だったので，$t+1$ 時点の成長率は，

$$\ln y_{t+1} - \ln y_t = s \ln \gamma$$

と表される。確率変数 s は平均 λn のポアソン分布に従うので，最終財の単位時間当たりの平均成長率 g は，

$$g = E[\ln y_{t+1} - \ln y_t] = \sum_{s=0}^{\infty} s \frac{(\lambda \hat{n})^s e^{-\lambda \hat{n}}}{s!} \ln \gamma = \lambda \hat{n} \ln \gamma \tag{4.6}$$

と計算される。

先にも指摘したように，最終財の生産量の成長率は中間財の質の成長率に一致するので，経済成長が持続するのは中間財の質が持続的に改善されていくからに他ならない。したがって，Romer〔1990〕と同じように Aghion and Howitt〔1992, 1998〕においても，中間財の質の持続的改善について自律メカニズムが仮定されている。すなわち，研究開発従事者数が一定でも中間財の質は $\lambda \hat{n} \ln \gamma$ の平均成長率で持続的に改善していく。それでは，こうした現象はどうして生じるのだろうか。

それは，最も質の高い中間財の生産を実現させる発明（イノベーション）は

特許化されることにより公開されるので，研究開発従事者のすべては過去において実現された最高水準の発明を出発点として次の研究開発活動に取り組むことができるからである。

　図 4.1 は，中間財の質の改善プロセスを図示したものである。中間財の質を改善するイノベーションが起きる頻度はポアソン分布に従う確率変数なので，累積イノベーションが生じる時間間隔も指数分布に従って確率的に変動する。いま，t_0 時点において τ 番目のイノベーションが起こったとしよう。τ 番目イノベーションは必ず特許化されるので（そうでないと研究開発から利潤は得られない），発明の詳細は他の企業や研究開発従事者にも公開される。その結果，このイノベーションをベースに次の研究開発競争が行われることになる。技術知識の不可逆性により，次のイノベーションが中間財の質を低下させるということはない。したがって，研究開発従事者の中には τ 番目の中間財の質を超えるイノベーションに到達するものも現れるだろう。だだし，研究開発従事者が次のイノベーションに到達するまでの時間間隔は確率的に変動し，全体の研究開発従事者数 $\bar{n}$ が多いほどその平均時間間隔は短縮される。研究開発に携わるものが多いほど，新しいアイデアが現れるまでの時間は短くてすむはずだ，というわけである。t_1 時点に $\tau+1$ 番目のイノベーションが起きたとすると，

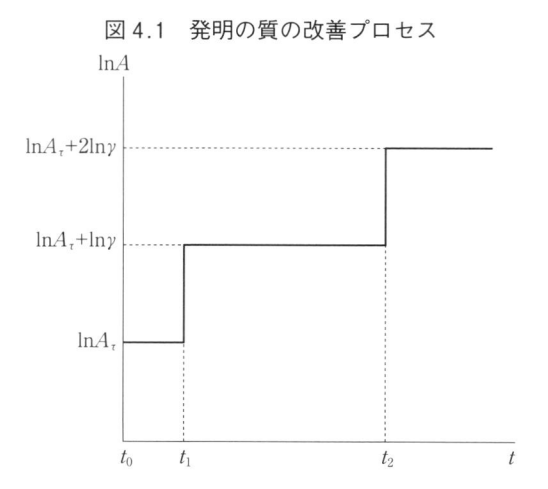

図 4.1　発明の質の改善プロセス

中間財の質の対数値は $\ln A_\tau$ から $\ln A_{\tau+1}=\ln A_\tau+\ln \gamma$ へ向上する。こうしたプロセスが繰り返され，中間財の質の持続的改善が生じるので，その平均成長率は $\lambda \bar{n} \ln \gamma$ に等しくなるのである。

1.6 特許制度の2重の役割

Aghion and Howitt〔1992,1998〕のモデルでは，持続的な経済成長を説明する上で，特許制度が次の2つの点で非常に重要な役割を担っている。

第1は，特許制度が発明者に独占的排他権を付与するという側面である。発明という財は非競合的で複製のコストがきわめて安価なので，競争市場では排除性を失う（第2章1.2参照）。したがって，特許制度が独占的排他権を付与しなければどの企業の中間財部門も研究開発に投じたコストを回収することができなくなるので，研究開発活動に対するインセンティブは失われてしまう。その結果，労働力 L が研究開発従事者に配分されることもなくなるので，そもそも経済成長は起こらない。[2]

第2は，特許制度が発明者に発明の公開を義務付けるという側面である。いま，技術知識が他者にリークする経路には，「マーケット・リーク」と「パテント・リーク」が存在するとしよう。マーケット・リークは発明が体現された財を通して，技術知識が他者へリークする経路である。これに対して「パテント・リーク」は，発明が特許化された場合に起こり，特許文献の「明細書」や「図面」を通してリークする経路である。Aghion and Howitt〔1992,1998〕のモデルでは，マーケット・リークは市場に複製中間財の生産を誘発するのに十分な情報密度を持っていると考えられているので，特許権を取得する以外にイノベーターが発明からの利益を専有する手段は存在しない。[3] ただし，パテント・リー

---

[2] このことは，(4.3)式において π_{t+1} がゼロとなることを意味する。
[3] もし，技術情報の秘匿などによって発明の専有が可能なら，研究開発インセンティブを生み出すために特許制度は必要ない。しかし，発明は他者にリークしないので，累積的イノベーションはきわめて起こりにくくなってしまうだろう。それは，発明がリークするのはその発明者自身に対し

クとマーケット・リークの情報密度は同じではなく，前者は後者をはるかに凌駕していると考えられる。

この点は，日本や米国で行われた専有可能性（appropriability）の調査からも推測される。科学技術庁科学技術政策研究所〔2000〕が行った調査によると，多くの企業は特許出願の理由として「他者の模倣の防止」を挙げ，特許出願を行わない理由として「迂回発明の回避」を挙げている（第1章3.3参照）。すなわち，多くの企業にとって，特許は「諸刃の剣」であり，パテント・リークは次のイノベーションの契機を他者に提供したり，その発生期間を短縮化させたりする恐れを強めるので，イノベーターの地位を脅かす効果を持つ。しかしその反面，特許権を取得すれば，次のイノベーションが起きるまでは発明からの利益を独占できる，というメリットがある。したがって，後者のプラス効果が前者のマイナス効果を相殺して余りあるとき，専有手段として特許が選択される。もし，マーケット・リークとパテント・リークが同じ情報密度を持つのであれば，特許出願を行わない理由として「迂回発明の回避」を挙げる企業ははるかに少なかったはずであろう。なぜなら，情報密度が同じなら，特許出願を行っても行わなくても，イノベーターの地位を失うリスクに変わりはないと考えられるからである。

したがって，パテント・リークは，マーケット・リークよりも単位時間当たりに研究開発従事者がイノベーションを起こす頻度を増加させ，累積的イノベーションが起きる時間間隔（$1/\lambda$）を短縮させる作用をしていると考えられる。もしそうなら，パテント・リークの場合のλ_pは，マーケット・リークの場合のλ_mを上回っているはずであろう（$\lambda_p > \lambda_m$）。しかし他方で，λが大きいほど旧来のイノベーターが得ることのできる独占利潤の期待割引現在価値の合計は減少する。

たとえば，本章1.1でみたキヤノンの事例を用いれば，もしゼロックスの発明が公開されていなかったとしても，キヤノンはゼロックスの製品を分析する

てだけなので，その発明者が次のイノベーションに到達する確率はきわめて低いと考えられるからである。

ことでNPシステムの開発に到達することはできたであろう（マーケット・リーク）。ただし，到達には実際より多くの時間を要し，ゼロックスのイノベーターとしの地位は一層長く続いていたに違いない。しかし，キヤノンは「発明が解決しようとする課題」や「課題を解決するための手段」などが詳細に記載されている特許明細書を検討することにより，NPシステムへ到達するのに必要な時間を相当程度短縮できたと推察されるのである（パテント・リーク）。

1.7　特許文献の公開がもたらす経済効果

本章 1.6 でみたように，特許制度が義務付ける発明の公開は，研究開発従事者が単位時間当たりに起こすことのできるイノベーションの平均回数を増加させ，累積的イノベーションの時間間隔を短縮させる効果を持っていると考えられる。($\lambda_p > \lambda_m$)。したがって，特許文献の公開がもたらす経済効果を検討するには，λ の上昇がモデルの解にどのような影響をもたらすのかを明らかにすればよい。

まず，λ が上昇すると，(4.3) 式よりイノベーターとしての地位を持続できる確率が低下するので，研究開発活動の期待資産価値は減少する。これは研究開発活動を停滞させる要因となる。しかしその反面，すべての企業にとってイノベーターの地位を獲得できる確率が上昇し期待限界生産力が増加するので，研究開発のインセンティブが刺激される。ネットの効果では，刺激効果が停滞効果を凌駕するので，研究開発従事者が一層多く配分されるようになる。この点は次のように証明される。(4.4) 式と (4.5) 式から構成される連立方程式を解けば，定常状態における研究開発従事者数が，

$$\hat{n} = \frac{\lambda \gamma \alpha' L - \rho}{\lambda (1 + \gamma \alpha')}, \quad \alpha' = \frac{1-\alpha}{\alpha}$$

と計算される。この式を λ について微分すれば，

$$\hat{n}_\lambda = \frac{\rho}{\lambda^2 (1 + \gamma \alpha')} > 0$$

となるので，λ の向上は必ず研究開発従事者の配分を増加させる。また，(4.6)式より経済成長率に対しては，λ と研究開発従事者 $\hat{n}$ がいずれも増加するので，

$$\frac{dg}{d\lambda}=(\hat{n}+\lambda\hat{n}_\lambda)\ln\gamma>0$$

となり，λ の上昇は平均成長率を必ず上昇させる。

　次に，経済厚生に与える影響についてみてみよう。経済厚生は消費される最終財の期待現在価値として，

$$u=\int_0^\infty e^{-\rho t}E[y_t]dt$$

と定義される。[4] ここで，t 時点までに何回のイノベーションが生じるかは不確実なので，t 時点における最終財の生産量 y_t は確率変数となることに注意しよう。任意の t 時点までに，イノベーションが起こる頻度はポアソン分布に従うので，t 時点における最終財の生産量の期待値は $y_\tau=A_0\gamma^\tau(L-\hat{n})^\alpha$ より，

$$E[y_t]=\sum_{\tau=0}^\infty\frac{(\lambda\hat{n}t)^\tau}{\tau!}e^{-\lambda\hat{n}t}\gamma^\tau A_0(L-\hat{n})^\alpha=A_0e^{\lambda\hat{n}t(\gamma-1)}(L-\hat{n})^\alpha \qquad(4.7)$$

と計算される。

　発明の公開による λ の上昇は，各時点において研究開発従事者への配分を増加させ生産活動従事者を減少させるので中間財生産を減少させる効果を持つ。それに連動して最終財の生産量が減少するので，経済厚生を低下させる要因となる。しかし他方で，単位時間当たりのイノベーションの平均発生回数が増加するので，その点では各時点における最終財の生産量を増加させる効果があり，経済厚生を向上させる。したがって，経済厚生に与えるネットの効果は不定となる。しかし，安全資産の収益率が十分に低ければ，発明の公開は経済厚生を改善させる。(4.7) 式を λ について微分すると，

$$\frac{dE[y_t]}{d\lambda}=E[y_t]\left\{t(\gamma-1)(\hat{n}+\lambda\hat{n}_\lambda)-\frac{\alpha\hat{n}_\lambda}{L-\hat{n}}\right\}$$

---

[4] Aghion and Howitt〔1992,1998〕モデルでは，独占の弊害や外部性により非効率が発生するので，市場が決定する研究開発従事者数と経済厚生を最大化させる研究開発従事者数は異なる。両者の大小関係は一意に決まらないが，独占力が強く（α が小さい）特許制度がもたらす死荷重が大きい時には研究開発従事者は過大に配分されやすい。

となるが，微分の符号は，

$$t^* = \frac{\alpha \hat{n}_\lambda}{(L-\hat{n})(\gamma-1)(\hat{n}+\lambda \hat{n}_\lambda)}$$

を境に負から正へ変化する。すなわち，λ の向上は t^* 以降において最終財の期待生産量を増加させる。安全資産の収益率が十分低くければ，t^* が低下するだけでなく将来の期待生産量が高く評価されるので，λ の向上は経済厚生を改善させる。

1.8　クオリティ・ラダー

もう1つの代表的な内生的成長論に Grossman and Helpman〔1991〕がある。彼らのモデルは，消費財の質の成長を経済成長とみなしている点に特徴がある。経済成長の究極的な目的は，消費財の生産量を成長させて人々の効用を増加させることにある。そして，効用の増加は消費財の生産量の成長だけでなく，その質の成長にも規定される。人々は消費財の一層多くの消費が可能となったとき効用の増加を感じるが，消費財の消費量が不変でもその質が向上すればやはり同じように効用の増加を感じるであろう。すなわち，経済成長は消費財などの最終財の生産量の増加によって把握されるだけでなく，その質の向上によっても説明されるのである。

　経済には多様な質の消費財が生産されている。それらの財のうち，家計は財の質で評価された「質的調整価格」が最も低い財を購入する。一方，多数の企業が消費財を生産しており，最も高い質を達成することを目指して研究開発に努力する。最も質の高い消費財の生産に成功したイノベーターは，それを可能にさせた発明について特許を取得する。ただし，Aghion and Howitt〔1992, 1998〕とは異なり，イノベーターは特許を取得しただけでは市場を独占できない。家計は，質的調整価格の最も低い財を選好するので，イノベーターは次善の質を達成した企業が市場に参入できないような価格付けを行って初めて市場を独占できる。

消費財の質に関する自律メカニズムについては，Aghion and Howitt〔1992, 1998〕とまったく同じ想定がなされる。すなわち，ある企業が単位時間当たりに「質の階段（quality ladders）」を上れる回数は平均 λn のポアソン分布に従い，どの企業もイノベーターになれる可能性があるので，研究開発競争が行われる。

家計の動学的な効用最大化条件から，各時点の家計の支出金額や研究開発従事者数，生産活動従事者数などが決定され，家計効用の期待増加率，すなわち経済成長率は Aghion and Howitt〔1992, 1998〕のモデルと同様に $\lambda \bar{n} \ln \gamma$ となる。ここで，γ は企業が質の階段を1段上れたときに改善される質の倍数，$\bar{n}$ は定常状態における研究開発従事者数，λ は単位時間当たりに研究開発従事者が質の階段を上れる平均回数を意味する。Grossman and Helpman〔1991〕においても，特許制度による発明の公開は，研究開発活動を活発化させ，経済成長率を上昇させる効果を持っている。

第2節　出願公開制度の導入と知識フロー

2.1　出願公開制度の導入

本章第1節でみたように，1990年代に発展をみせた内生的成長論では，技術知識のスピルオーバー効果が持続的経済成長のエンジンとなっていた。そこでは，多くの企業がイノベーターやクオリティ・リーダーを目指して研究開発に努力する。こうした研究開発競争の結果，累積的イノベーションが起こり中間財や最終財の質が改善され，経済が成長していく。そして，累積的イノベーションが起こるのは，「知識フロー」が成立し過去のイノベーションを出発点として新しい研究開発が開始されるからであった。そして，特許制度は，独占の許容

や外部効果により経済に非効率をもたらす側面もあるが，発明の公開により研究開発活動を活性化させ，経済成長率を高める作用をした．

日本では，知識フローや累積的イノベーションに強く影響したと考えられる重要な制度改訂が1971年に行われた．出願公開制度の導入である．以下ではまず，この出願公開制度の内容と導入の経緯を概観しておこう．

1960年代の日本では，欧米から導入した新技術をベースにした改良発明が活発に行われ，そうした発明についての特許出願が急速に増加していた．その結果，60年代後半には特許審査が大幅に遅延するようになった．技術の高度化や複雑化は一層審査の滞貨を増加させる要因となった．60年代の特許法では，実体審査終了後に定められた「公告日」まで発明の内容は公開されなかったので，審査の遅延は重複技術開発の増大による研究開発資源の社会的な浪費を深刻化させている，という問題が指摘されるようになった．さらに，企業が他社の出願状況を知るには，手間と費用をかけて外国の特許公開情報を入手せざるを得ない，という状況も問題視された．

こうした問題を解消させるため，すでにオランダ，旧西ドイツ，オーストラリアで採用されていた出願公開制度が日本にも導入され，1971年1月1日から原則的にすべての特許出願は出願日より18カ月後に公開されるようになった．

特許出願の早期公開は，発明の早期流布（diffusion）を促し，重複技術開発を抑制する効果があると期待されたが，一方で出願公開から権利化までの間，発明をどのように保護するかが大きな課題となった．公開から権利化までの期間においても，損害賠償請求権や不当利益返還請求権などを認め，発明を強く保護しようとする動きもあったが，権利の成立が不確実な段階で発明を強く保護するのは望ましくないという判断から，オランダや旧西ドイツの特許法を参考に，補償請求権のみが認められるにとどまった（竹田〔2004〕）。

以下で詳しくみるように，出願公開制度の導入は「量的効果」と「時間効果」

---

5 特許法第65条①では，補償金請求権を「特許出願人は，出願公開があった後に特許出願に係る発明の内容を記載した書面を提出して警告をしたときは，その警告後特許権の設定の登録前に業としてその発明を実施した者に対し，その発明が特許発明である場合にその実施に対して受けるべき金銭の額に相当する額の補償の支払いを請求できる」権利と規定している．

を通して知識フローを著しく拡大させ，イノベーションの創出に強く貢献した可能性が高い。Aghion and Howitt〔1992,1998〕のモデルが示唆しているように，知識フローの成立はイノベーション創出の必要条件であり，累積的イノベーションは経済成長の源泉であった。したがって，出願公開制度の導入に注目することは，公開を義務付ける特許制度の経済学的な評価につながる。そこでこの第2節では，1971年の出願公開制度導入以降に観察される特許被引用回数に関する構造変化に着目し，その原因を実証的に分析する作業を通して出願公開制度がもたらしている経済効果を明らかにしていく。なお，本節と次節は山田〔2012b〕を発展させたものである。

2.2 被引用回数の急増

出願公開制度が導入された直後，特許文献の被引用回数（前方引用回数：forward citation）の急増がみられた。図4.2は，「IIP特許データベース（Goto and Motohashi〔2007〕）」の引用情報ファイルから，1964～1985年に出願された特許が2009年までに何回の引用を受けたかをカウントして図示したものである。一般に，被引用回数は特許公開後からの経過時間が長くなるほど増加する傾向にあるので，公開から観測時点までの経過時間が短い特許ほど被引用回数は少なくなる。こうした被引用回数の欠損は切断バイアス（truncation bias）といわれる（第1章2.4参照）。ただし，公開から20年程度経過すれば，生涯にわたって引用される回数（生涯被引用回数）のおよそ95％が発生することが知られている（山田〔2009〕）。本章で利用したIIP特許データベースの経過情報観測時点は2009年なので，切断バイアスによる欠損は深刻ではなく，公開された特許が生涯にわたって受ける引用数を概ね捉えていると考えて差し支えない。

「IIP特許データベース」が整理標準化データから取得した引用情報には，審査官引用と公報引用がある（第1章2.6参照）。図4.2によると，出願公開制度が導入された1971年以降，審査官引用も広報引用もともに急増していることがわかる。たとえば，1970年に出願された特許が受けた審査官引用回数は1万

9,159回であったが，1971年にはおよそ4.6倍も増加し8万7,642回となっている。また，審査官引用と公報引用の合計では3.5倍の増加を示している。図4.3は，各年の公開された特許出願数で生涯被引用回数を割った「生涯平均被引用回数」，すなわち，公開された特許出願が，1件当たり平均して何回の引用を受けたかをみたものである。実数の場合と同じように，出願公開制度の導入

図4.2 生涯被引用回数の推移

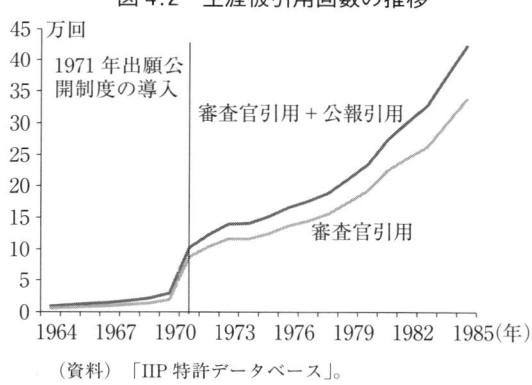

（資料）「IIP特許データベース」。

図4.3 生涯平均被引用回数の推移

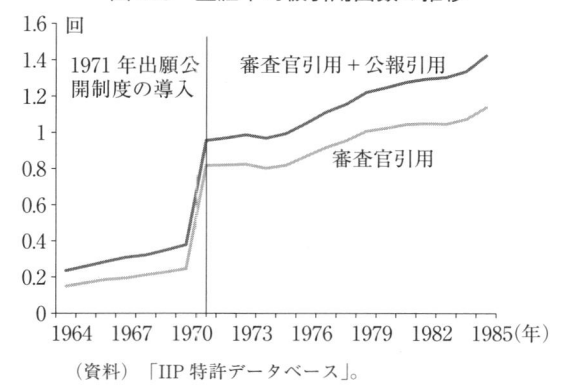

（資料）「IIP特許データベース」。

6　1964～1970年では，出願公開制度が導入されていないので，登録された特許出願しか公開されていなかった。この期間における生涯平均被引用回数は，生涯被引用回数を公開された特許出願数だけで割った数値である。

を境に急増を示している。審査官引用では，1970年に0.25回であったものが，1971年には0.82回に増加している。

　通常，ある特許出願は生涯にわたって1度も引用を受けない場合もあれば，複数回の引用を受ける場合もある。図4.4は，全特許出願数のうち0〜5回の引用を受けた特許出願の割合が経時的にどのように変化しているのかを観察したものである。たとえば，1964年に出願された特許のうち，生涯にわたって1回も引用を受けたことのない特許は84％にも上るが，5回の引用を受けた特許は僅か0.15％を占めるにすぎない。こうした被引用回数に関する相対度数分布は，出願公開制度導入の前後で著しい構造変化を示している。1970年では，まったく引用を受けない特許の割合は77％であったが，1971年には59％に低下している。これに対し，1回の引用を受けた特許の割合は，1970年の15.4％から1971年には21.8％に増加し，2〜5回の引用を受けた特許の割合もかなり増加している。さらに，時間が経過するにつれ，まったく引用を受けない特許出願の割合が次第に低下していき，そのかわりに1回および複数回の引用を受けた特許出願の割合が趨勢的に増加していることもみてとれる。

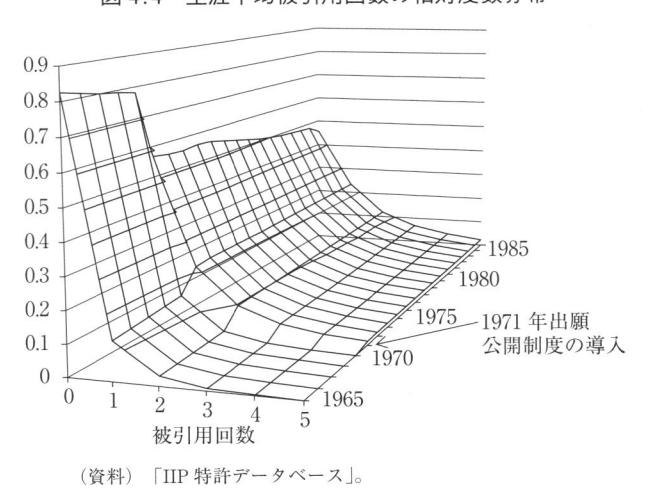

図4.4　生涯平均被引用回数の相対度数分布

（資料）「IIP特許データベース」。

2.3 引用インフレーション

1971年以降にみられた被引用回数急増について，まず考えられる原因は「引用インフレーション（citation inflation）」の進展である。一般に引用インフレーションとは，特許の質や価値とは関係なく，検索条件や検索技術の変化，特許行政の運用の変化などが原因で特許文献が引用される頻度が高まる現象を指す。後に詳しくみるように，出願公開制度の導入は公開される発明の量を飛躍的に増大させ，審査官が参照できる特許文献のプールを著しく拡大させたので，1971年以降にみられた被引用回数の急増は，こうした引用インフレーションが作用した結果かもしれない。そこで，この点を確認するため，以下では特許引用情報（後方引用：backward citation）の側面に注目してみよう。

先にも指摘したように，引用情報の種類には審査官引用と公報引用がある。審査官が実体審査において特許の成立を拒絶する場合，先行特許文献を提示して拒絶理由とする場合がある。この拒絶理由を示すための引用が審査官引用である。ただし，拒絶理由を受けても出願人には「補正書」および「意見書」の提出による再審査の機会が与えられているので，審査官引用が記録された特許のすべてが拒絶査定となっているわけではなく，査定となった特許にも審査官引用が記録されている場合が少なくない。

また，審査官は拒絶理由通知なしで特許査定とする場合も先行特許文献を引用する場合があるが，こうした引用が公報引用である。ところが，公報引用については，1985年以降の登録公報に記載された引用情報しか整理標準化データには記録されていない（Goto and Motohashi〔2007〕）。そこで以下では，データの連続性を重視し審査官引用に限定して分析を行う。

図4.5は，1971～1990年に出願された特許に記録されている引用総数の推移をみたものである。1970年代前半の引用総数はごく僅かであったが，その後急速に増加していき，1990年には23万922件に上っている。一般に審査官は，1つの特許出願の審査について複数の引用を行う場合があるので，引用総数と過去の特許文献の引用が記録されている特許出願数（引用がある特許出願数）は

図 4.5　引用数と平均引用数の推移

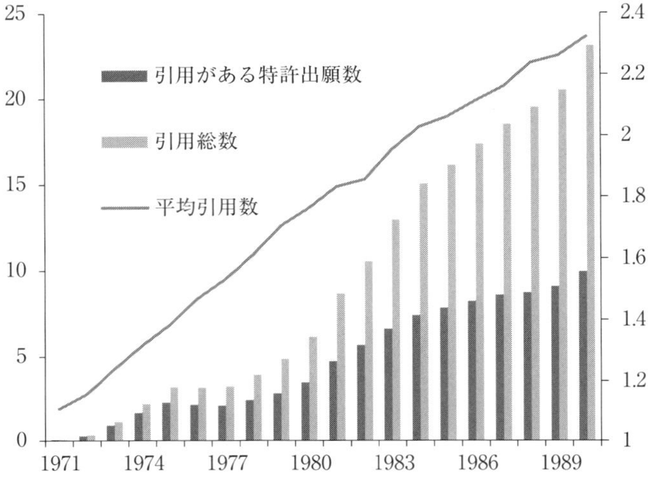

（資料）「IIP 特許データベース」。

一致せず，前者が後者を大きく上回る。そこで図 4.5 には，引用がある特許出願数をカウントしてその推移も示してある。

引用のある特許出願数で引用総数を割った平均引用数の推移により，引用インフレーションが進展しているかどうかがわかる。図 4.5 によると，平均引用数は趨勢的に増加しており，審査官が 1 件当たりの特許審査について引用する特許文献の数が増加傾向にあることがわかる。ただし，引用のある特許出願数も趨勢的に増加しているので，引用総数の増加は引用インフレーションだけが作用した結果とはいえない。

いま，l 年に出願された特許の引用総数を c_l，引用が記録されている特許出願数を p_l，平均引用数を a_l としよう。このとき，引用総数は $c_l=a_lp_l$ となるので，引用総数の増加 Δc_l は，

$$\Delta c_l=a_l\Delta p_l+p_l\Delta a_l-\Delta a_l\Delta p_l$$

と表される。この式の右辺第 1 項は引用総数増加に対する出願数効果，第 2 項は引用インフレーション効果を意味している。図 4.6 は各年の引用総数の増加をこれら 2 つの効果にわけて図示したものである（ただし，第 3 項は僅かな数

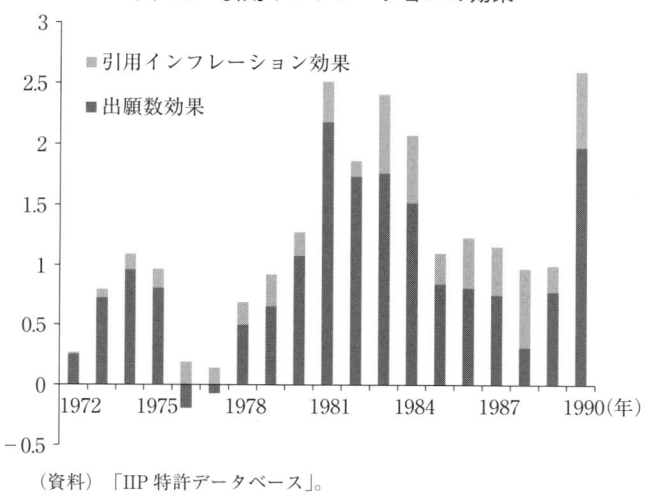

図 4.6 引用インフレーションの効果

（資料）「IIP 特許データベース」。

値なので無視する)。それによると，1988年のように引用総数増加の主原因が引用インフレーションによる場合もあるが，ほとんどの場合は出願数効果が主に引用総数の増加を説明している。このように，引用インフレーションは1971年以降の被引用回数の急増の主要な原因ではなく，引用のある特許出願数の増加が重要であったことがわかる。

2.4 公開と出願のタイミング

一般に，特許文献に記録されている引用情報は知識フローを捉えている貴重なデーターソースとみなされており，欧米では特許引用情報を用いて，地域的・時間的な発明の伝播プロセスを明らかにした研究が数多く行われている（Jaffe and Trajtenberg〔1999〕, Branstetter〔2000〕, Hu and Jaffe〔2001〕）。しかし，これらの研究で用いられてきた引用情報は「出願人引用」であり，本節で用いている「審査官引用」とは根本的に性質が異なっている。出願人引用の場合，引用を受けた特許の背後にある発明は，それを引用した発明者に確実に伝播してい

ると考えられるので，確かに知識フローを捉えたデータとして有用であろう。

ところが，審査官引用の場合，審査官が審査の対象とした特許文献と，審査官が審査の際に引用した特許文献の間に技術的な関係があることは間違いないとしても，必ずしも後願特許の発明者が先願特許の内容に触発されて発明を起こしたとはいいきれないので，審査官引用の情報から知識フローを捉えることは困難であるとする見方が根強い。しかし他方で，同一企業組織内であればそれが審査官引用であったとしても十分に知識フローを仮定できると考えられるし[7]，こうした間接自己引用の場合に限定されず，技術開発のヒントをどこから得たかという質問に対して，先行特許文献を挙げる企業が多いことも知られている[8]。

ただし，審査官引用が知識フローを捉えているなら，後願特許の発明者は少なくとも先願特許を事前に見ることができなくてはならない。すなわち，先願特許は後願特許の前に公開されていなくてはならない。図4.7はこうした公開と出願のタイミングを例示したものである。いま，被引用が記録される先願特許をA，引用が記録される後願特許をB_1とB_2としよう。審査官が後願特許B_1の審査にあたり，先願特許Aを引用した場合，明らかに先願特許Aと後願特許B_1は技術的な関係を有しているので，審査官引用は関連発明（関連特許出願）発生の「事後報告」という性質を持っている。

問題は，先願特許Aの公開時点と後願特許B_1の出願時点との関係にある。後願特許B_1のように，先願特許Aの公開以前に出願された場合には，後願特許B_1の発明者は先願特許Aの内容を知らないで発明を起こしているはずなので，これらの特許間の技術的関連は偶然に生じている可能性が高い[9]。これに対

---

[7] 和田〔2008, 2009〕は，特許引用に関わった発明者を対象とした調査により，同一企業内における審査官引用は，知識フローの成立を意味することを明らかにしている。
[8] 経済産業研究所は，発明者に対して発明の目的・動機，知識源，スピルオーバー，研究開発実施に対する資金制約，成果活用に対する制約，などを訪ねた「RIEIT発明者サーベイ」を2007年に実施した。この調査では，日本，米国，欧州の特許庁に同時出願された特許サンプル（三極特許）と，その他の特許サンプルについて発明者の解答が求められている。調査では研究開発への着想あるいは実施に有用であった知識源として何が有効であったかを尋ねており，特許価値が高いと考えられる三極特許については，組織内の情報や特許文献が最も重要であることが示されている。
[9] 後願特許B_1のケースで，特許Aと同類発明が特許Aの公開前に出願され審査請求される場合，

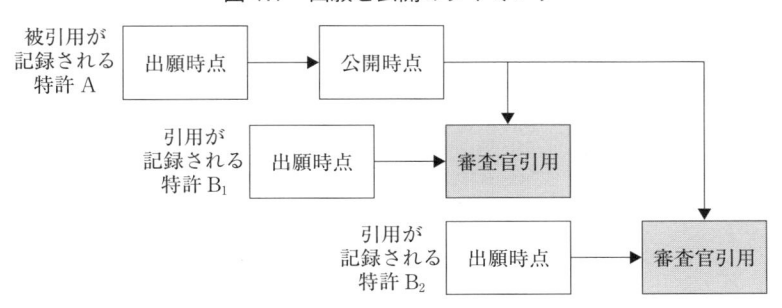

図 4.7 出願と公開のタイミング

して、後願特許 B₂ のように、出願時点が先願特許 A の公開時点の後である場合、後願特許 B₂ の発明者は先願特許 A の内容を少なくとも見ることができたはずなので、これらの特許間に知識フローが成立している可能性がある。このように、公開後出願は知識フロー成立の「必要条件」となる。

そこで本節では、「IIP 特許データベース」の引用情報ファイルを用いて、こうした公開前出願がどの程度存在するのかを確認した。ただし、出願公開制度導入後の特許出願は、原則的に出願日より 18 カ月で公開されるので公開日の特定は容易だが、それ以前の特許出願の公開は「公告日」に行われていた。「IIP 特許データベース」には公告日が収録されていないので、整理標準化データから公告日を検索し、それらを引用情報ファイルに補填して公告前特許出願の割合を調べた。その結果、1964～1990 年の引用情報が記録されている特許出願について、引用先特許の公開前に出願されている特許は全体の僅か 3.79% にすぎなかった。すなわち、引用情報が記録されている特許出願のほとんどは公開後出願であり、知識フロー成立の「必要条件」を満たしていることがわかった。

↘ 特許 A を拒絶理由とすることができないので、審査官は一時的に特許 B₁ の審査を停止し、特許 A の公開後に審査を再開する。

2.5 「量的効果」と「時間効果」

　出願公開制度が導入されるまでの日本において，特許出願のほとんどは，特許査定，拒絶査定，特許査定となったものの設定納付金（最初の3年間の維持年金）が納付されなかった特許の3種類に分類される。このうち，特許査定と設定納付金未納特許は公開されるが，拒絶査定となった特許は公開されていなかった。当時の日本では，「権利付与前異議申立制度」が採用されており，実体審査終了後，査定が予定されている特許については「特許出願公告公報」を発行して第三者からの異議申立を受け付けた。発明の内容は特許査定後に定められる「公告日」に公開されていた。公告日は異議申立受付の開始日でもあった。

　拒絶査定となった特許はそもそも公告公報が発行されないので，整理標準化データに記録は残らない。ただし，整理標準化データに登録日は記録されていないが，公告公報が発行され公開されていた特許が存在する。それが設定納付金未納特許である。当時は審査請求制度が導入されていなかったので，特許出願のほぼすべては実体審査となっていたが，出願後権利化の必要がないと判断された場合，出願人は査定を受けた後，設定納付金を未納とすることで「取下げ」を行うことがあった。設定納付金未納特許は，特許審査に要した有形・無形の費用の浪費を意味すると考えられたので，こうした特許が増加するにつれ，審査請求制度導入の必要性が認識されるようになった。

　以上のように，1971年までは査定を受けた特許と設定納付金未納特許だけが広告日に公開されていたが，出願公開制度導入以降は原則的にすべての特許出願が出願日より18ヵ月後に公開されるようになった。[10] 図4.8は，出願公開制度の導入により，公開される特許出願がどれほど増加したのかを観察したものである。この図から明らかなように，1964～1970年において，公開され整理標準化データに記録が残っている特許出願数（公開特許出願数）は，特許庁がカ

---

[10] ただし，出願日より18ヵ月以内に登録されたものは，登録公報によって発明の内容が公開される。

ウントしている特許出願数を大幅に下回っている。たとえば，1970年についてみると，特許出願数は13万831件であったが，公開特許出願数は7万7,053件で，全体の59％が公開されていたにすぎない。ところが，出願公開制度導入後は原則的にすべての特許出願が公開されるようになったので，公開特許出願数は1970年の7万7,053件から1971年の10万7,253件へおよそ40％も増加している。[11]

ところで，特許出願数自体は1971年に大きく減少しているが，これは第三者による迂回発明のリスクの増大を懸念した企業が，一次的に特許出願を抑制したためである。ただし，本章2.1でみたように，出願から権利化までの期間においても「補償金請求権」[12]が認められていたので，こうした発明の保護の実体が認識されるようになり，特許出願数も1972年から順調な増勢傾向に復帰している。

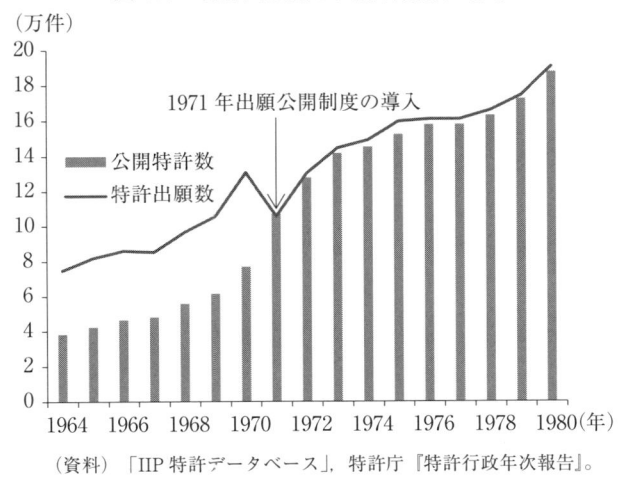

図4.8　特許出願数と公開特許数の推移

（資料）「IIP特許データベース」，特許庁『特許行政年次報告』。

---

[11] 図4.8において，1971年以降も特許出願数と公開特許出願数が僅かに乖離している年もみられるが，これは公開前に取下げられる特許出願が存在するためである。
[12] 本章2.1の注5参照。

公開される発明の増加は，それに誘発された関連特許出願を増大させた可能性が高い。本節ではこれを出願公開制度導入に伴う「量的効果」と呼ぶ。もし，量的効果が作用しているなら，出願公開制度の導入は知識フローを拡大する作用をしたことになる。

　さらに，出願公開制度の導入は，発明の公開される時点を早期化させ，そうした経路からも関連特許出願を増加させた可能性がある。先にも指摘したように，出願公開制度が導入されるまでの特許出願の公開は公告日に行われていた。公告日は実体審査終了後に定められるので，出願から公開まではかなりの時間を要していた。図4.9は，整理標準化データから1964～1970年の特許出願の公告日を検索し，各年の出願・公開（公告）ラグの平均を見たものである。出願・公開ラグは，1964年には3.4年であったがその後徐々に長期化し，1970年には4.3年となっている。1964～1970年の平均出願・公開ラグはおよそ4年であった。他方，出願公開制度導入後の出願・公開ラグは一律1.5年となったので，制度導入後著しく公開のタイミングが早まったことになる。

　また，図4.10は1964～1970年における出願・公開ラグの相対度数分布を観察したものである。それによると，出願・公開ラグが最も短い特許で0.5年，

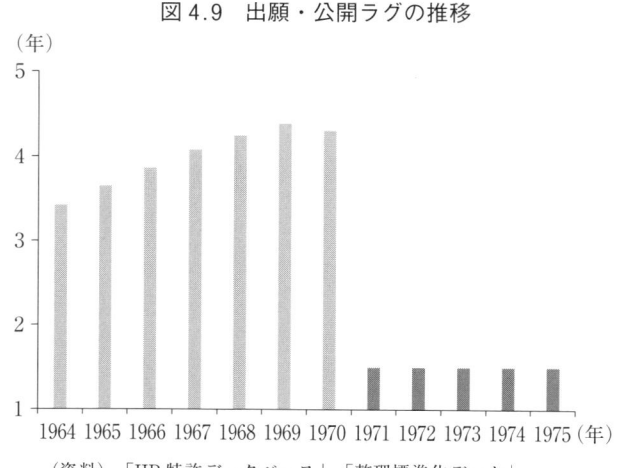

図4.9　出願・公開ラグの推移

（資料）「IIP特許データベース」，「整理標準化データ」。

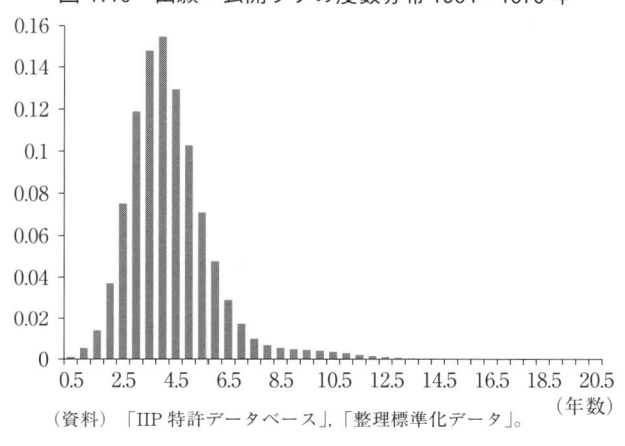

図 4.10　出願・公開ラグの度数分布 1964〜1970 年

（資料）「IIP 特許データベース」,「整理標準化データ」.

3〜7 年に 82% の特許が集中している。出願から 1.5 年で公開されていた特許は全体の僅か 2% にすぎず，残りの 98% の特許の出願・公告ラグは 1.5 年を超えていた。このように，出願公開制度の導入は，ほとんどの特許出願に対して公開の早期化を意味した。[13]

　出願公開制度の導入による特許出願の早期公開は，それに誘発された特許出願数を増加させた可能性がある。もし，様々な理由で技術知識が出願時点から陳腐化するとすれば，公開時点が遅くなるほど後続の発明者にとってその技術知識の有用性は低下すると考えられる。たとえば，登録までの期間においても補償金請求権が認められているので，企業は発明を出願時点から実施している場合が少なくない。発明の実施はマーケット・リーク（本章 1.6 参照）により後続の関連発明を促し，陳腐化を進める要因となる。その結果，発明の早期公開は技術知識の有用性がまだ高いうちに，後続の発明者による参照を可能とさせるので，それに誘発されて起こされる発明の頻度も高くなると予想される。この節では，これを出願公開制度導入に伴う「時間効果」と呼ぶ。もし，時間効

---

[13] 米国では，2000 年から出願早期公開制度（early disclosure system）が導入され，日本と同様に出願後 18 カ月で発明が公開されるようになった。米国においても，制度導入以前に登録まで 18 カ月以上を要する特許が全体の 70% を占めていた（Johnson and Popp〔2003〕）。

果が作用しているなら，先にみた量的効果と相まって，出願公開制度の導入は，関連特許出願を増加させ，知識フローを一層拡大させる効果を持っていたことになる。

第3節　特許誘発関数の推計と含意

3.1　特許誘発関数の定式化

　本章第2節で行った特許データの分析から，①被引用回数急増の主原因は引用インフレーションではなく出願数効果が重要である，②引用情報の記録されている特許出願のほとんどは知識フロー成立の「必要条件」を満たしている，などの点が明らかとなった。そして，被引用回数急増の背景には，「量的効果」と「時間効果」が作用している可能性が示唆された。

　ただし，審査官によって事後的に関係付けられた特許間の公開と出願のタイミングに関する情報だけで，知識フロー成立の「十分条件」が満たされているとはいえない。なぜなら，後願の発明者が先願の発明の内容を見ることができたとしても，出願人引用の場合とは異なり，後願の発明者が先願の発明を直接参照しているとは限らないので，偶然に関連発明が起きた可能性を完全に払拭することができないからである。また，「量的効果」や「時間効果」を確かめるためには，被引用情報から関連特許出願数を割り出し，公開率の向上や出願・公開ラグの短縮と関連特許出願数の間に統計的に有意な相関が認められるかどうかを確かめる必要がある。そこでこの節では，以下に示すような「特許誘発関数」を定式化して推計し，出願公開制度の導入による関連特許出願の誘発効果について検討する。

　もし，審査官によって結びつけられた関連特許出願数が，過去に起こされた

発明の公開によって誘発されているのなら，それらは，公開特許出願数，技術知識の陳腐化効果と流布効果，および誘発年効果などの影響を受けているはずである。いま，t年に出願された公開特許出願数をa_t，それらが$t+h+s$年に誘発した関連特許出願数を$c_{t,t+h+s}$としよう。ここで，hは出願から公開までの経過年数（出願・公開ラグ），sは公開からの経過年数を意味する。また，公開率をθ，特許出願数をp_tとすれば，公開特許出願数は$a_t=\theta p_t$と表される。

本章2.5でみたように，本節において陳腐化効果はマーケット・リークによって生じると考えているので，出願時点からの経過時間に規定される。一方，流布効果はパテント・リークによって生じると考える。したがって，流布効果は公開からの経過年数に規定される。このような前提を置くと，特許誘発関数は以下のように定式化される。

$$c_{t,t+h+s} = \delta(\theta p_t)^\alpha \phi_{t+h+s} \exp\{-\beta(h+s)\}\{1-\exp(-\kappa s)\} \quad (4.8)$$

(4.8)式において，公開される特許出願数$a_t=\theta p_t$が大きいほど，後年に誘発される関連特許出願数は増加する。また，陳腐化効果は$\exp\{-\beta(h+s)\}$で捉えられ，出願時点からの経過年数$(h+s)$が長いほど技術知識の陳腐化が激しくなり関連特許出願を誘発する頻度は低下する。また，特許公開後の流布効果は$1-\exp(-\kappa s)$で説明される。関連特許出願は，先行特許が公開され発明の詳細が明らかにされた後に誘発されると考えているので，公開からの経過年数が$s=0$のとき関連特許出願は誘発されない。また，公開からの経過年数が長いほど後続の発明者が先行発明を見出す確率は高くなると考えられるので，関連特許出願が増加する。

ϕ_{t+h+s}は誘発年効果を表している。t年に出願された特許がアイデアを後年の発明者に伝達したとしても，実際に発明が行われ特許出願に至るかどうかは誘発年の多様な経済状況に依存していると考えられる。たとえば，先行発明の公開によるヒントが発明創出として具体化されるかどうかは，ヒントが伝達された時点における投入可能な研究開発資源の量に依存する。日本の研究開発費は経時的に増勢傾向を保っているので，出願時点が後年になるほど誘発される特許出願の数も増加すると考えられる。また，第3章1.5でみたように，1988年の改善多項制の導入以降，1つの特許出願に複数の発明が包含されるように

なっているので，改善多項制の利用の普及は，後年の特許出願数自体を抑制し，関連特許出願を抑制する作用をしているかもしれない。そこで，このような多様な影響を以下のような誘発年ダミーによってコントロールする。

$$\phi_{t+h+s} = \exp\left\{\sum_{b=t^*}^{t^{**}-1} \omega_q \phi(t+h+s=b)\right\}$$

ここで，t^* はデータベースにおける誘発年（t 年に出願された特許と関連する発明が特許出願された年）の始め，t^{**} はその終わりを意味し，b は誘発年を意味する[14]。$\phi(t+h+s=b)$ はインジケーター関数で，引数が真のとき1，偽のときはゼロとなる。

ところで，(4.8) 式で表される関数は，Hall, Jaffe and Trajtenberg [2001] が定式化し，Caballero and Jaffe [2002] や Johnson and Popp [2003] などが利用した特許被引用関数に酷似しているが，被説明変数にあたる $c_{t,t+h+s}$ が被引用回数でなく関連特許出願数を意味しているという点，公開された特許出願数がその後の関連特許出願数を説明するという点などにおいて異なっている。

本節で定式化した特許誘発関数の顕著な特徴は，「関連特許出願数の公開弾力性」が1以外となることを許容している，という点である。t 年に出願された特許が生涯にわたって誘発する生涯関連特許出願数 c_t^* は，誘発年効果を所与とすれば，

$$c_t^* = \int_0^\infty c_{t,t+h+s} ds = \frac{\delta \overline{\phi} \kappa}{\beta(\beta+\kappa)}(\theta p_t)^\alpha \exp(-\beta h) \tag{4.9}$$

と表される。したがって，α は公開される特許出願数が1%増加したとき，生涯関連特許出願数が何%増加するかを表す弾力性（関連特許出願数の公開弾力性）を意味している。もし，この弾力性が1を超えているなら，公開によって誘発される関連発明には「規模の経済」が成立していることになる。

(4.9) 式を用いれば，出願公開制度の導入がもたらす生涯関連特許出願数への影響を定量的に分析することができる。まず，本章2.5で指摘した「量的効果」の有無とその定量的規模を計測することができる。もし，α が有意に計測

---

14 集計において t^{**} から1を引いてあるのは，ダミー・トラップを避けるためである。

されれば，出願公開制度導入による公開率 θ の上昇は，その後の関連特許出願数を増加させたことになる。また「時間効果」についても，もし β が有意に計測されれば，出願・公開ラグの短縮は関連特許出願数を増加させたことになる。

3.2 関連特許出願数のカウント

(4.8) 式で定式化された特許誘発関数の被説明変数は，被引用回数ではなく関連特許出願数であった。通常カウントされる被引用回数は，もしすべてが単独引用ならば，誘発された可能性のある関連特許出願数に対応する。しかし，1つの特許文献に複数の引用情報が記録される場合があるので，被引用回数は関連特許出願数を大幅に超過してしまう。

たとえば，2000年に出願された特許Dに2件の引用情報が刻まれていたとし，この特許出願の審査にあたって審査官が引用した特許文献は，1990年に出願された特許Eと1995年に出願された特許Fであったとしよう。こうした複数引用の場合，1990年出願と1995年出願の特許にそれぞれ被引用回数1回が記録されるが，それぞれが1件の関連特許出願を誘発したと考えることはできない。なぜなら，1990年と1995年の特許は2000年に出願された同じ1件の特許に引用されているからである。そこで，この節では次のような方法で被引用回数から誘発された可能性のある関連特許出願数をカウントした。

表4.1は，「IIP特許データベース」の引用情報ファイルにおける"citing"と"cited"の系列に記録されている出願番号の一部を抽出して示したものである。表4.1によると，審査官によって過去の特許文献と関係付けられた特許出願は1971年に3件，1972年に4件で合計7件である。"citing"側に記録されている出願番号の数11件と，この特許出願7件が一致しないのは，複数引用が刻まれている特許出願が2件存在するためである。すなわち，出願番号1971067808には2件，出願番号1972037392には4件の引用情報が刻まれている。

"citing"側の出願番号1971066147は，"cited"側の出願番号1967038974と一

表 4.1 "citing" と "cited" の系列

出願番号 citing	出願番号 cited	citing count
1971066147	1967038974	1
1971067089	1966056034	1
1971067808	1964036517	0.5
1971067808	1965031999	0.5
1972014149	1967001240	1
1972017952	1965036714	1
1972027506	1966077862	1
1972037392	1967011415	0.25
1972037392	1966051885	0.25
1972037392	1966014390	0.25
1972037392	1967015631	0.25

対一の関係にあるので，こうした単独引用の場合には，1967年の出願番号1967038971が1件の関連特許出願（出願番号1971066147）を1971年に誘発した可能性を示唆している。これに対し，"citing" 側に同一出願番号が複数刻まれている場合には，複数の特許が後年に1件の関連特許出願を誘発している可能性がある。たとえば，"citing" 側の出願番号1972037392は，4件の先願特許と関連を持っている。そこで，引用情報が複数刻まれている場合には，"citing" 側に記録されている同じ出願番号の数の逆数（"citing count"）を誘発された関連特許出願数とみなすことにする。たとえば，"cited" 側の出願番号1967011415は，1972年に0.25件の関連特許出願を誘発した可能性があると考えるわけである。[15]

このような方法で引用データをカウントすれば，引用インフレーションの影響を除外し，過去の特許文献が誘発した可能性のある関連特許出願数を把握することができる。表4.2は，表4.1の引用・被引用情報をもとに，1964～1967

---

[15] 複数引用の場合，それぞれの先願特許の後願特許への誘発貢献度が同一と考えることは現実的でないかもしれない。貢献度の違いを把握する方法として，IPCコードを用いて技術的関連の深さを計測し，それを用いてウェイト付けする方法が考えられる。ただし，「IIP特許データベース」には，1960年代後半に出願された特許のIPCコードが記録されていないため，このようなウェイト付けをすることができなかった。

表 4.2　関連特許出願のカウント

A. 被引用数のカウント					
出願年	1964	1965	1966	1967	合計
1971	1	1	1	1	4
1972	0	1	3	3	7

B. 関連特許出願数のカウント					
出願年	1964	1965	1966	1967	合計
1971	0.5	0.5	1	1	3
1972	0	1	1.5	1.5	4

年に出願された特許が，どの時点で引用されたのか（A.），あるいはどの時点で関連特許出願数を誘発した可能性があるのか（B.）をクロス集計したものである。表4.2のA.から明らかなように，被引用回数をそのまま横集計してしまうと，1971年に過去の特許出願から誘発された可能性のある関連特許出願数を4件とみなすことになり，重複計算が含まれてしまう。これに対し，"citing count" の場合には1971年の関連特許出願数は3件で，表4.1の元データの出願数と一致する。

また，引用情報ファイルには，"citing" 側に複数の同出願番号が刻まれ，尚且つ "cited" 側にも複数の同出願番号が刻まれている場合がある。これは，実体審査の過程で拒絶通知が複数回行われ，審査官により同じ特許文献が幾度も引用されているケースと考えられるが，"citing count" を用いればこうした場合の重複計算も解消される。

図4.11は，以上のようにしてカウントした生涯関連特許出願数と生涯被引用回数の推移を比較したものである。それによると，生涯被引用回数は生涯関連特許出願数を大きく超過しており，超過の程度は1971年以降徐々に拡大している。

図4.12は，生涯関連特許出願数を公開特許出願数で割った生涯平均関連特許出願数の推移を見たものである。生涯平均関連特許出願数は，1970年に0.127であったが，出願公開制度が導入された1971年には0.46となり急上昇をみせている。先の（4.9）式の両辺を公開特許出願数 θp_t で割れば，生涯平均関連特許出願数は，

図 4.11 関連特許出願数の推移

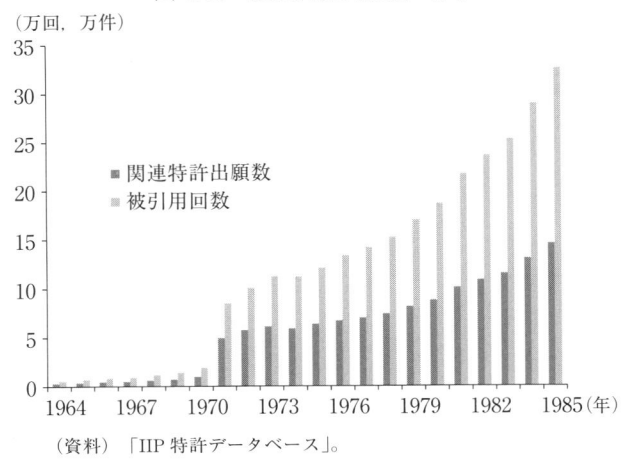

(万回, 万件)

凡例:
■ 関連特許出願数
■ 被引用回数

(資料)「IIP 特許データベース」。

図 4.12 平均関連特許出願数の推移

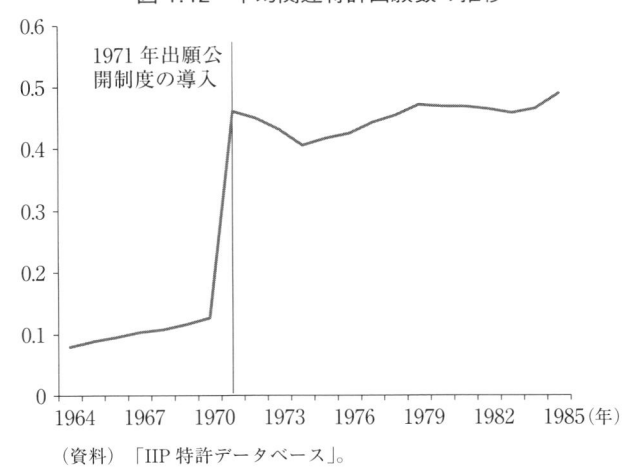

1971 年出願公開制度の導入

(資料)「IIP 特許データベース」。

$$\frac{c_t^*}{\theta p_t} = \frac{\delta \overline{\phi} \kappa}{\beta(\beta+\kappa)}(\theta p_t)^{\alpha-1}\exp(-\beta h)$$

となるが，もし関連特許出願数の公開弾力性 α が 1 なら，1971 年にみられた生涯平均関連特許出願数の「ジャンプ」は時間効果のみによって説明されることになり，生涯関連特許出願数を誘発する程度において量的効果は重要でないと

いうことになる．したがって，量的効果の重要性を判断する上で，公開弾力性の推定値が1を超えているかどうかが推計上の注目すべきポイントとなる．

なお，生涯平均関連特許出願数の「ジャンプ」は，誘発年効果による場合も考えられるが，1971年に公開された特許出願はその後数年にわたって関連特許出願を誘発しているはずなので，1971年に出願された特許だけが大きな誘発年効果に直面したとは考えにくい．

3.3 特許誘発関数の推計結果

ここでは，本章3.2でカウントした関連特許出願数を被説明変数として，(4.8)式を対数変換し，非線形の最小自乗法を用いてパラメータ $\alpha, \beta, \kappa, \omega_q$ を推計する．推計式は以下の通りである．

$$\ln c_{t,t+h+s} = \ln \delta + \alpha \ln(a_t) - \beta(h+s) + \ln(1-e^{-\kappa s}) + \sum_{b=t^*}^{t^{**}-1} \omega_q \phi(t+h+s=b) \quad (4.10)$$

出願・公開ラグ h は出願公開制度導入後すべて一律に1.5年となったが，それ以前は特許によって異なっているので，出願公開制度導入以前については，出願年ごとの平均値を用いて推計を行う．また，本章2.4でみた公開前出願は知識フロー成立のための必要条件を満たしていないので僅かではあったがデータベースから除外した．さらに，(4.10)式の被説明変数は引用情報からカウントした関連特許出願数なので，推計期間の終わりを十分に遡及させないと「切断バイアス」によるデータの欠損が生じてしまい関連特許出願数の公開弾力性 α を過少に推計してしまう原因となる．そこで，「IIP特許データベース」の経過情報観測時点は2009年であることから，推計期間を切断バイアスの影響が軽微と考えられる $t=1964 \sim 1990$ 年とした．[16]

---

[16] (4.10)式の被説明変数は，本章3.2でカウントした関連特許出願数であるが，(4.10)式では t 年の公開特許出願数が $t+h+s$ 年の関連特許出願数を説明している．こうした定式化は，引用が単独引用の場合には問題がないが，複数引用の場合には，異なった時点の公開特許出願数が関連特許

本章3.1で定式化した特許誘発関数（4.8）式において，技術知識の陳腐化効果は出願時点から，流布効果は公開時点から始まるという仮定を置いた。しかし，発明は公開されて初めて競合発明を誘発すると考えれば，陳腐化効果も公開時点から始まっている可能性がある。そこで，陳腐化効果は出願時点から，流布効果は公開時点からとした推計（[1]）に加え，陳腐化効果も流布効果も公開時点から同時に始まるとした推計（[2]）も行う。どちらの推計の精度が高いかは以下のように重要な意味を持つ。もし，陳腐化効果も公開時点から始まっているとすれば，$t+h+s$ 時点における関連特許出願数は，

$$c_{t,t+h+s} = \delta a_t^\alpha \phi_{t+h+s} \exp(-\beta s)\{1-\exp(-\kappa s)\}$$

となる。生涯関連特許出願数 c_t^* は，誘発年効果を所与とすれば，

$$c_t^* = \int_0^\infty c_{t,t+h+s} ds = \frac{\delta \overline{\phi} \kappa}{\beta(\beta+\kappa)} a_t^\alpha$$

となるので，生涯関連特許出願数に対する出願公開制度導入の影響は「量的効果」のみとなる。したがって，もし推計[2]の精度の方が高ければ，出願公開ラグの短縮は，生涯関連特許出願数に何ら影響していない可能性が高く，出願公開制度導入に伴う「時間効果」は作用していなかったと判断される。

表4.3は，推計に用いたデータの基本統計量を示したものである。関連特許出願数の平均は1987.06件，公開特許数の平均は14万1764.8件，などであった。関連特許出願数の最大値や最小値が「整数」となっていないのは，これらが"citing count"から計算された数値だからである。

表4.4は，非線形の最小自乗法を用いて（4.10）式の各パラメータを推計した結果を示したものである。推計結果によると，陳腐化効果の開始が出願時であれ公開時であれ，すべてのパラメータは理論的符号条件を満たし，統計的な有意性も確認された。推計の精度を決定係数（R-squared）と対数尤度（Log Likelihood）で判断すると，陳腐化効果を出願時点からとした推計[1]は，それを公開時点からとした推計[2]よりも良好な推計結果を示した。すなわち，推計

出願数に影響しているはずなので，t 年の公開特許出願数だけでそれを説明するのは問題がある。ただし，本章2.3で指摘したように，引用インフレーションの影響は強くないので，複数引用がもたらす推計バイアスはそれほど深刻ではないと考えられる。

表 4.3　基本統計量

基本統計量	平均	標準偏差	最小	最大
関連特許出願数 $c_{t,\,t+h+s}$	1987.06	2488.38	0.17	14157.78
公開特許数 a	141734.80	73051.33	38384	297048
出願からの経過年数 $h+s$	17.11	9.16	1	38
公開からの経過年数 s	15.58	9.09	0.5	37.5
Sample	658			

表 4.4　特許誘発関数の推計結果

no	$ln\delta$	α	β	γ	R-squared	Log Likelihood
[1]	-8.140 ** (1.062)	1.209 ** (0.081)	-0.142 ** (0.007)	-0.789 ** (0.177)	0.871	-908.50
[2]	-14.175 ** (0.934)	1.667 ** (0.073)	-0.115 ** (0.007)	-0.938 ** (0.233)	0.856	-951.78
推計式[1]に関する Wald 検定	帰無仮説($\alpha=1$)	F[1,618]に対する5%値		F 値	6.6063
					3.8544

（注）カッコ内は標準誤差．** は 5% 有意を意味する．誘発年効果ダミーを含む．

[1]では推計[2]より決定係数も対数尤度も大きい数値が出力された。このような推計結果は，陳腐化効果は出願時点から始まるとした推計モデルを採用したほうが望ましいことを意味している。したがって，出願公開制度導入により「量的効果」だけでなく「時間効果」も作用した可能性が高い。

もう1つの注目すべき点は，関連特許出願の公開弾力性 α が1を超えており関連特許出願には「規模の経済」が成立している，ということである。表4.4には，この点の頑健性を確かめるため，$\alpha=1$ という帰無仮説を Wald 検定により検定した結果も示してある。検定の結果，$\alpha=1$ という帰無仮説は有意水準5%で棄却された。

以上の推計結果から，関連特許出願数は，公開特許数，技術知識の陳腐化効果と流布効果，誘発年効果などによってかなりうまく説明されており，過去の発明の公開によって誘発されている可能性が高いといえる。

次に，推計されたパラメータを用いて，出願公開制度の導入により1971年の

特許出願がどの程度生涯関連特許出願数を誘発したのかを試算してみよう。まず、出願公開制度の導入によって特許出願の公開率が 1970 年の 58.9% から 1971 年にはほぼ 100% に上昇した。(4.9) 式から計算すると、こうした「量的効果」は生涯関連特許出願数を 46.7% 増加させる効果を持った。一方、出願・公開ラグは 1970 年の平均 4.3 年から 1971 年には 1.5 年に短縮された。こうした「時間効果」は生涯関連特許出願数を 48.8% 増加させる効果を持った。したがって、「量的効果」より「時間効果」の方が生涯関連特許出願数に対してやや強く影響していたことになる。さらに、「量的効果」と「時間効果」の総合効果では、生涯関連特許出願数を 118.2% 増加させる効果が認められた。このように、推計誤差や出願年効果を考慮しても、「量的効果」と「時間効果」は 1971 年に観察された生涯関連特許出願数急増の多くの部分を説明している。

3.4 発明の公開の重要性

Aghion and Howitt〔1992, 1998〕や Grossman and Helpman〔1991〕によって開発された内生的成長論の世界では、数多くの研究開発従事者がイノベーターやクオリティ・リーダーを目指して研究開発競争を繰り広げる。しかし、多くの発明の中でイノベーションとなり得るのはただ 1 つの発明なので、それ以外の発明はイノベーションになり損ねたいわば「屍発明」となる。しかし、「屍発明」が多いほどイノベーションの発生頻度は増加して持続的な経済成長につながった。言い換えれば、イノベーションが生じる頻度を高めるためには多くの「屍発明」が必要となるのである。

本章 3.3 でみた特許誘発関数の推計は、発明の公開の増加が「時間効果」と「量的効果」を通して関連特許出願を増加させる作用のあることを明らかにしている。もちろん、関連特許出願は単に過去の発明の公開から誘発された発明を意味しているにすぎないが、関連特許出願にもイノベーションに関わる情報が含まれている。関連特許出願は審査官拒絶引用情報から得られたものであるが、拒絶引用が記録されている特許文献のすべてが特許査定に至っていない、

というわけではない．通常，審査官から拒絶通知を受けても「補正書」や「意見書」の提出により最終的には特許査定に至る特許出願が少なくない．審査官引用情報は，関連発明発生の事後報告という性質を持っていることは先に述べたが，審査官拒絶引用が記録されていても最終的には特許査定に至った発明は，過去の発明に誘発され，しかも過去の発明の質を超えたイノベーションに該当すると考えることができる．

そこで，審査官拒絶引用が記録されている関連特許出願数のうち，どの程度の特許出願が最終的に特許査定を受けているのかを調べてみた．図 4.13 は，各年の関連特許出願数に対する特許査定数の割合の推移をみたものである．出願・登録ラグによる切断バイアスが懸念されるので，観測期間の終わりを 2000 年とし，1980〜2000 年の推移を観察した．図 4.13 によると，査定率は概ね 50% 程度で推移しており，過去の発明に誘発された特許出願のうち，およそ半数が査定となっていることがわかる．

発明の公開がスピルオーバー効果を通して経済の効率改善や経済成長に貢献するなら，できるだけ多くの発明が特許出願され公開されることが望ましい．ところが，実際の日本の特許行政は，審査効率を改善する目的で低価値特許の排除を意図した政策を実施する場合がある．第 8 章 1.5 で指摘するように，審

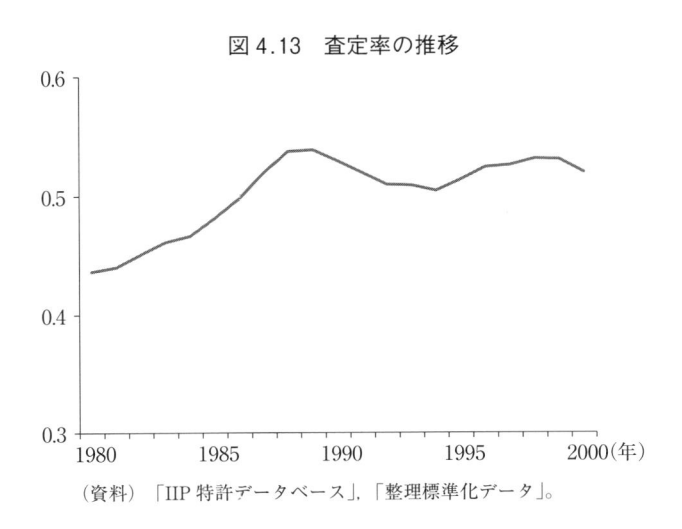

図 4.13　査定率の推移

（資料）「IIP 特許データベース」，「整理標準化データ」．

査の途中で特許が放棄されてしまう「戻し拒絶」に象徴されるような特許性の乏しい出願の審査請求を抑制するため，これまでも特許庁は審査請求料の引上げを幾度も繰り返してきた。しかし，審査請求料の引上げは特許出願を抑制してしまう可能性がある。後の第6章3.5で行われる審査請求オプションモデルによるシミュレーションが明らかにするように，審査請求可能期間に制約を課した上での審査請求料の引上げは，特許性向を低下させる要因となる。また，特許庁は出願数や審査請求数が増加し審査の滞貨が生じると，しばしば特許出願数の著しく多い大企業に対して出願の自粛を要請することがあるといわれている。

　もちろん，他の条件が等しいかぎり「限りある審査能力をできるかぎり産業競争力に資する出願に振り向ける」ことは重要であるが，審査効率の改善を重視するあまり，特許出願が抑制され公開される発明の量が減少してしまうことは望ましくない。たしかに，審査の効率という観点からすれば，そもそも特許性が乏しく審査の途中で放棄されてしまうような特許や，査定を受けても設定納付金が納付されない特許などは，初めから特許出願されない方が望ましいようにも思われる。しかし，特許性の「乏しさ」はあくまでも出願人にとってのものなので，それが他者に対しても同じ意味を持つとは限らない。実際，審査請求に至らなかった特許出願もその多くが引用され，発明創出の誘因として貢献している場合が少なくない。たとえば，日本の電気機械産業に属する大手メーカー157社が1985～1991年に行った特許出願のうち，審査請求に至った特許出願の平均被引用回数は1.88回であったが，審査請求に至らなかった特許出願にも平均1.12回の被引用が記録されている。こうした事実は，発明の「私的価値」と「社会的価値」は異なるということを示唆している。したがって，私的価値が低くとも同時に社会的価値も低いとは限らないので，できるだけ多くの発明が公開されることが望ましい。

　第1章で概観した「専有可能性に関する調査」から明らかなように，専有手段として特許が選択される割合は4割を下回っていた。この事実は，発明の大半は「クローゼット」の中に隠れているので，公開される発明の量を増大させられる余地が十分残っているということを意味している。

3.5 本章のまとめ

1990年代に発展をみせた内生的成長論では，知識フローとそれによって生成されるイノベーションが持続的な経済成長の源泉となっていた。こうした内生的成長モデルにおいて，特許制度は独占的排他権を付与するという意味でも，発明を公開させるという意味でもきわめて重要な役割を担っていた。特に特許制度による発明の公開は，研究開発インセンティブを刺激し経済成長を高める作用をした。日本では，1971年に知識フローと累積的イノベーションに強い影響を与えた可能性が高いきわめて重要な制度改訂が行われた。「出願公開制度」の導入である。出願公開制度の導入により，公開される発明の量が飛躍的に増加し，公開のタイミングが著しく早まった。それに伴い，審査官によって引用される特許文献の量が急増した。

一般に，審査官引用は出願人引用とは異なり，知識フローの成立を意味するデータとしては有用でないと考えられてきた。しかし，出願公開制度導入の前後に観察された被引用データの構造変化を詳細に分析した結果，審査官引用は関連発明発生の「事後報告」という性質を持っており，過去の発明に誘発されて起こされた発明に関する情報を含んでいる可能性が高いことが明らかとなった。

さらに本章では，関連特許出願数が過去の発明から誘発されるメカニズムを記述した特許誘発関数を定式化した。そして，審査官引用情報から関連特許出願数をカウントして推計を行った。その結果，関連特許出願数は，過去の公開発明数，陳腐化効果，流布効果，誘発年効果などによってかなり良く説明されることがわかった。推計結果から，1971年以降の関連特許出願数の急増は，「量的効果」だけでなく「時間効果」も作用していたということや，関連特許出願の公開弾力性は1を超え，公開によって誘発される発明には「規模の経済」が成立していることなどが明らかとなった。本章で行われた以上のような理論・実証分析は，一層の発明の公開を促すような政策措置が経済の効率を改善し経済成長を高める有力な手段となりうることを示唆している。

第5章　オプションとしての特許

第1節　確率過程による特許価値の近似

1.1　リアルオプション

　古典的な投資決定の理論では，投資によって期待される収益系列の割引現在価値の合計と投資費用を比較することによって，投資の意思決定が行われる。こうした考え方は，投資の収益性が限界効率と市場利子率に依存するので，一般に「限界効率の理論」といわれている。限界効率の理論では，投資による毎期の収益が確定している世界を想定しているので，一度投資が行われ事業が開始されれば，事業活動からの撤退はあり得ない。しかし，現実の経済において，事業活動から得られる将来収益には著しい不確実性を伴うのが普通なので，期待通りの収益が得られず投資費用が埋没費用（sank cost）となる場合も少なくない。投資が埋没費用となる可能性があるなら，企業はそうした可能性をあらかじめ考慮に入れて投資の意思決定を行っているはずであるし，十分な収益が見込めないときには，事業活動を停止して損害を最小限にくいとめるという「選択」も可能なはずである。

　このように，現実の企業には事業活動を続けなければならないという「義務」

が課されているわけではなく，場合によっては事業活動からの撤退も可能な「権利」が与えられていると考えることができる。現代では，こうした「選択（オプション）」が可能であることをあらかじめ考慮した投資の意思決定モデルが構築されており，そうしたモデルは金融工学の世界で発展を見せた「オプション理論」を応用しているため，「リアルオプションモデル」と呼ばれている。

特許についても，権利化プロセスにおけるいくつかの局面で「オプション」が可能となる場合がある。たとえば，日本の登録更新制度のもとで，特許権を保持して独占的排他権を行使し続けるためには，毎年登録更新料を支払わなければならないが，特許保護から得られる期待収益が登録更新料に見合うものでないなら，特許権者はいつでも登録更新の停止を選択することができる。したがって，特許というものは，登録更新料の支払いによって独占的排他権を維持できる「権利」に相当すると考えられる。[1]

また，日本の出願審査請求制度のもとでは，出願人は特許出願のすべてについて特許庁に審査を請求する必要はなく，ある程度時間が経過した後，権利化の必要性を見出せない場合には，審査請求を行わないという選択が認められている。したがって，特許出願は，審査請求を行うことによって独占的排他権を行使する「権利」を取得する行為と考えることができる。

さらに，特許権者が特許侵害を受けたとき，侵害による損失の程度と比較して訴訟費用等の経済的負担が重いのであれば，必ずしも特許侵害訴訟を起こす必要はないので，特許権の取得は特許系争を扱う裁判所に出向いて確実な収益の補償を要求できる「権利」と考えられる。

---

[1] 特許のオプションとしての性質に初めて注目したのは Pakes〔1986〕であった。Pakes〔1986〕は，特許の登録更新を一種の「コール・オプション」とみなし，確率的に変動する特許保護のフロー価値（特許価値）に対して，特許権者は将来の資産価値に関する予想を形成しながら登録更新を計画するという仮定に基づいたきわめて一般的なモデルを構築した。

1.2 先行研究

　特許をオプションとして捉えると，特許権の資産価値（オプション価値）の計測が可能になるだけでなく，現実に観察される出願人や特許権者の行動を合理的に説明することもできる。また，特許制度の改訂がもたらす経済効果を抽出して評価する作業が容易となり，豊富な政策的含意の導出が可能となる。このように，特許オプションモデルの応用範囲はきわめて広い。

　実際，初めて特許をオプションとして捉えた Pakes〔1986〕は，フランス・イギリス・ドイツにおいて登録された特許のオプション価値を推計している[2]。Baudry and Dumont〔2006〕は，Pakes〔1986〕を簡素化したモデルを用いて，フランスの登録更新料の設定が価値の低い特許出願（lousy patent）の排除に成功しおらず，パテントオフィスの負荷を不必要に高めているのではないかという問題意識から，特許のオプション価値や研究開発のインセンティブを損なわずに，このような低価値特許出願を排除できる登録更新料の構造を検討している。

　なかでも，Deng〔2007〕の研究は，特許制度の経済的効果を明確に検出したという点で注目に値する。この研究では，欧州特許庁（European Patent Office：EPO）の設立による統一的特許制度への移行が，どのような経済効果をもたらしたのかを分析している。1973年の欧州特許条約（EPC）に基づき，1978年に設立された欧州特許庁では，統一的な審査・登録手続きが実施されるようになった。欧州特許庁で特許登録を行えば，すべての加盟国において自動的に特許権が成立するので，現在ではほとんどの欧州諸国がこの条約に加盟し，出願先も自国のパテントオフィスから EPO に切り替えられている。Deng〔2007〕は，欧州各国のパテントオフィスが定めている特許保護期間や登録更新料と，EPO が定めているそれらが異なっている点に着目した。そして，1950～1970年にド

---

[2] Pakes〔1986〕では，出願年が1951～1979年のフランスの特許について，オプション価値を5,631ドル，1950～1974年のイギリスにおいて7,357ドル，1952～1972年のドイツについて16,169ドルと推計されている。

イツ・フランス・イギリスが自国のパテントオフィスに登録した特許のオプション価値と，1980年以降に同じ諸国がEPOに登録した特許のオプション価値を比較することにより，特許制度の違いがもたらしている経済的効果を検出している[3]。

この他にも，Schwartz〔2004〕は，研究開発費と研究開発の成果に不確実性が伴うとき，有限な特許保護期間の下での企業の最適な研究開発行動をオプションモデルにより検討している。また，Marco〔2005〕は，特許侵害を受けている特許権者が，すぐに侵害訴訟という行動を起こすのは合理的ではなく，最適な訴訟のタイミングを計画するという特許オプションモデルを構築している（本章3.4参照）。

1.3 金融オプション取引の簡単な例

そもそもオプションとは，金融取引の一手段で，ある資産をある将来時点において一定の価格で購入・売却できる権利を意味する。購入できる権利を「コール・オプション（call option）」，売却できる権利を「プット・オプション（put option）」という。そして，このような権利の価値は「オプション価値（option value）」といわれる。ここで「権利」という言葉が重要である。オプションと良く似た金融取引に「先物取引」があるが，先物取引では，約束された将来時点での取引を実行する「義務」が課される。これに対し，オプションでは，将来時点での取引を実行する「権利」が与えられるので，損になるような取引なら実行する必要はない。まず，コール・オプションの例からみてみよう。

たとえば，1年後にある会社の株式をP円で買える権利が与えられたとしよう。ここで，P円は「行使価格（exercise price）」，1年後は「行使時点（exercise

---

[3] 1950～1970年に各国のパテントオフィスに登録された特許のオプション価値はPakes〔1986〕によるものが用いられている。また，ドイツ特許庁の権利保護期間は出願から15年であったが欧州特許庁のそれは20年であり，登録更新料も異なっていた。推計の結果，EPO登録の特許価値は，各国のパテントオフィスに登録された特許の価値より明確に大きかった。ただし，その原因は出願年効果が主で，特許保護期間や登録更新料の違いがもたらしている部分は僅かであった。

date)」といわれる。また，取引の対象となる資産を「原資産（underlying asset）」という。ここでの例では，株式が原資産である。1年後の，あるいは，行使時点の株価は不確実で，会社の業績が好調で株価が P 円を超え $P_h>P$ となることもあれば，逆に業績不振で $P_l<P$ となることもあるとしよう。

　行使時点の株価が P_h 円のとき，権利を行使すれば P_h 円の株式を P 円で買えるので，$P_h-P>0$ の利益が得られる。得られた利益 P_h-P は「ペイオフ」といわれる。これに対し，行使時点の株価が P_l 円のとき，権利を行使すれば P_l 円の株式を P 円で買うことになってしまうので，ペイオフはマイナス（$P_l-P<0$）となる。オプション取引では，ペイオフがマイナスなら権利を行使する必要はないので，$P_l-P<0$ の場合のペイオフはゼロとなる。したがって，コール・オプションによってもたらされるペイオフは，

$$\max[P_i-P, 0], \quad i=h \text{ or } l$$

と表記される。次に，プット・オプションの例をみてみよう。

　いま，1年後にある会社の株式を P 円で売れる権利が与えられたとしよう。行使時点で株価が P_l 円になったとき，この株式を P 円で売ることができるので $P-P_l>0$ のペイオフが得られる。これに対し，行使時点の株価が P_h 円になったときは，$P-P_h<0$ の損失が生じるので，権利が行使されることはなくペイオフはゼロとなる。したがって，プット・オプションによってもたらされるペイオフは，

$$\max[P-P_i, 0], \quad i=l \text{ or } h$$

と表記される。

　先物取引では，1年後の取引が義務付けられているので，ペイオフがマイナスとなり損失を被る場合もあるが，オプション取引では権利を行使せず取引を「停止する」という選択が可能となっているので，その分取引の価値は高まる。

　以上のような金融オプション取引が成立し，オプション価値が形成されるのは，行使時点の株価が不確実であるからに他ならない。たとえば，コール・オプションの例で，1年後の株価が確実に行使価格を上回ることが事前にわかっていれば，オプション取引を行う経済主体は存在しないだろう。すなわち，オプション取引は原資産の価値が不確実だからこそ成立する取引といえる。そし

て，不確実性が大きいほどオプション取引の価値は高まる。

1.4 コール・オプションとしての特許

　特許の登録更新は，一種のコール・オプションとみなされる。日本を含む主要国の特許制度では，登録更新の際に登録更新料が課されるが，特許価値が登録更新料を上回るときにだけ登録を更新すればよく，下回るときにはそれを未納として登録を更新する必要はない。すなわち，登録更新時を「行使時点」，登録更新料を「行使価格」，特許価値と登録更新料の差を「ペイオフ」，特許価値を「原資産のフロー価値」と考えればよい。登録更新を行わなければ，市場において独占的排他権は維持されず，特許権者は特許価値を失うので，特許権というものは，行使時点で登録更新料という行使価格を支払って，特許価値を購入する権利に相当すると考えられるのである。

　本章の1.3でみたように，金融オプション取引が成立するのは，行使時点における原資産の価値に不確実性があるからであった。そして，不確実性が大きいほどオプション取引の魅力は高まった。特許という原資産についても，その価値の経時変化には大きな不確実性が伴い，特許権の維持には金銭的負担が強いられる。したがって，権利を放棄できるというオプションは，特許の資産価値（オプション価値）を高める作用をしていると考えられる。[4]

　ただし，特許登録更新の場合，行使時点（登録更新時）と行使価格（登録更新料）は複数存在する，現実の登録更新料は登録期間に応じて異なっている，などの点で問題は複雑になる。そこで，特許登録オプションモデルに，動学的計画法（dynamic programming method）における「最適停止問題（optimal stopping problem）」を応用することが考えられる。最適停止問題は，不確実性下における投資の意思決定モデルやリアルオプションモデルにしばしば応用さ

---

[4] 日本の特許制度では，権利設定の際にあらかじめ3年間の登録更新料の納付が義務付けられている。したがって，特許権者は登録から3年の間は登録更新料を未納とすることができない。こうした設定納付金制度は，特許のオプション価値を低下させる要因となっていると推察される。

れる分析手法であるが，特許登録更新のケースにおいても，不確実な特許価値の経時変化のもとで，特許権者が登録更新の継続や停止をどのように意思決定するかを明らかにする上できわめて有用な分析手法となる。

　一方，日本の審査請求制度のもとでは，出願人は必ずしも特許出願の審査を特許庁に請求する必要はない。したがって，特許出願は審査請求を行う権利を取得する行為とみなされるので，出願人の審査請求行動も一種のコール・オプションとみなされる。出願人は特許出願により，審査請求料や補完資産への投資費用を支払えば，発明を特許化し収益をあげる権利を得ることができるので，行使時点を審査請求時点，行使価格を審査請求料・投資費用と読み替えればよい。出願人は，審査請求を行い権利化された場合に実現されると期待される特許の資産価値から審査請求料・投資費用を除いた「純資産価値」と，審査請求時点を延期したり審査の取下げを選択したりすることが許される場合の特許審査請求のオプション価値を比較することによって，審査請求を行う最適な時点や審査請求の取下げを決定する。すなわち，出願人の審査請求行動は，満期までなら権利を行使するか否かを自由に選択できるアメリカンコール・オプション（American call option）の応用として説明される。

1.5　特許価値と不確実性

　いくつかの研究では，特許価値の不確実性は考慮されず，特許価値は時間の経過とともに一方的に陳腐化していくという決定論的な経時変化が仮定されている。しかし，現実の特許価値の経時的振る舞いはそれほど単純なものではない可能性が高い。[5] 特許オプションモデルを用いた Pakes〔1986〕，Baudry and Dumont〔2006〕，Deng〔2007〕，Marco〔2005〕らは，特許価値は確率的な上昇・

5　特許価値の経時変化を決定論的な減衰過程として捉え，特許価値の陳腐化率や価値分布を推計した研究に，Boswoth〔1978〕，Pakes and Schankerman〔1979, 1984〕，Schankerman〔1998〕，Bessen〔2008〕，中西・山田〔2010〕などがある。なお，本書で頻繁に用いられる特許価値の定義については，第1章3.4を参照。

低下を繰り返し，こうしプロセスが累積されて特許価値に関する時系列が形成されていくと考えた。それではなぜ，特許価値の経時変化を確率的な変動と捉える必要があるのであろうか。

特許出願により発明の詳細は広く社会に公開されるが，発明の公開は補完的・代替的後続発明を誘発するため，特許価値の経時的な振る舞いを複雑なものにしていると考えられる。補完的な後続発明は，特許価値を高める要因（good news）となるだろうし，代替的な後続の迂回発明は逆にそれを低下させる要因（bad news）となりやすい。

たとえば，ジェット・エンジンという発明についてみると，フランク・ホイットル（Frank Whittle）がその基本技術の発明者として取り上げられることが多いが，開発された当初において，ホイットルの技術だけでは実用的なエンジンとして機能することはできなかった。しかしその後，ロールスロイス社（Rolls-Royce Limited）によって軸流型の圧縮機と燃焼機が開発され，初めてジェット・エンジンは実用化されるに至った。この場合には，ジェット・エンジンという基本技術の価値は，圧縮機や燃焼機という補完技術の開発によって飛躍的に高まったと推察される（good news）。

一方，1960年代の日本の平均的な家庭には，エアコンなどという便利な家電製品はなく，人々は夏にはたいがい窓を開けて涼をとっていたので，ずいぶんと蚊の被害に遭った。当時の蚊を退治する有力な手段は「香取線香」であった。豚の形をした瀬戸物の中に渦巻き型の香取線香を入れ，それに火をつけて蚊を退治していた。現代では，技術が進歩して電気的な装置などが普及し，香取線香を使う家庭は激減している。このように，香取線香という蚊退治の技術は電気装置などに代替され，その価値は急速に陳腐化し低下したと推察される（bad news）。

さらにいえば，企業の取得した特許権のすべてが実施されているわけではない。特許庁が平成14年度より毎年実施している『知的財産活動調査』の平成21年版によれば，国内で権利を取得した特許の47.6%が実施されているに過ぎず，残りの52.4%の特許は防衛目的などの未実施特許として権利が保有されている。実施されていない特許の価値は，実施されている場合よりも一層高い

不確実性を有していると考えられるので，そうした特許の価値変動に決定論的な経時変化を想定するのは一層難しい。

後に詳しくみるように，特許価値は確率的に変動し，特許権者は将来の特許価値に関する予想を形成しながら登録更新を計画するという仮定に基づいたモデルを構築して「最適停止問題」を解くと，現実に観察される特許権の不規則な消滅率や審査請求率の経時変化などがかなりよく再現される。

1.6　特許価値と確率過程

本章 1.5 でみたような特許価値の不確実性を捉えるために，特許オプションモデルでは特許価値の経時変化を「確率過程（stochastic process）」を用いて近似する。確率過程には様々なバリエーションがあるが，次のような「幾何ブラウン過程（geometric brownian motion with drift）」を用いる場合が多い。

$$dx = \mu x dt + \sigma x dz, \quad dz = \varepsilon_t \sqrt{dt} \tag{5.1}$$

ここで，x は特許価値，z はウィナー過程（wiener process），ε_t は平均ゼロ・分散 1 の正規分布に従う時間に関して独立な確率変数（iid ; independently and identically distributed）である。dz の平均は $E(dz) = 0$，分散は $V(dz) = dt$ で与えられる。

μ と σ は確率過程を規定するパラメータで，μ は「ドリフト・パラメータ」，σ は「分散パラメータ」と呼ばれる。特許価値 x が (5.1) 式で表されるような確率過程に従うとき，特許価値の実現値は決して負の値をとることがない。特許価値が負なら，そもそも専有手段として特許取得が選択されることはないので，特許価値の実現値が負値になることのない幾何ブラウン過程が選択される場合が多いのである。

後に計算するように，特許価値の期待値は $E[x(t)] = x_0 \exp(\mu t)$（$x_0$ は x の初期値）と表され，その経時変化は幾何級数的なトレンドを持つ。そして，σ がゼロでないとき，x はこのトレンドの周囲に確率的に分布する。また，x の分散は，

$$V[x(t)] = x_0^2 e^{2\mu t}(e^{\sigma^2 t} - 1)$$

と計算されることが知られている (Aitchison and Brown〔1957〕)。したがって, 時間の経過とともに特許価値の実現値がトレンドから乖離する確率は増大する。こうした特徴も, 特許権者の予想形成の特徴をよく捉えている。なぜなら, 特許権者は, 現時点からの時間距離が長いほど不確実性が増大し, 多様な特許価値の実現を予想すると考えられるからである。[6]

 (5.1) 式で表される幾何ブラウン過程を特許価値の水準（レベル）の形式で表現しておく, あるいは, この確率過程の解析解を求めておくことは重要である。特許価値の初期値 x_0 が与えられれば, こうした解析解の導出が可能になる。この形式は, 後に幾何ブラウン過程を離散化する際や,「残存確率」などを計算する際に役立つ。

 まず, $x = y\exp(\sigma z)$ と定義してこの式を全微分すれば,

$$dx = e^{\sigma z} dy + y d(e^{\sigma z}) \tag{5.2}$$

を得る。伊藤のレンマにより $d(e^{\sigma z}) = 0.5\sigma^2 e^{\sigma z} dt + \sigma e^{\sigma z} dz$ となるので, この式を (5.2) 式に代入し, さらに (5.1) 式に $x = y\exp(\sigma z)$ を代入して整理すれば, $dy = y(\mu - 0.5\sigma^2)dt$ を得る。したがって, y の成長率は $(\mu - 0.5\sigma^2)$ となるので, $y(t) = x_0 \exp(\mu - 0.5\sigma^2)t$ が成立する。この式を $x = y\exp(\sigma z)$ に代入すれば, 幾何ブラウン過程の解析解は,

$$x(t) = x_0 \exp\left\{\left(\mu - \frac{1}{2}\sigma^2\right)t + \sigma z_t\right\} \tag{5.3}$$

となる。

 なお, ウィナー過程 z_t は平均ゼロ, 分散 t の正規分布に従うので, 特許価値 x_t の期待値は

$$E[x(t)] = \int_R x(t) \frac{1}{\sqrt{2\pi t}} e^{-\frac{z_t^2}{2t}} dz_t$$

と表される。この式を計算すると, 先の $E[x(t)] = x_0 \exp(\mu t)$ が得られる。

---

 [6] 確率過程に関する一層詳細な解説は, Dixit and Pindyck〔1994〕の Ch.3 を参照。

1.7 特許価値と特許の資産価値

通常のリアルオプションモデルでは，事業価値などの資産価値が幾何ブラウン過程に従うと仮定されるのが一般的である（(Dixit and Pindyck〔1994〕)。しかし，特許オプションモデルを構築する場合，特許価値（フローの私的価値）がそうした幾何ブラウン過程に従うと仮定してモデルを構築する必要がある。それは，特許権の存続について20年後に法定満期が課されるので，無限・連続モデルを離散モデルに転換し，法定満期を定めてシミュレーション等を行うとき，資産価値ではなく特許価値が二項過程等に従うと仮定してモデルを構築しないと，法定満期までの特許権の存続期間の違いを特許の期待資産価値に反映させることができなくなるからである（第6章参照）。

そこでここでは，特許価値の経時変化が (5.1) 式で表されるような幾何ブラウン過程に従うとき，特許価値と期待資産価値がどのような関係にあるのかを確認しておこう。

特許の期待資産価値 a は，Δt を離散的な時間区間，ρ を割引率として，

$$a(x) = x\Delta t + (1+\rho\Delta t)^{-1} E[a(x+\Delta x)]$$

と表される。すなわち，特許の期待資産価値は，フローの特許価値に次の時点の期待割引資産価値を加えたものに等しくなる。$\Delta t \to 0$ とし連続時間のケースを考えると，この式は，

$$\rho a = x + \frac{1}{dt} E[da]$$

と書き改められる。ただしここで，$E(da)/dt$ は $(1/\Delta t)E[a(x+\Delta x)-a(x)]$ の極限である。伊藤のレンマより，$E[da] = (\mu x a_x + 0.5 \sigma^2 x^2 a_{xx})dt$ が成立するので，特許の期待資産価値 a は，次の偏微分方程式（partial differential equation：PDE），

$$\frac{1}{2}\sigma^2 x^2 a_{xx} + \mu x a_x + x - \rho a = 0$$

を満たさなければならない。この PDE の一般解は，

$$a(x) = \frac{x}{\rho - \mu} \tag{5.4}$$

で与えられる。そして，この (5.4) 式が特許の期待資産価値に他ならない。ただし，特許の期待資産価値が有限の値となるためには $\rho > \mu$ が成立していなければならない。

特許権者がある時点において予測する特許の期待資産価値は，ある時点に実現した特許価値だけに基づいて形成される。これは，幾何ブラウン過程が「マルコフ性 (Markov property)」という性質を満たしているからである[7]。したがって，特許の資産価値に関する予想は，実現する特許価値に応じて逐次改訂されていく。

特許の資産価値に関する確率過程は，特許価値と線形関係にあるので，やはり同じ幾何ブラウン過程に従うことが証明される。(5.4)式から $a_x = 1/(\rho - \mu)$，および $a_{xx} = 0$ を得るので，伊藤のレンマより，$da = \mu x a_x dt + \sigma x a_x dz$ が成立する。この式に $a_x = 1/(\rho - \mu)$ を代入すれば，特許の期待資産価値に関する確率過程が，

$$da = \mu a dt + \sigma a dz$$

と記述され，特許価値と同じ経時変化（(5.1) 式）を示すことがわかる。多くのリアルオプションモデルでは，事業の資産価値に関する確率過程を幾何ブラウン過程で近似しているが，フロー価値と資産価値は一対一の関係にあり，しかも同じ確率確定に従うので，資産価値ではなく事業活動から得られるフローの収益から出発しても同等のモデルを構築できる。

7　マルコフ性とは，ある確率変数の $t+1$ 時点における確率分布は，t 時点における確率変数の実現値のみに依存し，過去の実現値には依存しない，という性格である。こうした性質が確率変数の期待値について定義されるとき，それはマーチンゲール (martingale) といわれる。

第2節　特許登録更新のオプションモデル

2.1　無限保護期間における連続モデル

　この節では，特許権が無限期間保護される連続モデルを仮定し，特許価値の経時的振舞いを幾何ブラウン過程で近似させた場合，特許の登録更新プロセスがどのように記述され，「特許登録更新のオプション価値」がどのように導出されるのかを説明する。無期限・連続モデルは，特許保護期間が無限に存続するという非現実的な仮定を置くが，特許のオプション価値や最適停止境界の解析解を導出することが容易なので，特許登録更新オプションモデルが持っている経済的含意を理解する上で有益なアプローチとなる。

　いま，特許価値 x は登録時点から発生し，その経時変化はドリフトを持たない幾何ブラウン過程に従うと仮定しよう。

$$dx = \sigma x dz \tag{5.5}$$

(5.5) 式において，登録時点における特許価値の実現値を x_0 とすれば，t 時点における特許価値の分散は $x_0\{\exp(\sigma^2 t - 1)\}$ で与えられる（本章 1.6 参照）。したがって，登録からの時間の経過とともに不確実性が増大し，実現される可能性のある特許価値の範囲は拡大していく。

　特許権者は，各時点の特許価値から登録更新料を控除したネットのフロー価値（ペイオフ）と，時間が Δt だけ経過した後の割引期待オプション価値との合計が正のとき登録を更新し，負のとき登録更新料を未納として更新を停止する。単純化のため，登録更新料 η は行使時点に関わらず一定と仮定する。この時，特許登録更新のオプション価値 v に関するベルマン方程式（bellman equation）は，

$$v(x) = \max\{(x-\eta)\Delta t + (1+\rho\Delta t)^{-1} E[v(x+\Delta x)], 0\}$$

と表される。ここで，ρ は割引率，$(x-\eta)\Delta t$ は Δt の間に発生するペイオフである。$(1+\rho\Delta t)^{-1}E[v(x+\Delta x)]$ は，登録更新が継続され時間が Δt だけ経過したときの割引期待オプション価値を意味し，一般に将来の「継続価値（expected continuation value）」といわれる。特許権者は，仮に現在のペイオフが負でも継続価値が正で，それが負のペイオフを凌駕しているかぎり登録更新を決意する。なぜなら，将来時点において特許価値が向上し特許権者に相応の収益がもたらされる可能性があるからである。

次に，連続時間のケースを想定し $\Delta t \to 0$ としよう。さらに，十分に大きな特許価値 x が実現され続け，登録更新が継続される x の領域を考えると，連続型のベルマン方程式は，

$$\rho v = x - \eta + \frac{1}{dt}E[dv] \tag{5.6}$$

と書き改められる。ただし，(5.6) 式右辺第 3 項は $(1/\Delta t)E[v(x+\Delta x)-v(x)]$ の極限である。

2.2 特許登録更新オプションモデルの解

本節では，ドリフトを持たない幾何ブラウン過程を仮定しているので，伊藤のレンマより $dv = 0.5\sigma^2 x^2 v_{xx}dt + \sigma x v_x dz$ が成立する。ウィナー過程の期待値はゼロなので，この式を (5.6) 式に代入して整理すれば，v に関する次のようなPDE（partial differential equation）を得る。

$$\rho v = x - \eta + \frac{1}{2}\sigma^2 x^2 v_{xx} \tag{5.7}$$

特許権者は，特許価値が幾何ブラウン過程に従うことを知っているので，ある行使時点における特許価値の実現値に対して，特許の期待資産価値を計算することができる。したがって，登録を更新するか，あるいは登録更新料を未納として更新を停止するかを合理的に計画することができる[8]。そこで，更新と停止という意思決定を分ける特許価値の境界を「最適停止境界（optimal stopping boundary)」と呼び，それを x^* と表記することにしよう．

(5.7) 式は，登録更新が継続されていく領域においてのみ成立する関係なので，登録更新が停止される領域における境界条件 (boundary conditions) を定めなければ完全な解析解は得られない．一般に「最適停止問題」では，登録更新が停止される領域において，

$$v(x^*)=0, \quad \frac{\partial v(x^*)}{\partial x}=0$$

という境界条件が必要であることが知られている．前者は value-matching 条件，後者は smooth-pasting 条件といわれる (Dixit and Pindyck〔1994〕)．

ここで，(5.7) 式で表される PDE の一般解を，

$$v(x)=\frac{x-\eta}{\rho}+c_1 x^{\alpha_1}+c_2 x^{\alpha_2} \tag{5.8}$$

としよう．(5.8) 式右辺の α_1 と α_2 は特性二次方程式 $\sigma^2 \alpha^2 - \sigma^2 \alpha - 2\rho = 0$ の解で，

$$\alpha_1 = \frac{1}{2}\left(1-\sqrt{1+\frac{8\rho}{\sigma^2}}\right)<0, \quad \alpha_2 = \frac{1}{2}\left(1+\sqrt{1+\frac{8\rho}{\sigma^2}}\right)>1$$

である[9]．ただし，登録更新料 η と比較して特許価値 x が十分に大きいとき，特許権者は登録更新を停止するということはないので，$v=(x-\eta)/\rho$ が成立しなければならない．そのためには，(5.8) 式を発散させる要因となる $c_2 x^{\alpha_2}$ を排除しなければならない．すなわち，$c_2=0$ が成立しなければならない．したがって，特性二次方程式の解のうち有効な解は α_1 だけで，特許のオプション価値に関する一般解は，

$$v(x)=\frac{x-\eta}{\rho}+cx^{\frac{1}{2}(1-k)}, \quad k=\sqrt{1+\frac{8\rho}{\sigma^2}} \tag{5.9}$$

と書き改められる．

次に，定数項 c と最適停止境界 x^* を導出しよう．value-matching 条件と

---

[8] もし，これが登録時の選択であるなら，特許出願を登録するか，あるいは設定納付金を未納として特許権を放棄するかという選択となる．
[9] 特性二次方程式は，$v=(x-\eta)/\rho+cx^\alpha$ と $v_{xx}=c\alpha(\alpha-1)x^{\alpha-2}$ を (5.7) 式に代入して整理することによって得られる．

smooth-pasting 条件，および (5.9) 式から，定数項 c と最適停止境界 x^* についての連立方程式が得られるので，それを解けば，

$$c = \frac{2}{\rho(k-1)}\left(\frac{k-1}{k+1}\eta\right)^{\frac{1}{2}(1+k)}, \quad x^* = \frac{k-1}{k+1}\eta$$

となる．したがって，任意の特許価値 x が実現したときの特許登録更新のオプション価値は，

$$v(x) = \begin{cases} 0 & \text{for } x \leq x^* \\ \dfrac{x-\eta}{\rho} + \dfrac{2}{\rho(k-1)}\left(\dfrac{k-1}{k+1}\eta\right)^{\frac{1}{2}(1+k)} x^{\frac{1}{2}(1-k)} & \text{for } x > x^* \end{cases} \quad (5.10)$$

と表される．

2.3 特許登録更新のオプション価値の性質

図5.1は，(5.10) 式に基づき，特許価値 x と特許登録更新のオプション価値 $v(x)$ との関係を示したものである．特許価値が最適停止境界 x^* 以下の領域において，特許登録更新のオプション価値はゼロなので，特許権者は登録更新を停止する，あるいはそもそも特許権を取得しない．領域 $x > x^*$ において，特許登録更新のオプション価値は正となるので，特許権者は登録更新を決意する，あるいは特許権の取得を決意する．図5.1の破線で描かれた右上がり直線は，(5.10) 式の下段第1項を図示したもので，登録更新停止というオプションが許されず，登録更新料の支払いが強制され，それが埋没費用 (sunk cost) となる恐れがある場合の期待資産価値に相当する．以下ではこうした期待資産価値を「純期待資産価値 (net present value : NPV)」と呼ぶ．

特許価値が x_1 に等しく NPV がゼロ $((x-\eta)/\rho = 0)$ の場合でも，登録更新停止というオプションが可能なら，特許登録更新のオプション価値は正の値となる．このときのオプション価値の大きさは図5.1の x_1 から a の距離で測られる．すなわち，オプション価値を表す実線と，破線 $(x-\eta)/\rho$ との乖離 ((5.10) 式下段右辺第2項) は，登録更新料を未納として登録更新を停止するというオ

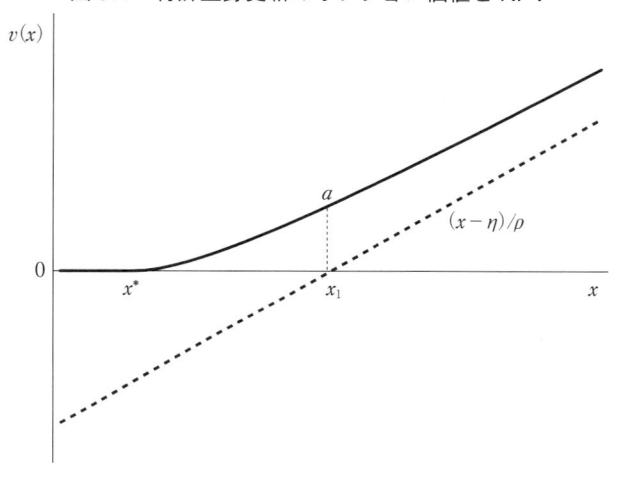

図 5.1　特許登録更新のオプション価値と NPV

プションが許され，埋没費用の負担を回避することができることによって高められている期待資産価値を表している。このように，$v(x)$ には登録更新停止というオプションによって生み出される期待資産価値が含まれている。

ところで，(5.10) 式下段右辺第 2 項を x について微分すると，

$$-\frac{1}{\rho}\left(\frac{k-1}{k+1}\eta\right)^{\frac{1}{2}(1+k)} x^{-\frac{1}{2}(1+k)} < 0$$

となる。これは，登録更新停止というオプションによって高められている期待資産価値は，特許価値 x が大きいほど小さい，ということを意味している。したがって，図 5.1 の実線と破線は，特許価値 x が大きくなるにつれて次第に接近し，やがてその乖離は消滅する。特許価値が十分に大きければ，登録の更新が永久に続けられるので，登録を停止するというオプションからの利益は生じなくなるのである。

また，最適停止境界が $x^* = (k-1)\eta/(k+1)$ であることに注意して，(5.10) 式下段全体を登録更新料 η で微分すると，

$$\frac{\partial v(x)}{\partial \eta} = -\frac{1}{\rho} + \frac{1}{\rho}\left(\frac{x}{x^*}\right)^{\frac{1}{2}(1-k)} \tag{5.11}$$

となる．(5.11) 式右辺第1項は，NPVに対する登録更新料上昇の影響を意味しているが，右辺第2項が正であることから，登録更新料の上昇は登録更新停止というオプションが可能なことによって生み出されている期待資産価値を高める効果を持っていることがわかる．すなわち，特許権者にとって登録更新料が高いほど，それを未納として登録更新を停止できるオプションの魅力が高まるのである．ただし，$x=x^*$のとき (5.11) 式はゼロとなり，$x>x^*$の領域において (5.11) 式全体は必ず負となるので，特許価値が最適停止境界を上回る登録更新継続領域において，登録更新料の上昇は特許登録更新のオプション価値を必ず低下させる．

さらに，最適停止境界 $x^*=(k-1)\eta/(k+1)$ を幾何ブラウン過程の分散パラメータ σ で微分すると，(5.9) 式より $\partial k/\partial \sigma <0$ なので，

$$\frac{\partial x^*}{\partial \sigma} = \frac{2\eta}{(k+1)^2}\frac{\partial k}{\partial \sigma} < 0$$

となる．すなわち，特許価値の経時変化に関する不確実性の増大は，最適停止境界を低下させる作用をする．そして以下にみるように，分散パラメータの増大は，特許登録更新のオプション価値を増大させる．

図5.2は，分散パラメータの増大が与える特許登録更新のオプション価値に対する影響をみたものである．それによると，分散パラメータが $\sigma < \sigma'$ のように増大すると，最適停止境界を特許価値が上回る領域において，特許登録更新のオプション価値が増大していることがわかる．(5.9) 式と (5.10) 式下段から明らかなように，分散パラメータの変化はNPVには影響せず，オプションによって高められている期待資産価値の部分のみに影響する．分散パラメータの増大は時間の経過とともに特許価値が実現する可能性のある範囲を拡大させるが，特許権者は最適停止境界を上回る特許価値が実現した場合にだけ登録を更新すればよく，逆に最適停止境界を著しく下回る場合には登録を停止することにより大きな損失を回避することができるので，分散パラメータが大きいほどオプションの有利性が高まるのである．

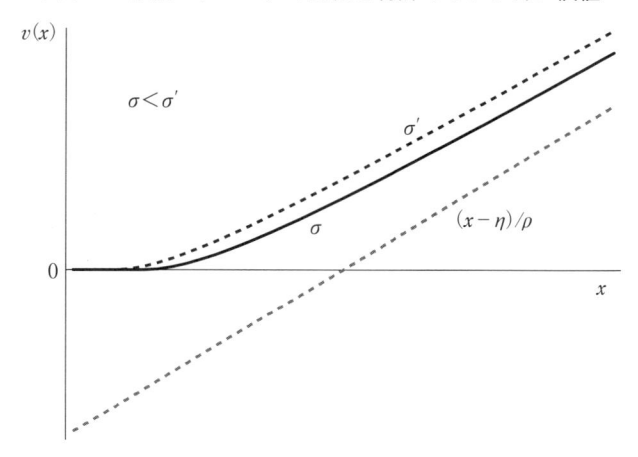

図 5.2 分散パラメータの変化と特許のオプション価値

2.4 残存関数

本章 2.1 と 2.2 でみた特許登録更新オプションモデルは，特許価値が最適停止境界以下になったとき特許権者は登録更新を停止する（特許権が消滅する）ということを示しているだけで，特許権が消滅する時点を明確にしているわけではない。そこでここでは，登録更新が停止されずに特許権が「残存」している確率を時間の関数として表した「残存関数（survivor function）」や，特許権が消滅する時点に関する時間分布を導出してみよう。

いま，登録時点の特許価値を $x_0 (x_0 > x^*)$ とすれば，任意の t 時点までに特許権が消滅せず登録を続けている確率 $s(t)$ は，

$$s(t) = P\left[\min_{0 \leq \tau \leq t} x(\tau) > x^*\right]$$

と表される。この式は，幾何ブラウン過程に従う特許価値 $x(\tau)$ が t 時点までに一度も「下方吸収壁」x^* に吸収されていない確率を表している。すなわち，t 時点までの特許価値の最小値が最適停止境界を上回っているかぎり，特許権の登録が更新され続けることを意味している。本章 1.6 で計算した幾何ブラウン

過程の解析解 (5.3) 式により，特許価値は $x(\tau)=x_0\exp(-0.5\sigma^2\tau+\sigma z_\tau)$ と表されるので，残存関数 $s(t)$ は，

$$s(t)=P\left[\min_{0\leq\tau\leq t}\left(-\frac{1}{2}\sigma^2\tau+\sigma z_\tau\right)>\ln(x^*/x_0)\right]$$

と書き改められる。残存関数 $s(t)$ は，「鏡像原理」と「ギルザノフ（Girsanov）の定理」から標準累積密度関数 $\Phi(\ )$ を用いた形式として，

$$s(t)=\Phi\left(\frac{\ln(x_0/x^*)-0.5\sigma^2 t}{\sigma\sqrt{t}}\right)-\left(\frac{x_0}{x^*}\right)\Phi\left(\frac{\ln(x^*/x_0)-0.5\sigma^2 t}{\sigma\sqrt{t}}\right)$$

(5.12)

のように計算される[10]。(5.12) 式で表される残存関数は，$t\to\infty$ としたときゼロに収束する。したがって，特許保護期間に制約が課されていなくとも，登録更新料が課されるかぎり，特許権者は必ずいつかは特許権を放棄する。

一方，特許権の消滅時点に関する時間分布 $h(t)$ は，$h(t)=-ds(t)/dt$ で与えられる。登録更新料の変化は，最適停止境界 x^* の変化を通して特許権の残存確率や消滅確率に影響する。図5.3と図5.4は，登録更新料を $\eta<\eta'$ とした場合，残存関数と時間分布がどのように変化するのかを観察したものである。それによると，登録更新料の上昇は，各時点における特許権の残存確率を低下させ，消滅時点を早期化させることがわかる。特許権の平均登録期間 $\bar{t}$ は部分積分により，

$$\bar{t}=-\int_0^\infty t\frac{ds(t)}{dt}dt=-ts(t)]_0^\infty+\int_0^\infty s(t)dt$$

と表されるが，$s(0)=1$ と $s(\infty)=0$ より，

$$\bar{t}=\int_0^\infty s(t)dt$$

と計算される。すなわち，特許権の平均登録期間 $\bar{t}$ は残存曲線で囲まれる面積に等しくなる。図5.3が示しているように，登録更新料の上昇は残存曲線で囲まれる面積を減少させるので，特許権の平均登録期間を短期化させる作用をする。このことは，登録更新料の改訂を通して，特許保護期間を政策的にコント

10　残存関数の導出過程については，本章の補論を参照。

ロールすることが可能であることを示唆している。こうした料金政策の経済効果については、改めて第7章で実証的に検討される。

図 5.3 残存確率の変化

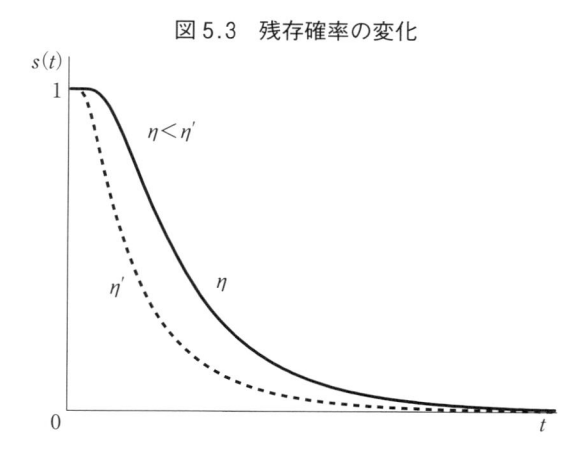

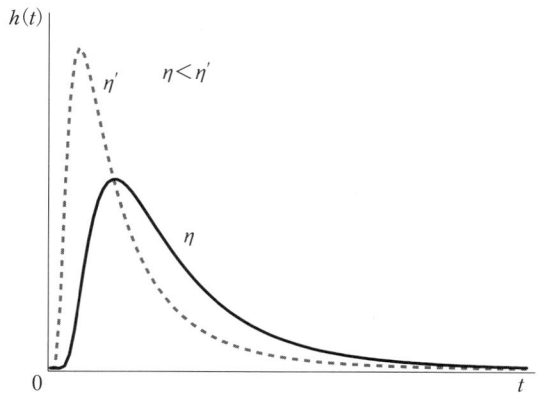

図 5.4 消滅確率の変化

第3節　審査請求と侵害訴訟のオプションモデル

3.1　審査請求のオプションモデル

　日本の特許制度では，出願と同時に審査請求を行う必要はなく，現行の制度では3年間の猶予が与えられている。特許権を取得して特許から収益を得るためには，出願人は審査請求料を負担して審査請求を行わなければならない。また，その特許が実施される予定である場合には，様々な補完資産への投資も必要となるかもしれない。一般に，特許権を実施して収益をあげるためには，発明が体現された製品を生産するための工場や機械設備，さらには販売網などを構築する必要があるので，企業はそうした補完資産への投資費用を負担しなければならない。

　特許価値の時系列に不確実性が伴うとき，出願と同時に審査請求を行うことが必ずしも特許の期待資産価値を最大化させるとは限らない。言い換えれば，出願人は，むしろ審査請求を延期することで特許の期待資産価値を高められる機会を持つ。もしそうなら，審査請求制度は，出願人に権利化を延期するというオプションを可能とさせるので，特許出願に新たな価値を加えていることになる。

　McDonald and Siegel〔1986〕は，プロジェクトの価値に関する時系列が，幾何ブラウン過程で近似されるとき，プロジェクトを延期することにより新たな期待資産価値が生まれることを明らかにした。そして，プロジェクトの延期を続けるか，プロジェクトの延期を停止して投資を実施するか否かを分ける「最適停止境界（optimal stopping boundary）」を導出した。審査請求行動の分析においても，プロジェクトの価値を特許の資産価値，投資コストを審査請求料や補完資産への投資費用，プロジェクト実施の意思決定を審査請求の意思決定と読

み替えれば，McDonald and Siegel〔1986〕のオプションモデルの素直な応用として，以下のような「審査請求オプションモデル」を構築することができる。

特許価値xは，(5.1)式で表されるドリフト付き幾何ブラウン過程（geometric brownian process）に従うと仮定する。このとき，本章1.7でみたように，特許の資産価値は特許価値と同様の幾何ブラウン過程に従う。以下では，単純化のため審査請求・登録ラグは無視し，審査請求された特許出願は必ず登録されると仮定する。

審査請求を行わなければ特許価値は生じないので，審査請求を延期することが望ましいxの領域における連続型のベルマン方程式（Bellman equation）は，

$$\rho v = \frac{1}{dt} E[dv] \tag{5.13}$$

と表される。ここで，ρは割引率である。(5.13)式は，特許の期待資産価値が「将来の継続価値（expected continuation value）」だけで説明されることを示している。

3.2 審査請求のオプションモデルの解

伊藤のレンマより$E[dv] = (\mu x v_x + 0.5 \sigma^2 x^2 v_{xx})dt$が成立するので，この式を(5.13)式に代入すれば，

$$\frac{1}{2}\sigma^2 x^2 v_{xx} + \mu x v_x - \rho v = 0$$

を得る。この偏微分方程式（partial differential equation）の一般解を，

$$v = c_1 x^{\beta_1} + c_2 x^{\beta_2} \tag{5.14}$$

としよう。ただしここで，β_1とβ_2は次の特性二次方程式（fundamental quadratic）

$$\sigma^2 \beta^2 + \beta(2\mu - \sigma^2) - 2\rho = 0$$

の解で，

$$\beta_1 = \frac{1}{2} - \frac{\mu}{\sigma^2} + \sqrt{\left(\frac{\mu}{\sigma^2} - \frac{1}{2}\right)^2 + \frac{2\rho}{\sigma^2}} > 1$$

$$\beta_2 = \frac{1}{2} - \frac{\mu}{\sigma^2} - \sqrt{\left(\frac{\mu}{\sigma^2} - \frac{1}{2}\right)^2 + \frac{2\rho}{\sigma^2}} < 0$$

である[11]。

　審査請求の延期を続けるか，延期を停止して審査請求を行うか否かを分ける境界となる特許価値を x^*（最適停止境界（optimal stopping boundary））とすれば，value-matching 条件と smooth-pasting 条件は，

$$v(x^*) = \frac{x^*}{\rho - \mu} - r$$

$$\frac{\partial v(x^*)}{\partial x} = \frac{1}{\rho - \mu}$$

となる[12]。ただしここで，r は審査請求料あるいは補完資産への投資費用である。

　さらに，審査請求オプションモデルでは，$v(0)=0$ という境界条件（boundary condition）も必要となる。なぜなら，幾何ブラウン過程の定義から明らかなように，特許価値がゼロなら，特許価値が確率的に高まる可能性も期待されず，審査請求の延期は何の期待資産価値も生まなくなるからである。

　先の一般解（5.14）式より，$v(0)=0$ が成立するためには $c_2=0$ でなければならない。したがって，（5.14）式右辺第2項は排除され，偏微分方程式（partial differential equation）の一般解は，

$$v = cx^\beta, \quad \beta = \frac{1}{2} - \frac{\mu}{\sigma^2} + \sqrt{\left(\frac{\mu}{\sigma^2} - \frac{1}{2}\right)^2 + \frac{2\rho}{\sigma^2}} \quad (5.15)$$

となる。value-matching 条件と smooth-pasting 条件，および（5.15）式から，最適停止境界（optimal stopping boundary）x^* と定数項 c が次のように求められる。

$$x^* = \frac{\beta(\rho - \mu)}{\beta - 1} r$$

$$c = \frac{1}{\beta(\rho - \mu)} \left\{ \frac{\beta(\rho - \mu)}{\beta - 1} r \right\}^{1-\beta}$$

---

[11] 特性二次方程式は，$v=cx^\beta$, $v_x=c\beta x^{\beta-1}$, $v_{xx}=c\beta(\beta-1)x^{\beta-2}$ を（5.13）式に伊藤のレンマを代入した式に用いることによって得られる。

[12] フロー価値ではなく，資産価値 a が幾何ブラウン過程に従うとした通常の待機オプションモデルでは，value-matching 条件と smooth-pasting 条件は $v(a^*)=a^*-r$, $dv(a^*)/da=1$ となる。

したがって，特許審査請求のオプション価値は，

$$v(x) = \begin{cases} \dfrac{x}{\rho-\mu} - r & \text{for } x \geq x^* \\ \dfrac{1}{\beta(\rho-\mu)}\left\{\dfrac{\beta(\rho-\mu)}{\beta-1}r\right\}^{1-\beta} x^{\beta} & \text{for } x < x^* \end{cases} \quad (5.16)$$

と記述される[13]。

図 5.5 は，(5.16) 式に基づいて，審査請求のオプション価値 $v(x)$ と特許価値 x との関係を示したものである。出願人は，特許価値が最適停止境界 x^* を上回るときにはすぐに審査請求を行うが，それを下回るときには審査請求の延期を選択する。図 5.5 の右上がりの破線は，出願人がすぐに審査請求を行って権利化した場合の期待資産価値を表している。このような資産価値は一般に純期待資産価値（net present value：NPV）といわれる。たとえば，特許価値が $x_1 = r(\rho-\mu)$ のとき，出願人がすぐに審査請求を行うと，$x/(\rho-\mu)$ と r が一致してしまうので，特許の期待資産価値は生じない。しかし，審査請求の延期が可能なら，a から x_1 の距離に相当する期待資産価値が生じる。また，すぐに審査請求を行ったときの NPV がマイナスでも，審査請求の延期が可能なら，審査請求のオプション価値は正の値となる。

このように，図 5.5 の実線と破線の垂直距離は，審査請求の延期が可能なことによって生み出される期待資産価値を表している。しばしば，こうした期待資産価値は「柔軟性のオプション価値（value of flexibility option）」といわれる。したがって，審査請求のタイミングを出願人に自由に選択させることのできる出願審査請求制度は，新たな特許価値の創出に貢献していると評価される。

13　Bloom and Van Reenen〔2002〕においても，特許権を実施するための補完資産への投資について，McDonald and Siegel〔1986〕のリアルオプションモデルが応用されている。特許権を実施して収益をあげるためには，製品化のための様々な補完資産が必要となるが，特許価値が不確実なとき補完資産への投資を延期することによる期待資産価値が生まれる。Bloom and Van Reenen〔2002〕のモデルと本節のモデルは基本的には同じ想定に立っている。ただ，補完資産に投資しなければ特許価値は具体化されないと考えるか，審査請求・権利化されなければ特許価値が具体化されないと考えるかの違いだけである。

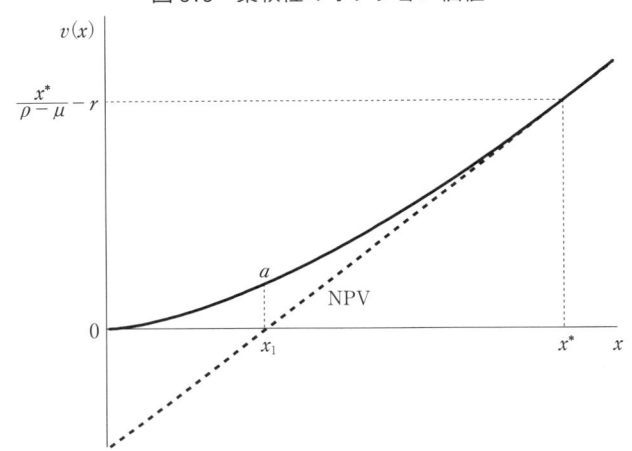

図5.5 柔軟性のオプション価値

3.3 審査請求のタイミング

本章3.1と3.2でみた審査請求オプションモデルは，最適停止境界を下回る特許出願がすぐに審査請求されないことを示しているだけで，審査請求に関する時間分布（time distribution）を明確にしているわけではない。そこでここでは，このオプションモデルを拡張し，審査請求が行われずに残存している特許出願の確率を，時間の関数として表した「残存関数（survivor function）」や，残存関数から派生する審査請求に関する時間分布を導出してみよう。

出願時の特許価値を $x_0(x_0 < x^*)$ とする。任意の t 時点までに，審査請求が行われていない確率は，

$$s(t) = P\left[\max_{0 \leq \tau \leq t} x(\tau) < x^*\right] \tag{5.17}$$

と表される。(5.17) 式は，確率過程 $x(\tau)$ が t 時点までに「上方吸収壁（upper absorbing barrier）」 x^* に到達していない確率を表している。したがって，t 時点までの特許価値の最大値が最適停止境界を下回っているかぎり，審査請求は延期され続ける。本章1.6の (5.3) 式より，特許価値は $x(\tau) = x_0 \exp\{(\mu - 0.5\sigma^2)\tau$

$+\sigma z_\tau$} と表されるので,(5.17)式は,

$$s(t) = P\left[\max_{0 \leq \tau \leq t}\left\{\left(\mu - \frac{1}{2}\sigma^2\right)\tau + \sigma z_\tau\right\} < \ln\left(\frac{x^*}{x_0}\right)\right]$$

となる[14]。残存関数 $s(t)$ は,鏡像原理(reflection principle)とギルザノフ(Girsanov)の定理により次のように計算される[15]。

$$s(t) = \Phi\left(\frac{\ln(x^*/x_0) - (\mu - 0.5\sigma^2)t}{\sigma\sqrt{t}}\right)$$

$$-\left(\frac{x^*}{x_0}\right)^{\frac{2\mu}{\sigma^2}-1}\Phi\left(\frac{\ln(x_0/x^*) - (\mu - 0.5\sigma^2)t}{\sigma\sqrt{t}}\right) \quad (5.18)$$

ただし,$\Phi(\ )$ は標準累積密度関数(standard normal cumulative distribution function)である。(5.18)式で表される残存関数は,$2\mu < \sigma^2$ が成立するとき,極限において一定の有限値に収束する。すなわち,

$$\lim_{t \to \infty} s(t) = 1 - \left(\frac{x^*}{x_0}\right)^{\frac{2\mu}{\sigma^2}-1}$$

である。審査請求を延期することに利益が生じるのは,確率的な特許価値の上昇が期待されるからであるが,どのような特許出願にも最適停止境界を永久に上回らない確率が存在するので,永久に審査請求を延期することが合理的となる場合がある。そして,出願時の特許価値が低いものほど,永久に審査請求が延期される確率は増大する。他方,出願時の特許価値が高いものほど,審査請求が行われる確率は増大する。このように,審査請求オプションモデルは,特許出願が取り下げられる合理的な理由も説明している。

図5.6は,出願時の特許価値を $x_0 > x_0'$ とした場合に,残存関数がどのように変化するのかを観察したものである。図5.6から明らかなように,出願時の特許価値が大きいほど,各時点の残存確率は低下し,永久に審査請求が延長され

---

[14] Sarkar〔2000〕は,投資延期オプションモデルにおいて,ある時点までに投資が行われる確率は,幾何ブラウン過程の分散パラメータに規定されることに着目し,分散パラメータが大きくなるにつれ,当初はある時点までに投資が実施される確率は増加するが,その後は減少することを明らかにしている。本節のモデルも基本的には Sarkar〔2000〕と同じ構造なので,ある時点までに審査請求される確率と分散パラメータには Sarkar〔2000〕が明らかにした関係が同様に成立する。

[15] (5.18)式の導出過程は本章の補論を参照。

る確率も減少する。一方，審査請求に関する時間分布 $h(t)$ は，$h(t) = -ds(t)/dt$ で与えられる。図 5.7 はこの時間分布 $h(t)$ を描いたものである。図 5.7 からも明らかなように，モデルは時間の経過とともに審査請求が徐々に行われるという現実の姿をよく再現しており，出願時の特許価値が高いものほど，早期に審査請求される確率が高まる。

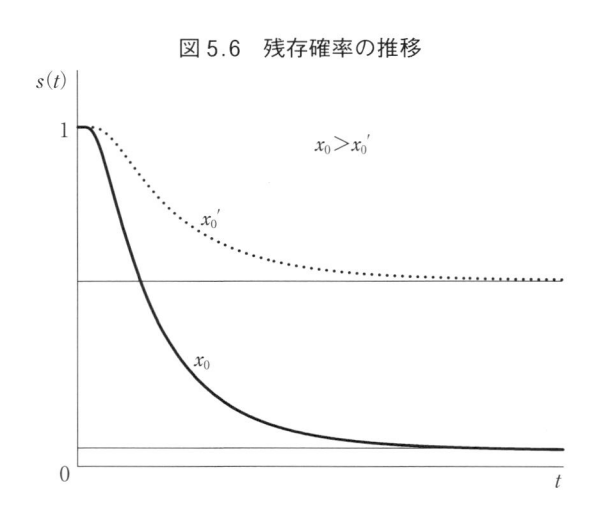

図 5.6　残存確率の推移

図 5.7　審査請求のタイミング

以上のような無限・連続型の審査請求オプションモデルは，特許保護期間が無限に存続し，しかも審査請求は無限期間内にいつでも行えるというきわめて非現実的な仮定を置くが，出願後なぜ審査請求がすぐに行われないのかという点や，出願人が審査請求を取り下げる合理的理由を理解する上で有益なアプローチといえる。

3.4　特許侵害訴訟のオプションモデル（Marco〔2005〕）

　本章では，特許を「コール・オプション」として捉えた登録更新モデルをみてきたが，Marco〔2005〕による特許侵害訴訟のオプションモデルは，特許を「プット・オプション」として捉えている。

　いま，特許権者は，特許権の取得により市場における独占的排他権を獲得するが，特許保護の実効性は必ずしも完全ではないと仮定しよう。この仮説が支持されるのは，特許出願により発明の詳細が広く社会に公開されるため，第三者によって特許が侵害される危険性が常に存在するからである。特許侵害が深刻な場合，特許権者は特許侵害訴訟を起こし，損失を回収することもできるが，一方で特許侵害訴訟には多額の費用負担が強いられる。侵害の立証責任は特許権者の側にあるし，弁護士費用等の訴訟費用も特許権者が負担しなければならない。このため，特許侵害が明らかであっても，訴訟費用を負担することが困難な中小企業などは「泣き寝入り」を余儀なくされたり，大企業の場合でもすぐには侵害訴訟に踏み切らなかったりするケースが少なくない。

　特許侵害訴訟を起こし勝訴しなければ，特許価値は不確実となり，場合によっては深刻な損失を被る危険性がある。他方，侵害訴訟を起こせば，訴訟費用の負担は避けられないが，特許権者は損害を回収し特許権からの確実な利益を守ることができる。このように考えると，特許権者は特許系争を扱う裁判所に出向いて確実な収益の補償を要求する「権利」を持っていることになる。もちろん，特許侵害訴訟には費用がかかるし，勝訴するとは限らないので，こうした権利を行使しないという「オプション」が成立する。言い換えれば，特許権と

いうものは，特許侵害の可能性があるとき，特許登録謄本を裁判所に提示して確実な収益の確保を要求することのできる一種の「プット・オプション」とみなすことができるのである。この点に着目したMarco〔2005〕は，以下のような侵害特許のオプションモデルを定式化した。

特許侵害を受けている特許権者が，t時点に特許侵害訴訟を起こしたときに確保される特許価値をwと表そう。ただし，特許権者は勝訴するとは限らないので，勝訴する確率をpとする。また，訴訟費用をmと表す。さらに，敗訴した場合，特許権者は特許価値を失うと仮定する。このとき，t時点に訴訟を起こしたときの特許の期待資産価値は，

$$\Omega = \int_t^\infty wpe^{-\rho s}ds - m = \frac{wp}{\rho} - m$$

と表される。また，特許侵害を受けているにも関わらず，それを放置しておいたときの特許価値は不確実性を持つようになるので，その場合の特許価値の経時変化をドリフトのない幾何ブラウン過程で近似する（$dx = \sigma x dz$）。

このような仮定のもとで，特許侵害訴訟のオプション価値は，次のようなベルマン方程式で記述される。

$$v(x) = \max\{x\Delta t + (1+\rho\Delta t)^{-1}E[v(x+\Delta x)], \Omega\}$$

この式は，特許権者は侵害訴訟を起こしたときの期待資産価値Ωが，特許侵害を放置しておいたときの期待資産価値を上回るときに侵害訴訟に踏み切ることを意味している。

3.5 侵害訴訟オプションモデルの解

十分に大きな特許価値xが実現する領域における侵害特許のオプション価値は，本章2.1でみた特許登録更新のオプションモデルにおいて，Ωを考慮し$\eta = 0$とした場合とまったく同じになる。したがって，特許登録更新のオプションモデルと同じ計算手続により，連続型のベルマン方程式の一般解は，

$$v(x) = \frac{x}{\rho} + cx^{\frac{1}{2}(1-\kappa)}, \quad k = \sqrt{1 + \frac{8\rho}{\sigma^2}} \tag{5.19}$$

と計算される。

ただし，value-matching 条件は登録更新のオプションモデルの場合とは異なる。いま，侵害訴訟に踏み切るか否かの境界を規定する特許価値を x^*（最適停止境界）とすれば，value-matching 条件と smooth-pasting 条件は，

$$v(x^*) = \Omega = \frac{wp}{r} - m, \quad \frac{\partial v(x^*)}{\partial x} = \frac{\partial \Omega}{\partial x} = 0$$

となる。value matching 条件と smooth-pasting 条件，および（5.19）式から，最適停止境界 x^* と定数項 c に関する連立方程式を得るので，それを解けば，

$$x^* = (pw - m\rho)\frac{k-1}{k+1}$$

$$c = \frac{2(pw - m\rho)}{\rho(1+k)}\left\{(pw - m\rho)\frac{k-1}{k+1}\right\}^{-\frac{1}{2}(1-k)}$$

が得られる。したがって，（5.19）式より侵害特許のオプション価値は，

$$v(x) = \begin{cases} \Omega & \text{for } x < x^* \\ \dfrac{x}{\rho} + \dfrac{2(pw - m\rho)}{\rho(1+k)}\left(\dfrac{x}{x^*}\right)^{\frac{1}{2}(1-k)} & \text{for } x \geq x^* \end{cases} \quad (5.20)$$

と計算される。

図 5.8 は，特許侵害訴訟のオプション価値 $v(x)$ と特許価値 x の関係を図示したものである。特許侵害を受けると，特許価値は不確実となり，その確率過程は幾何ブラウン過程で近似されるので，単純な期待資産価値は x/ρ となる。ただし，特許侵害が深刻で，最適停止境界 x^* を下回るような特許価値が実現した場合には，特許権者は侵害を放置しておくという行動を停止し，訴訟費用 m を負担して期待資産価値 Ω を選択することができる。このオプションが考慮された期待資産価値が $v(x)$ に他ならない。訴訟を起こすというオプションが選択できることにより高められている特許の期待資産価値は，（5.20）式右辺の下段第 2 項で表され，それは図 5.8 において点線で表される期待資産価値 x/ρ と $v(x)$ との垂直距離に等しい。

Marco〔2005〕によって定式化された侵害特許のオプションモデルは，侵害を受けた特許権者は，必ずしもすぐに侵害訴訟を起こすわけではなく，訴訟の合

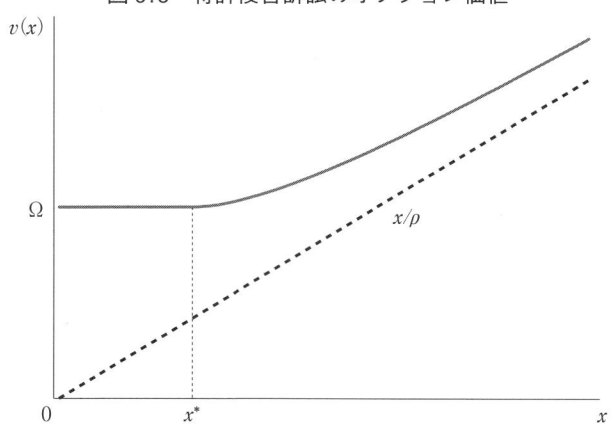

図 5.8 特許侵害訴訟のオプション価値

理的タイミングを計っている，という点を明らかにしている．また，訴訟費用が高額な場合や，訴訟に勝訴する確率が低いと，特許権者はまったく訴訟を計画しないケースも考えられる．したがって，小規模企業などが特許侵害を受けていても訴訟に踏み切らない合理的理由もこのモデルは説明している．一層重要な点は，特許権の実効性が不確実で，侵害されるリスクを抱えている場合，特許の資産価値は特許権の「範囲」や「長さ」だけでなく，訴訟費用，勝訴の可能性などの司法制度の在り方にも影響される，ということである．

補論　残存関数の導出（上方吸収壁のケース）

この補論では本章 3.3 の残存関数 (5.18) 式の導出過程を解説する．以下の解説は上方吸収壁のケースであるが，本章 2.4 (5.12) 式の下方吸収壁のケースも同様に証明される．なお，ここでの計算方法は Harrison [1985] に基づいている．

ウィナー過程を z_t とし，z_t が t 時点までに一度も上方吸収壁（upper

absorbing barrier) $z^* > 0$ に到達せず, t 時点で λ を下回る確率を,

$$P\left[\max_{0 \leq \tau \leq t} z_\tau < z^*, z_t < \lambda\right], \quad z^* \geq \lambda$$

と定義する。$\tilde{z}_t$ を z_t の鏡像 (reflection) とすれば,「鏡像原理 (reflection principle)」によりこの確率は,

$$P\left[\max_{0 \leq \tau \leq t} z_\tau < z^*, z_t < \lambda\right] = P[z_t < \lambda] - P\left[z_t < \lambda, \max_{0 \leq \tau \leq t} z_\tau \geq z^*\right]$$

$$= P[z_t < \lambda] - P[\tilde{z}_t \geq 2z^* - \lambda]$$

$$= \Phi\left(\frac{\lambda}{\sqrt{t}}\right) - \Phi\left(\frac{\lambda - 2z^*}{\sqrt{t}}\right)$$

と計算される。この式を λ について微分して, ウィナー過程が λ に到達する推移確率密度 (transition probability density) を求めれば,

$$P\left[\max_{0 \leq \tau \leq t} z_\tau < z^*, z_t \in d\lambda\right] = \frac{1}{\sqrt{t}}\left\{\phi\left(\frac{\lambda}{\sqrt{t}}\right) - \phi\left(\frac{\lambda - 2z^*}{\sqrt{t}}\right)\right\} d\lambda$$

を得る。ここで, ウィナー過程を $\kappa_t = \theta t + z_t$ のように変換し, 新しい確率測度 (probability measure) を次のように定義する。

$$d\widetilde{P} = \exp\left(\theta z_t + \frac{1}{2}\theta^2 t\right) dP$$

この式に $z_t = \kappa_t - \theta t$ を代入して整理すれば,

$$d\widetilde{P} = \exp\left(\theta \kappa_t - \frac{1}{2}\theta^2 t\right) dP$$

となる。ギルザノフ (Girsanov) の確率測度変換定理 (the change of probability measure theorem) により, 新しい確率測度 $\widetilde{P}$ のもとで, κ_t はドリフトパラメータ θ, 分散パラメータ 1 のブラウン過程に従うので, 推移確率密度 (transition probability density) は,

$$\widetilde{P}\left[\max_{0 \leq \tau \leq t} \kappa_\tau < z^*, \kappa_t \in d\lambda\right] = \exp\left(\theta\lambda - \frac{1}{2}\theta^2 t\right)\frac{1}{\sqrt{t}}\left\{\phi\left(\frac{\lambda}{\sqrt{t}}\right) - \phi\left(\frac{\lambda - 2z^*}{\sqrt{t}}\right)\right\} d\lambda$$

となる。κ_t が t 時点までに一度も上方吸収壁 z^* に到達しない確率は,

$$P\left[\max_{0 \leq \tau \leq t} \kappa_\tau < z^*\right] = \int_{-\infty}^{z^*}\left\{\frac{1}{\sqrt{2\pi t}}e^{-\frac{(\lambda - \theta t)^2}{2t}} - e^{2z^*\theta}\frac{1}{\sqrt{2\pi t}}e^{-\frac{(\lambda - 2z^* - \theta t)^2}{2t}}\right\} d\lambda$$

と表されるので, $y = (\lambda - \theta t)/\sqrt{t}$ or $(\lambda - 2z^* - \theta t)/\sqrt{t}$ と変数変換すれば, この

確率は,

$$P\left[\max_{0\leq\tau\leq t}\kappa_\tau<z^*\right]=\int_{-\infty}^{\frac{z^*-\theta t}{\sqrt{t}}}\phi(y)dy-e^{2z^*\theta}\int_{-\infty}^{\frac{-z^*-\theta t}{\sqrt{t}}}\phi(y)dy$$

$$=\Phi\left(\frac{z^*-\theta t}{\sqrt{t}}\right)-e^{2z^*\theta}\Phi\left(\frac{-z^*-\theta t}{\sqrt{t}}\right)$$

となる。さらに,$z^*=\ln(x^*/x_0)/\sigma$, $\theta=(\mu-0.5\sigma^2)/\sigma$ とおけば,残存関数が,

$$P\left[\max_{0\leq\tau\leq t}\left\{\left(\mu-\frac{1}{2}\sigma^2\right)\tau+\sigma z_\tau\right\}<\ln\left(\frac{x^*}{x_0}\right)\right]$$

$$=\Phi\left(\frac{\ln(x^*/x_0)-(\mu-0.5\sigma^2)t}{\sigma\sqrt{t}}\right)-\left(\frac{x^*}{x_0}\right)^{\frac{2\mu}{\sigma^2}-1}\Phi\left(\frac{\ln(x_0/x^*)-(\mu-0.5\sigma^2)t}{\sigma\sqrt{t}}\right)$$

となり,本論 (5.18) 式が導出される。

第6章 特許オプションモデルの実証

第1節 有限・離散型の登録更新オプションモデル

1.1 二項過程

　第5章1.6でみた，幾何ブラウン過程のような連続型の確率過程は，その扱いが容易という利点があるが，特許保護の利益は無限期間にわたって継続するという非現実的な仮定が置かれていた。しかし，現実には，20年で特許保護の利益は消滅するので実証分析では離散型の確率過程が用いられ，オプションモデルも離散化して分析が行われている。そこでここではまず，いくつかの離散型の確率過程を紹介しよう。

　最も頻繁に用いられるのは「二項過程（あるいは，ベルヌーイ試行（Bernoulli trial））過程」と呼ばれる確率過程である。そして，第5章1.6でみた幾何ブラウン過程は，時間間隔 $(t, t+\Delta t)$ において，特許価値 x が確率 p で $\exp(\sigma\sqrt{\Delta t})$ 倍になる場合と，確率 $1-p$ で $\exp(-\sigma\sqrt{\Delta t})$ 倍になる場合のベルヌーイ試行の極限過程となることが知られている。すなわち，幾何ブラウン過程は二項過程によって離散近似される。以下ではこの点を証明しよう。

　第5章1.6の (5.3) 式において，$x(t)$ の期待値は x_0 を初期値として

$x_0 \exp(\mu t)$ と表された。したがって，$x(t)$ の期待値の成長率は μ となるので，微小な時間区間 $(t, t+\Delta t)$ において，$x(t+\Delta t) = x(t)\exp(\mu \Delta t)$ が成立する。ここで，微小な時間区間 $(t, t+\Delta t)$ において，$x(t)$ が確率 p で b_u 倍になる場合と，確率 $1-p$ で b_d になる場合のベルヌーイ試行を考える。このとき，$x(t+\Delta t)$ の期待値は $pb_u x(t) + (1-p)b_d x(t)$ となるが，この期待値は $x(t+\Delta t) = x(t)\exp(\mu \Delta t)$ に等しいので，確率 p が次のように求められる。

$$p = \frac{e^{\mu \Delta t} - b_d}{b_u - b_d}$$

次に，倍数 b_u と b_d の意味を考えよう。幾何ブラウン過程の解析解である第5章1.6の (5.3) 式の両辺に対数をとれば，

$$\ln x(t) = \ln x_0 + \left(\mu - \frac{1}{2}\sigma^2\right)t + \sigma z_t$$

となるので，$\ln x(t)$ は平均 $\ln x_0 + (\mu - 0.5\sigma^2)t$，分散 $\sigma^2 t$ の正規分布に従う。ここで再度，微小な時間区間 $(t, t+\Delta t)$ において $\ln x_t$ が確率 p で $\ln b_u$ だけ増加する場合 ($b_u > 1$) と，確率 $1-p$ で $\ln b_d$ だけ減少する場合 ($b_d < 1$) のベルヌーイ試行を考える。このとき，$\ln x_t$ が増加する場合は $\ln x_t + \ln b_u$，減少する場合は $\ln x_t + \ln b_d$ となるが，$\ln x_t$ は正規分布に従うので増減量を等しくし $\ln b_d = -\ln b_u$ とする。この試行における Δt 後の $\ln x_t$ の分散は $p(\ln b_u)^2 + (1-p)(-\ln b_u)^2$ となり，この式は $\sigma^2 \Delta t$ に等しいので $p(\ln b_u)^2 + (1-p)(-\ln b_u)^2 = \sigma^2 \Delta t$ より，

$$b_u = \exp(\sigma\sqrt{\Delta t}), \quad b_d = \exp(-\sigma\sqrt{\Delta t})$$

が得られる。すなわち，幾何ブラウン過程の経時変化は二項過程で離散近似されることがわかる[1]。

さらに，$\Delta h = \sigma\sqrt{\Delta t}$，$\Delta t = 1$，登録時点の特許価値を x_0，特許権の最終登録更新時点を $T-1$ とすれば，各時点の特許価値の実現値は，

$$x(t, i_t) = x_0 \exp\{(2i_t - t)\Delta h\}, \quad i_t \in (0, 1, \cdots, t), \quad 0 \leq t \leq T-1 \quad (6.1)$$

と記述される。ここで，i_t は t 期における特許価値の上昇回数で，$0 \sim t$ の範囲

---

[1] より単純なブラウン過程 $dx = \mu dt + \sigma dz$ の場合の離散近似については，Dixit and Pindyck [1994] の Ch.3 や野口・藤井 [2000] の第8章を参照。

の値をとり，t 期において上昇回数が i_t のとき低下回数は $t-i_t$ となる。たとえば，t 期までの上昇回数が t のとき特許価値の実現値は $x(t, t)=x_0\exp(t\Delta h)$ となり，上昇回数がゼロのとき $x(t, 0)=x_0\exp(-t\Delta h)$ となる。

図 6.1 は，(6.1) 式に基づき，特許価値の経時的振舞いを図示したものである。ここで，第 0 時点の特許価値が x_0 であったとしよう。第 1 時点において good news が起こり，特許価値が $x(1, 1)=x_0\exp(\Delta h)$ に上昇する確率は p，bad news が起こり，$x(1, 0)=x_0\exp(-\Delta h)$ に低下する確率は $1-p$ となる。第 2 時点において，さらに特許価値の上昇が続いて $x(2, 2)=x_0\exp(2\Delta h)$ となる確率は p^2，下落が続いて $x(2, 0)=x_0\exp(-2\Delta h)$ となる確率は $(1-p)^2$ となる。第 2 時点の特許価値が初期値 x_0 に戻る確率は $x(2, 1)=2p(1-p)$ となる。これは，特許価値が第 2 時点において再び第 0 時点の特許価値 x_0 に戻る経路には $x_0 \to x_0\exp(\Delta h) \to x_0$ と $x_0 \to x_0\exp(-\Delta h) \to x_0$ という 2 通りの経路があるためである。前者が生じる確率は $p(1-p)$，後者が生じる確率は $(1-p)p$ なので，第 2 時点において特許価値が x_0 に戻る確率は $2p(1-p)$ となる。

こうした特許価値の実現値 $x(t, i_t)$ が生起する確率は，次の二項分布で一般

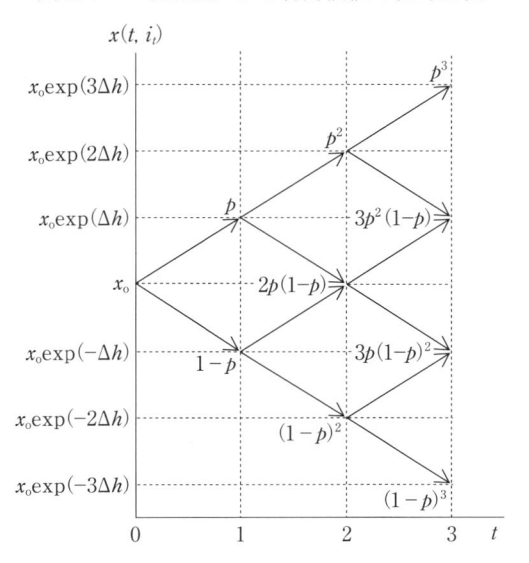

図 6.1 二項過程による特許価値の経時変化

化される (Cox, et al. 〔1979〕)。

$$P[x_t = x(t, i_t)] = \frac{t!}{i_t!(t-i_t)!} p^{i_t}(1-p)^{t-i_t}$$

よく知られているように，この二項分布は，t 回の試行のうち同じ事象が i_t 回生じる確率を表している。したがって，ある時点までに特許価値が上昇するという同じ事象が起きる回数によって，その時点の特許価値が実現される確率が決定される。

1.2 縦軸に連続な確率過程と混合過程

本章の1.1でみた二項過程（(6.1)式）の他にも，分析の目的に応じて，特許価値の経時変化について様々な離散的確率過程を仮定することができる。ただし，本章1.3でみるように，離散的な特許オプションモデルの解が一意となるためには，必要条件として特許価値に関する確率過程が「マルコフ性」を満たさなければならない。すなわち，前期の特許価値が実現すれば，次期の特許価値に関する確率分布が確定しなければならない。こうした確率過程の1つとして，各時点の確率分布が指数分布に従う次のような確率過程が考えられる。

$$x_{t+1} \sim f_t(x_{t+1}|x_t, \phi, v) = \frac{1}{x_t \phi^{t-1} v} \exp\left(\frac{-x_{t+1}}{x_t \phi^{t-1} v}\right), \quad x \in R_+ \quad (6.2)$$

この確率過程は，時間軸について離散的である（以下では横軸に離散と呼ぶ）が，各時点における特許価値に関する確率分布が連続型（以下では縦軸に連続と呼ぶ）となっているという点で，先にみた二項過程とは異なっている。二項過程は，横軸についても縦軸についても離散型の確率過程であった。本章の3.2でみるように，確率過程に関するこうした性質の違いは，「シミュレーション最尤法」によって推計される最尤推定量の統計的性質に強く影響する。(6.2)式において，x_t が与えられたときの $t+1$ 時点における特許価値の条件付期待値は，

$$E[x_{t+1}|x_t] = x_t \phi^{t-1} v$$

となる。

各時点における特許価値の確率分布を連続型と離散型の混合型としたものに，Pakes〔1986〕が考案した確率過程がある．Pakes〔1986〕の確率過程は，

$$x_{t+1} = \begin{cases} 0 & \text{with } P[x_{t+1}=0] = \exp(-\lambda x_t) \\ \max(\delta x_t, \alpha) & \text{with } P[x_{t+1}=\max(\delta x_t, \alpha)] = 1-\exp(-\lambda x_t) \end{cases}$$

(6.3)

のように記述される．ただしここで α は，

$$q_t(\alpha) = \frac{1}{\phi^{t-1}v} \exp\left\{\frac{-(\gamma+\alpha)}{\phi^{t-1}v}\right\}, \quad \alpha \in (-\gamma, \infty)$$

という確率分布に従って発生する確率変数である．Pakes〔1986〕による確率過程は，特許価値の経時変化について豊富な経済的含意を持っている．

　図 6.2 は，特許価値 x_t が与えられたとき，次の時点で実現される可能性のある特許価値 x_{t+1} を示したものである．特許の背後にある発明の詳細は社会に公開されるため，発明の権利化は合法的な迂回発明を誘発する危険性を常に抱えている．そこで，特許価値を一気に無価値にしてしまうような強力な代替的発明の登場（これはしばしば「イベント」と呼ばれる）が，確率 $\exp(-\lambda x_t)$ で生じる可能性があるとしよう[2]．イベントが発生すると，$t+1$ 時点における特許価値はゼロになる．そして，こうしたイベント発生確率は t 時点における特許価値 x_t が高いほど低下する．

　一方，特許権者は，特許化した発明から一層大きな収益が得られるように常に発明を改善する方法を考案し続けている．ただし，こうした改善方法の適用が特許価値に与える影響は不確実で，改善方法を適用すれば特許価値は $-\gamma$ から ∞ になる可能性があり，改善方法の適用がむしろ損失をもたらす危険もある．また，もしこの改善方法を適用しなければ，特許価値 x_t は $t+1$ 時点に δx_t へ陳腐化してしまうことがわかっている（$\delta<1$）ので，改善方法の適用はそれによって特許価値が δx_t 以上になる場合に限定される．したがって，イベントの発生が起こらず，しかも改善方法の適用が有効となる確率は，

---

[2] たとえば，セルロイドという合成樹脂は，20世紀半ばまで食器の取っ手，眼鏡のフレーム，玩具，映画フィルムなど多様な用途を持っていた．しかし，セルロイドは摩擦などによって簡単に発火してしまうため，火災事故が頻発し深刻な社会問題となった．その後，アセテートやポリエチレンなどの新たな合成樹脂が発明されると，セルロイドは一気に市場から駆逐された．

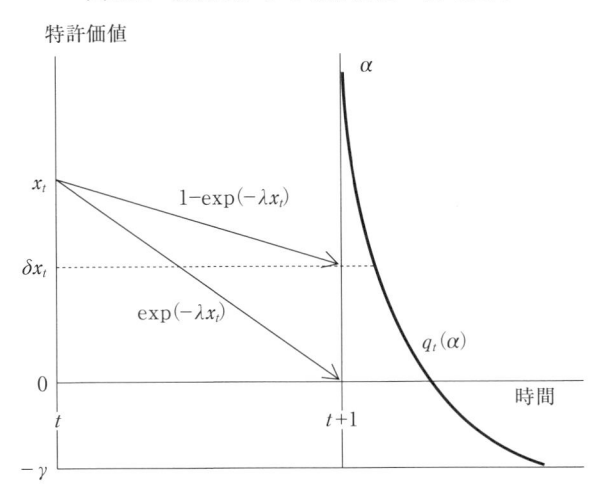

図6.2 混合型による特許価値の経時変化

$$\{1-\exp(-\lambda x_t)\}\int_{\delta x_t}^{\infty}\alpha q_t(\alpha)d\alpha$$

で与えられる。

確率分布 $q_t(\alpha)$ を $(\delta x_t, \infty)$ の範囲で積分すると，

$$\int_{\delta x_t}^{\infty}q_t(\alpha)d\alpha=\exp\left\{\frac{-(\gamma+\delta x_t)}{\phi^{t-1}v}\right\}$$

となるので，改善方法の適用が発明の陳腐化を食い止められる確率は，実現された特許価値が小さいほど，そして経過時間が長いほど大きくなる（$\phi<1$）。x_t が実現したときの $t+1$ 時点における特許価値の条件付期待値は，イベントが発生する場合に特許価値がゼロとなる点に注意して，

$$E[x_{t+1}|x_t]=\{1-\exp(-\lambda x_t)\}\left\{\delta x_t\int_{-\gamma}^{\delta x_t}q_t(\alpha)d\alpha+\int_{\delta x_t}^{\infty}\alpha q_t(\alpha)d\alpha\right\}$$

と表される。Pakes〔1986〕の確率過程においても，特許価値の確率分布は前期の特許価値が実現すれば確定するので，こうしたプロセスが繰り返され特許価値の経時変化が形成されていく。また，この確率過程は横軸（時間軸）については離散的であるが，特許価値がゼロと δx_t の間の値となることはないので，縦軸（価値軸）については連続型と離散型の混合型となっている。

1.3 確率過程に対する制約条件

　第5章第2節や第3節でみた無限・連続型の特許オプションモデルは，解の導出と解釈が容易であるという利点を持つが，特許価値が幾何ブラウン過程に従って無限期間存続し続けるという非現実的な過程を置いていた。しかし，連続モデルに特許権の法定満了期間などの制約を課すと，一般に解析解の導出は不可能になる。そこで，一層現実的で実証分析に応用可能な特許オプションモデルを構築するには，モデルを離散化する必要がある。また，離散型モデルを構築すれば，現実に観察される特許データから特許価値の経時変化を説明する構造パラメータの推計が可能になるので，そうしたパラメータを用いて様々な政策シミュレーションを実施することもできる。そこでここでは，第5章第2節でみた特許登録更新オプションモデルの離散化について検討してみよう。

　本章1.2で指摘したように，離散型の特許登録更新オプションモデルが一意の解を持つ，すなわち，各時点における最適停止境界と特許権の消滅確率が一意に決まり，特許登録更新のオプション価値が計算できるためには，必要条件として，特許価値の経時変化がマルコフ過程に従わなければならない。なぜなら，そうでないとある時点の特許価値の実現値が与えられても，将来の特許価値の確率分布を確定することができなくなるからである。さらに，こうした必要条件に加え，以下に示すような十分条件も満たされなければならない（Pakes〔1986〕）。

　第1の条件は，$t+1$期の特許価値が任意の正の実数αを超える確率は，t期の特許価値が大きいほど高い（条件1），というものである。以下では，特許価値に関する確率過程（マルコフ過程）をごく一般的に$x_{t+1} \sim f_t(x_{t+1}|x_t, \omega)$，$x \in R_+$と表記しよう。この式は，確率分布を規定する構造パラメータのベクトルωとt期の特許価値x_tが与えられればx_{t+1}の確率分布が確定することを意味している。$F_t(\ )$を$f_t(\ )$の累積密度関数とすれば，条件1は，

$$F_t(\alpha|x_t, \omega) > F_t(\alpha|x'_t, \omega), \quad x_t < x'_t \qquad \text{(条件1)}$$

と記述される。この条件により，t期の特許価値が実現したとき，それが大き

いほど $t+1$ 時点の特許価値の期待値は大きくなる。

　第2の条件は，一定の特許価値が与えられたとき，特許価値が任意の正の実数 α を超える確率は，時間の経過とともに増加しない，というものである（条件2）。すなわち，

$$F_{t+1}(\alpha|x, \omega) \geq F_t(\alpha|x, \omega) \quad \text{（条件2）}$$

である。この条件は，時間の経過とともに確率分布の早すぎる改善が起きないようにするために要求される。

　第3の条件は，特許権者にとって登録更新の際に支払わなければならない登録更新料 η のスケジュールは確定しており，登録更新回数の増加とともに料金は減少しない，というものである（条件3）。すなわち，

$$\eta_{t+1} \geq \eta_t \quad \text{（条件3）}$$

である。この条件は，現実の主要国の登録更新制度において，登録更新料はあらかじめ特許権者に公示されており，登録更新回数の増加とともに上昇するように設計さている場合がほとんどなので，自明であるように思える。しかし，日本の登録更新料は頻繁に改訂されており，登録更新の途中で改訂された料金テーブルが適用されることも多く，登録更新にかかわる意思決定を攪乱する要因となっている[3]。

　特許価値の確率過程を本章1.2の (6.2) 式のように特定化した場合，$t+1$ 時点の特許価値が任意の正の実数 α を超える確率は

$$1 - F(\alpha|x_t, v, \phi) = \exp\left(\frac{-\alpha}{\phi^{t-1} v x_t}\right)$$

と計算されるので，条件1が満たされていることがわかる。加えて，$0 < \phi < 1$ とすれば条件2が満たされる。

　特許価値を (6.1) 式の二項過程に特定化した場合，特許価値の実現値が x_t のとき $t+1$ 期における条件付期待値は，

$$\{p\exp(\Delta h) + (1-p)\exp(-\Delta h)\} x_t$$

---

[3] この点は，第7章でみるように，登録更新データから特許価値に関する確率過程を規定するパラメータを推計する際に深刻な障害となる。また，離散的な確率分布を仮定する場合，登録更新料の時系列が不規則だと，最適停止境界が定義できないケースが発生する。

となるので，(条件 1) が満たされていることがわかる．また，時間の経過に関わらず，確率分布は p と $1-p$ で記述され常に一定なので (条件 2) も満たされている．

1.4 離散型特許登録更新オプションモデル

0 期に登録された特許はその時点から特許価値 x_0 を生み，その後も 1 期おきに離散的に特許価値を生むと仮定しよう．また，特許価値 x_t の経時変化はマルコフ過程に従い，本章 1.3 で定義した (条件 1) と (条件 2) が満たされているとしよう．特許保護期間は T 期間に定められており，登録設定を含む特許権の更新には登録更新料が課される．このとき，t 期の特許価値 x_t が実現したとき，特許登録更新のオプション価値は，

$$v_t = \begin{cases} \max\{x_t - \eta_t, 0\} & \text{for } t = T-1 \\ \max\{x_t - \eta_t + \beta E[v_{t+1}|x_t, \omega, \eta_{t+1}], 0\} & \text{for } 0 \leq t < T-1 \end{cases} \quad (6.4)$$

のように記述され，一意的に最適停止境界や特許権の消滅確率の時系列が求められる．すなわち，特許登録更新オプションモデルに解が存在する．ただしここで，ω は特許価値の確率過程を規定する構造パラメータ，η_{t+1} は登録更新料のベクトルで $\eta_{t+1} = (\eta_{t+1} \cdots \eta_{T-1})$ を意味し，登録更新料の系列は本章 1.3 で定義した (条件 3) を満たすと仮定する．また，β は割引因子で $\beta = 1/(1+\rho)$ を意味する．任意の時点において特許価値が実現したときの登録更新のオプション価値，および最適停止境界や消滅確率の時系列は，最終登録更新時点である $T-1$ 期から出発する次のような逐次計算 (iterative algorithm) によって求められる．

$T-1$ 期において，それ以降の特許権の更新は認められないので，最終登録更新の意思決定は，その時点の特許価値 x_{T-1} と最終登録更新料 η_{T-1} を比較することによって行われる．すなわち，$x_{T-1} - \eta_{T-1} > 0$ のとき最終登録更新が決意される．したがって，$T-1$ 期において，最終登録更新を行うか否かを分ける最適停止境界は $x^*_{T-1} = \eta_{T-1}$ となる．一方，$0 \leq t < T-1$ において，ペイオフ

$x_t - \eta_t$ と継続価値 $\beta E[v_{t+1}|x_t, \omega, \eta_{t+1}]$ の合計が正のとき，登録更新が決意される。

特許価値の確率過程が $x_{t+1} \sim f_t(x_{t+1}|x_t, \omega)$, $x \in R_+$ に従うとき，各期の特許登録更新のオプション価値は次のように記述される[4]。まず，$T-2$ 期において特許価値 x_{T-2} が実現したとき，$T-1$ 期における特許価値の確率分布が確定する。そして，特許価値が最終登録更新料 η_{T-1} を上回る場合にだけ最終登録更新が決意されるので，$T-2$ 期における特許登録更新のオプション価値は，

$$v_{T-2} = x_{T-2} - \eta_{T-2} + \beta \int_{\eta_{T-1}}^{\infty} (x_{T-1} - \eta_{T-1}) f_{T-2}(x_{T-1}|x_{T-2}, \omega) dx_{T-1}$$
(6.5)

となる。

いま，$T-2$ 年の特許価値（(6.5)式右辺第1項）と継続価値（(6.5)式右辺第3項）の合計を $G(x_{T-2}, \eta_{T-1}, \omega)$ と表記しよう。すなわち，

$$G(x_{T-2}, \eta_{T-1}, \omega) = x_{T-2} + \beta \int_{\eta_{T-1}}^{\infty} (x_{T-1} - \eta_{T-1}) f_{T-2}(x_{T-1}|x_{T-2}, \omega) dx_{T-1}$$

である。図6.3は $T-2$ 期における最適停止境界の導出プロセスを図示したものである。図6.3において，$G(x_{T-2}, \eta_{T-1}, \omega)$ と x_{T-2} の関係が示されているが，本章1.1で定義した確率過程に関する（条件1）より，$G(x_{T-2}, \eta_{T-1}, \omega)$ は x_{T-2} の増加関数となる（ただし，$G(x_{T-2}, \eta_{T-1}, \omega)$ は直線で近似してある）。$T-2$ 期の最適停止境界は，$v_{T-2}=0$ を成立させる特許価値として与えられる。したがって，$T-2$ 期の登録更新料が η_{T-2} であるとき，最適停止境界は x_{T-2}^* となる。そして，x_{T-2}^* において v_{T-2} はゼロとなるので，$T-2$ 期の特許価値が x_{T-2}^* 以下のとき登録更新の停止が決意され，x_{T-2}^* 超のとき登録更新が決意される。仮に，x_{T-2} が η_{T-2} を下回りペイオフが負でも，x_{T-2}^* を超えているかぎり負のペイオフを凌駕する継続価値が期待されるので登録更新が決意される。

v_{T-2} は x_{T-2} が確率変数なので同様に確率変数となるが，x_{T-3} が実現すれば x_{T-2} の確率分布 $f_{T-3}(x_{T-2}|x_{T-3}, \omega)$ が確定するので，$T-3$ 期で評価された

---

[4] 以下の議論ではさしあたり，$F_{t+1}(\alpha|x, \omega) = F_t(\alpha|x, \omega)$ を仮定する。すなわち，（条件3）において時間に依存しない確率分布を仮定する。もちろんこの場合にも（条件2）は満たされている。

図6.3 最適停止境界の決定

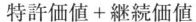

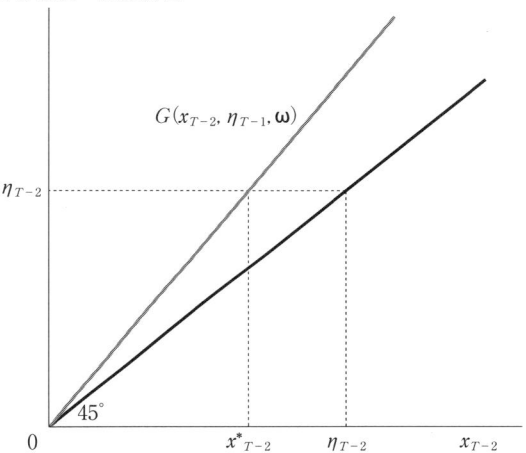

$T-2$ 期の継続価値は，先に求められた $T-2$ 期の最適停止境界 x^*_{T-2} を用いて，

$$E[v_{T-2}|x_{T-3}, \omega, \eta_{T-2}] = \int_{x^*_{T-2}}^{\infty} (x_{T-2} - \eta_{T-2}) f_{T-3}(x_{T-2}|x_{T-3}, \omega) dx_{T-2}$$

$$+ \beta \int_{x^*_{T-2}}^{\infty} \int_{\eta_{T-1}}^{\infty} (x_{T-1} - \eta_{T-1}) f_{T-2}(x_{T-1}|x_{T-2}, \omega) dx_{T-1} f_{T-3}(x_{T-2}|x_{T-3}, \omega) dx_{T-2}$$

と表される。したがって，x_{T-3} が実現したときの $T-3$ 期における登録更新のオプション価値は，

$$v_{T-3} = x_{T-3} - \eta_{T-3} + \beta \int_{x^*_{T-2}}^{\infty} (x_{T-2} - \eta_{T-2}) f_{T-3}(x_{T-2}|x_{T-3}, \omega) dx_{T-2}$$

$$+ \beta^2 \int_{x^*_{T-2}}^{\infty} \int_{\eta_{T-1}}^{\infty} (x_{T-1} - \eta_{T-1}) f_{T-2}(x_{T-1}|x_{T-2}, \omega) dx_{T-1} f_{T-3}(x_{T-2}|x_{T-3}, \omega) dx_{T-2}$$

となる。そして，同じように逐次計算を繰り返せば，任意の t 期におけるオプション価値は，

$$v_t = x_t - \eta_t$$
$$+ \beta \int_{x^*_{t+1}}^{\infty} (x_{t+1} - \eta_{t+1}) f_t(x_{t+1}|x_t, \omega) dx_{t+1}$$
$$+ \beta^2 \int_{x^*_{t+1}}^{\infty} \int_{x^*_{t+2}}^{\infty} (x_{t+2} - \eta_{t+2}) f_{t+1}(x_{t+2}|x_{t+1}, \omega) dx_{t+2} f_t(x_{t+1}|x_t, \omega) dx_{t+1}$$

$$\vdots$$
$$+ \beta^{T-1-t} \int_{x_{t+1}^*}^{\infty} \int_{x_{t+2}^*}^{\infty} \cdots \int_{\eta_{T-1}}^{\infty} (x_{T-1} - \eta_{T-1}) f_{T-2}(x_{T-1}|x_{T-2}, \boldsymbol{\omega}) dx_{T-1} \cdots$$
$$\cdots\cdots f_{t+1}(x_{t+2}|x_{t+1}, \boldsymbol{\omega}) dx_{t+2} f_t(x_{t+1}|x_t, \boldsymbol{\omega}) dx_{t+1}$$
$$(6.6)$$

と記述される。

 (6.6) 式から明らかなように，各期のオプション価値はその時点の特許価値の関数となっているので，それを $v_t(x_t, \boldsymbol{\eta}_t, \boldsymbol{\omega})$ のように表記することができる。そして，最適停止境界は $v_t(x_t^*, \boldsymbol{\eta}_t, \boldsymbol{\omega}) = 0$ を満たした。したがって，(6.5) 式より $T-2$ 期の最適停止境界は，$\eta_{T-1} = x_{T-1}^*$, η_{T-2}, $\boldsymbol{\omega}$ の関数として決定される。同様に，$T-3$ 期の最適停止境界は，η_{T-3}, η_{T-2}, x_{T-2}^*, $x_{T-1}^* = \eta_{T-1}$, $\boldsymbol{\omega}$ の関数となるが，x_{T-2}^* は η_{T-1}, η_{T-2}, $\boldsymbol{\omega}$ の関数なので，結局 η_{T-1}, η_{T-2}, η_{T-3}, $\boldsymbol{\omega}$ の関数として決定される。こうした連鎖計算を繰り返していくと，t 期における最適停止境界が $x_t^* = x^*(\boldsymbol{\eta}_t, \boldsymbol{\omega})$ のように決定されることがわかる。

 (6.6) 式の右辺第 3 項以降は，継続価値 $\beta E[v_{t+1}|x_t, \boldsymbol{\omega}, \boldsymbol{\eta}_{t+1}]$ を意味しており，それは t 期における特許価値 x_t と特許価値の確率過程を規定する構造パラメータ $\boldsymbol{\omega}$，および登録更新料の系列 $\boldsymbol{\eta}_{t+1} = (\eta_{t+1} \cdots \eta_{T-1})$ の関数となっていることが確認される。また，将来の継続価値は決して負の値となることはない。そして，登録時点における特許価値 x_0 を非確率変数とすれば，(6.6) 式より登録時点のオプション価値が確定する。

1.5 最適停止境界の性質と消滅確率

 第 5 章第 2 節でみた無限・連続モデルの場合，最適停止境界は定数として導出された。一方，有限・離散モデルの場合，最適停止境界は時間に依存し，時間の増加関数となる。本章 1.3 でみた（条件 1）と (6.6) 式より，t 期においても継続価値は特許価値 x_t の増加関数となるので，t 期における特許価値 x_t と x_t が実現したときの継続価値との合計も特許価値 x_t の増加関数となる。図 6.4

の実線は，図6.3と同じように，特許価値 x_t と t 期で評価された継続価値の合計 $G(x_t, \eta_{t+1}, \omega)$ と，特許価値 x_t との関係を図示したものである。t 期における登録更新料が η_t のとき，特許価値と継続価値の合計を η_t に等しくさせる特許価値は x_t^* となる。したがって，特許権者は t 期において $x_t^* < x_t$ のとき登録更新を決意し，$x_t^* \geq x_t$ のとき登録更新を停止する。

図6.4における破線は，特許価値 x_{t+1} と $t+1$ 期で評価された継続価値と特許価値の合計 $G(x_{t+1}, \eta_{t+2}, \omega)$ との関係を示したものである。t 期で評価された場合より，すべての特許価値 x の領域において特許価値と継続価値の合計は小さくなっている。これは，時間の経過は残された登録更新回数を減少させ，期待される継続価値を減少させる作用をすることから明らかであろう。$t+1$ 期における登録更新料が η_{t+1} のとき，その時点の最適停止境界は x_{t+1}^* となり x_t^* を上回るので，最適停止境界の系列は時間の経過に伴って上昇することがわかる。それは，時間の経過による継続価値の減少と登録更新料の上昇という2つ

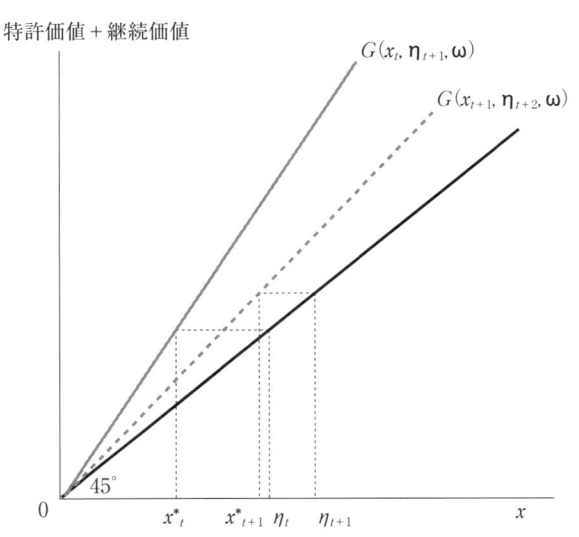

図6.4 最適停止境界の経時変化

の効果が作用するためである。[5]

　最適停止境界の系列が与えられれば，各時点における特許権の消滅確率の計算が容易になる。まず 0 期，すなわち登録時点における残存確率は 0 期の特許価値が最適停止境界を超えるとき 1，そうでないときは 0 となるので，

$$s_0 = \begin{cases} 1 \text{ for } x_0 > x_0^* \\ 0 \text{ for } x_0 \leq x_0^* \end{cases}$$

と表される。0 期における残存確率 0 は，そもそも特許登録が行われないことを意味するので以下では $s_0=1$ とする。

　t 期までに特許権が消滅せず登録が更新され続けている残存確率は，特許価値が最適停止境界を上回り続けている確率なので，

$$s_t = P[x_t > x_t^*, x_{t-1} > x_{t-1}^*, \cdots, x_1 > x_1^*]$$

と表される。このとき，残存確率はマルコフ過程の密度関数を用いて，

$$s_t = \int_{x_1^*}^{\infty} \cdots \int_{x_{t-1}^*}^{\infty} \int_{x_t^*}^{\infty} f_{t-1}(x_t|x_{t-1}, \boldsymbol{\omega}) dx_t f_{t-2}(x_{t-1}|x_{t-2}, \boldsymbol{\omega}) dx_{t-1} \cdots f_0(x_1|x_0, \boldsymbol{\omega}) dx_1$$

(6.7)

と計算することができる。この (6.7) 式は，第 5 章 2.4 でみた連続モデルの残存関数 (5.12) 式に対応している。t 期の残存確率は，最適停止境界の系列 $x_1^* \cdots x_t^*$，構造パラメータのベクトル $\boldsymbol{\omega}$，特許価値の初期値 x_0（非確率変数）の関数となるので，残存関数を $s_t = s(t; \boldsymbol{\omega}, x_0, x_t^* \cdots x_1^*)$ と表記することができる。なお，t 期における特許権の消滅確率は，$t-1$ 期の残存確率から t 期の残存確率を引いたものなので，

$$\pi_t = s(t-1; x_0, \boldsymbol{\omega}, x_{t-1}^* \cdots x_1^*) - s(t; \boldsymbol{\omega}, x_0, x_t^* \cdots x_1^*)$$
$$= \pi(t; \boldsymbol{\omega}, x_0, x_t^* \cdots x_1^*) \text{ for } 1 \leq t \leq T-1 \quad (6.8)$$

となる。ただし，登録時点の残存確率は 1 なので $\pi_0 = 0$，T 期の残存確率はゼロなので，その時点の消滅確率は s_{T-1} となる。また，最適停止境界の系列は，

---

[5] 仮に，登録更新料が一定でも，時間の経過とともに将来の継続価値が減少するかぎり，最適停止境界は時間の増加関数となる。ただし，登録更新料が時間の経過とともに大きく引き下げられる場合にはこの限りではない。しかし，この可能性は本章 1.3 でみた（条件 3）により排除される。また，図 6.4 から明らかなように，最適停止境界は常に登録更新料を下回っている。他方，本章 1.6 でみるように，決定論的な特許価値の経時変化を仮定した場合，最適停止境界は常に登録更新料に一致する。

登録更新料の系列に規定されるので，各期の消滅確率を $\pi_t=\pi(t; x_0, \omega, \eta_1)$ のように表すこともできる。

1.6 確定論的モデルと確率論的モデルの相違

特許登録更新モデルには，特許価値の確定的な陳腐化を仮定して特許権者の登録更新行動を説明しているものも少なくない（第5章脚注5を参照）。そこでここでは，確定論的な登録更新モデルと，確率論的な登録更新オプションモデルとの相違点について言及しておこう。

第1に，確定論的モデルでは，最適停止境界と登録更新料がどの時点においても一致する，という相違点である。特許価値の経時変化を幾何ブラウン過程（第5章1.6の（5.1）式参照）で近似させた場合，不確実性が存在しなければ $\sigma=0$ となるので，特許価値の経時変化は $x_t=x_0\exp(\mu t)$ と表される。この特許価値関数の離散型は $x_t=x_0(1+\mu)^t$ となるので，$-1<\mu<0$ とすれば特許価値の確定論的な陳腐化過程を再現することができる。一方，登録更新料も時間とともに増加すると仮定し，それを $\eta_t=\eta_0(1+\gamma)^t$ のように特定化する。ここで，γ は登録更新料の増加率を意味する。このとき，特許価値が登録更新料を上回り続けるかぎり登録更新は継続されるので，最適停止境界の系列は登録更新料に一致する。すなわち，$x_t^*=\eta_t$ である[6]。

一方，確率論的モデルにおいて，この条件が成立するのは最終登録更新時点に限られる。確率論的モデルの登録更新プロセスを図示した図6.4にみるように，その他の登録更新時点では，最適停止境界は必ず登録更新料を下回る。これは，登録更新の意思決定に際し，継続価値 $\beta E[v_{t+1}|x_t, \omega, \eta_{t+1}]$ が考慮されているからに他ならない。

第2に，確定論的モデルでは，1つの特許価値の初期値に対して1つの権利

---

[6] もちろん，特許価値が離散的に推移する場合には，設定されている登録更新料にちょうど一致する特許価値が存在するとは限らない。この場合には，特許価値と登録更新料の差が最低となる特許価値が最適停止境界となる。

消滅時点が決まるだけだが，確率論的モデルでは，1つの初期値を持つ特許でも各時点に特許権が消滅する可能性を示す確率分布を生成させられる，という相違点である。このため，確定論的モデルでは，特許権が複数の時点で消滅する現実の現象を説明するため，初期時点において特許価値の分布を導入せざるを得ない。登録の更新が続けられる条件は，$x_0(1+\mu)^t > n_0(1+\gamma)^t$ となるので，確定論的モデルでは，特許権が消滅する時点 t^* は，

$$t^* = \frac{\ln x_0 - \ln \eta_0}{\ln(1+\mu) - \ln(1+\gamma)}$$

となり，図6.5にみるように1つの消滅時点が決まるにすぎない。

そこで登録時の特許価値 x_0 の密度関数を $g(x_0)$ と表記する。すると，登録時の特許価値 x_0 は密度関数に従い複数存在するので，t 時点において登録が更新され続けている残存率 s_t は，

$$s_t = \int_{\eta_0 \left(\frac{1+\gamma}{1+\mu}\right)^t}^{\infty} g(x_0) dx_0$$

と計算される。このように，各時点の特許権の消滅率を生成させるには，特許価値の初期時点分布が必要になる。

第3に，確定論的モデルでは，登録更新モデルの推計において最小自乗法な

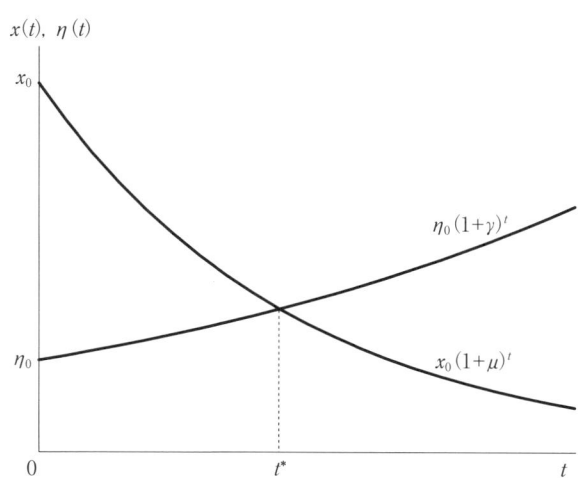

図6.5 確定論的モデルにおける権利消滅時点

どの簡単な線形モデルの適用が可能となるが，確率論的モデルでは，本章第3節でみるように，逐次的な数値計算により登録更新モデルを推計しなければならない，という相違点である．

ここで，登録時の特許価値 x_0 の密度関数 $g(x_0)$ を，平均 $\bar{x}$，分散 σ^2 の対数正規分布に特定化してみよう．$x_0(1+\mu)^t > \eta_t$ の両辺に対数をとって整理すれば，

$$\frac{\ln x_0 - \bar{x}}{\sigma} > \frac{-\bar{x} + \ln \eta_t - \ln(1+\mu)t}{\sigma}$$

を得る．この式の左辺は平均ゼロ，分散1の標準正規分布に従うので，右辺の数値を上回る分布の面積は t 時点までに登録が更新され続けている割合，すなわち残存率を意味する．標準正規分布の累積密度関数を $\Phi(\ )$ と表記すれば，

$$\Phi^{-1}(1-s_t) = -\frac{\bar{x}}{\sigma} + \frac{1}{\sigma}\ln \eta_t - \frac{\ln(1+\mu)}{\sigma}t$$

が導出される（Schankerman〔1998〕）．したがって，1から残存率を引いた値の標準正規累積分布の逆値を被説明変数として，登録更新料 η_t と時点 t を説明変数とした最小自乗法の適用が可能となる．そして，特許価値の経時変化を説明するパラメータ μ や登録時分布を規定するパラメータ $\bar{x}$ や σ の識別が可能となる．ただし，日本の権利消滅データを用いた推計では，理論的符号条件が満たされない場合が多く，パラメータの有意性もほとんど確認されていない（中島・新保〔1998〕）．

確定論的モデルにおいて特許権が長く保持されるのは，初期時点の特許価値が高いという理由にすぎない．他方，確率論的モデルでは，これに加え，継続価値に対する特許権者の期待が特許権を保持させる重要な動機の1つとなっており，一層豊かな特許権者の行動を説明することが可能となっている．

1.7 二項過程のケース

特許価値の経時変化が本章1.1で示したような二項過程

$$x(t, i_t) = x_0 \exp\{(2i_t - t)\Delta h\}, i_t \in (0, 1, \cdots, t), 0 \leq t \leq T-1$$

に従うとき，特許登録更新のオプション価値，最適停止境界，消滅確率の系列などの計算は，縦に関する連続分布や混合分布の場合よりもはるかに容易になる。二項過程の場合の有限特許保護期間における離散型の登録更新オプションモデルは，次のように定式化される。[7]

特許登録時点を0，特許権の最終登録更新時点を$T-1$とすれば，t時点における特許登録更新のオプション価値は，

$$v(t, i_t) = \begin{cases} \max\{x(t, i_t) - \eta_t, 0\} & \text{for } t = T-1 \\ \max\{x(t, i_t) - \eta_t + \beta[pv(t+1, i_t+1) + (1-p)v(t+1, i_t)], 0\} & \text{for } 0 \leq t < T-1 \end{cases}$$
(6.9)

と記述される。縦（価値軸）に連続な確率分布を仮定した場合と同様に，特許権者による登録更新の意志決定は，最終登録更新時点から出発する繰り返し計算によって行われる。最終登録更新時点以降は特許権の更新は認められず，特許価値が生じることはないので，特許権者は$T-1$時点においてT個（$i_T = 0, 1, \cdots, T-1$）実現する可能性のある特許価値から登録更新料を控除したペイオフが正のとき登録の最終登録更新を決意し，それが負のとき最終登録更新を行わない。もちろん，最終登録更新を行わない場合のペイオフはゼロとなる。

続いて，特許権者は$0 \leq t < T-1$における登録更新・更新停止を計画する。特許権者は，$T-2$期に実現した特許価値に対応したペイオフと，$T-1$期に実現する可能性のある2組の特許価値から継続価値を計算し，それとペイオフの合計が正であるとき登録を更新し，負のとき登録更新を停止する。特許権者はこうした逐次計算を繰り返し，各期における特許登録更新のオプション価値を計算していく。

いま，各期におけるオプション価値について，$v(t, i_t) > 0$が成立し登録更新が行われる場合は1，$v(t, i_t) = 0$で登録更新が停止される場合は0となるバイナリー変数$\psi(t, i_t)$を次のように定義しよう。

---

[7] 二項過程についても，特許登録オプションモデルの解の存在を保証する条件1と条件2が満たされている（本章1.3参照）。

$$\phi(t, i_t) = \begin{cases} 1 \text{ if } v(t, i_t) > 0 \\ 0 \text{ if } v(t, i_t) = 0 \end{cases} \tag{6.10}$$

　t 期まで登録更新が続けられている確率を意味する残存確率 s_t は，t 期までにバイナリー変数 0 を経験したことのない特許価値の時間経路が実現する確率の合計として求められる．たとえば，特許価値のそれぞれの実現値に対応して，$\phi(t, i_t)$ が図 6.6 のように割り振られたとしよう．第 3 時点に実現する可能性のある 4 個の特許価値に至る経路は合計 8 経路存在するが，その中で 1 度もバイナリー変数 0 を経験したことのない経路は 1 経路のみで，その経路が実現する確率は p^3 なので，第 3 時点における残存確率は $s_3 = p^3$ となる．同じように，第 2 時点に実現する可能性のある 3 個の特許価値に至る全経路は 4 経路あるが，そのうち一度もバイナリー変数 0 を経験したことのない経路は 3 経路ある．それぞれの経路が実現する確率は p^2, $p(1-p)$, $(1-p)p$ なので，第 2 時点における残存確率は $s_2 = p^2 + 2p(1-p)$ となる．

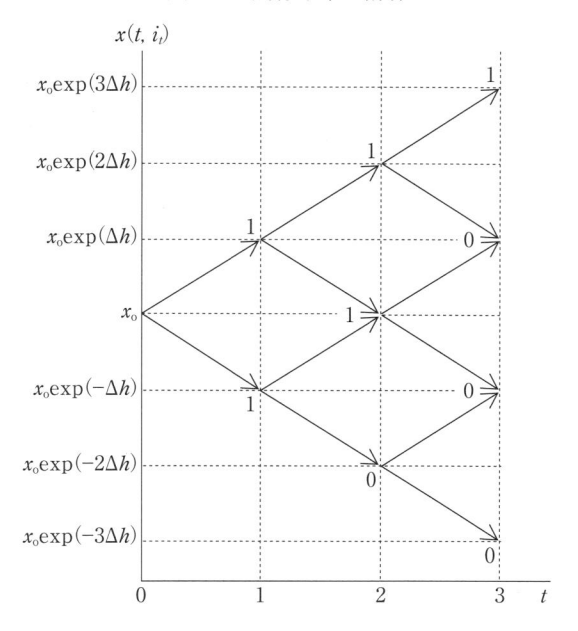

図 6.6　残存確率の計算

また，各時点における特許権の消滅確率は，以上のように計算された残存確率の差分として，

$$\pi_t = \begin{cases} 1-\phi(t, i_t) & \text{for } t=0 \\ s_{t-1}-s_t & \text{for } 0<t \leq T-1 \\ s_{T-1} & \text{for } t=T \end{cases}$$

のように計算される．もし，$\phi(0, 0)=0$ なら登録時点の消滅確率は 1 となるので，そもそも特許登録が行われない．

(6.9) 式から，各期において特許価値の実現値が与えられれば，それに対応する特許登録更新のオプション価値を計算することができる．このとき，特許の登録更新を決意させる最低水準の特許価値が存在するはずであり，それが二項過程の場合の最適停止境界に他ならない．この最適停止境界は，各期において異なるだけでなく，与えられている構造パラメータの大きさにも依存する．各期における特許登録更新のオプション価値が正とき，(6.10) 式で定義したバイナリー変数 $\phi(t, i_t)$ は 1 となった．そこで，バイナリー変数 $\phi(t, i_t)$ が 1 となる最低の i_t を次のように定義する．

$$i_t^* = \inf\{i_t | \phi(t, i_t)=1\}$$

したがって，最適停止境界の系列は，

$$x_t^* = x_0 \exp\{(2i_t^* - t)\Delta h\}$$

と表される．登録更新確率 s_t は，この最適停止境界を用いて計算することもできる．t 期までに特許価値の実現値が最適停止境界に等しいか上回り続ける特許価値の時間経路の確率の合計が残存確率となる．すなわち，

$$x(\tau, i_t) \geq x_\tau^* \quad 0 \leq \tau \leq t$$

という条件が満たされる特許価値の時間経路を実現させる確率を合計することにより残存確率が計算される．[8]

---

[8] ただし，登録更新料の設定の仕方によっては，任意の t 時点におけるすべての特許のオプション価値がゼロとなり，最適停止境界自体を定義することができない場合もあるので，注意する必要がある．

第2節　有限・離散型の審査請求オプションモデル

2.1　有限・離散ケースの NPV

　第5章3.1と3.2でみた無限・連続型の審査請求オプションモデルは出願審査請求制度の持つ望ましい機能を理解する上で有益であるが，出願と同時に審査請求を行わなければならない場合と，審査請求可能期間が無限の場合との間でしか，特許審査請求のオプション価値や審査請求行動の違いを比較することができなかった。しかし，現実には特許保護期間に20年，審査請求可能期間に3年の制約が課されている。したがって，一層現実的なオプションモデルを構築するには，特許保護期間や審査請求可能期間に制約を課した有限・離散型の審査請求オプションモデルを構築する必要がある。こうしたモデルを構築すれば，審査請求可能期間や各種特許料の変更が出願人の審査請求行動や特許審査請求のオプション価値に与える影響を分析することが可能になる。そこでこの第2節では，有限・離散型モデルにおいて，特許価値が一般的なマルコフ過程に従うと仮定した場合，審査請求のオプション価値や純期待資産価値（NPV）がどのように導出されるのかを解説する。

　潜在的な特許価値はゼロ期から発生し，その後も1期おきに離散的に特許価値が生じると仮定しよう。また，特許価値の経時変化はマルコフ過程に従い本章1.1で定義された（条件1）と（条件2）を満たす。こうしたマルコフ過程の一般型は $x_{t+1} \sim f_t(x_{t+1}|x_t, \omega)$ と表記された。すなわち，$t+1$ 期における特許価値の確率分布は，t 期の特許価値 x_t と構造パラメータのベクトル ω が与えられれば確定する。特許保護期間は有限であり，それを T 期間とする。したがって，0期に登録された特許の法定満了時は T 期となるので，最後の特許価値が生じる時点は $T-1$ 期となる。

以上の前提のもとで，t 期の特許の期待資産価値は，

$$a_t = x_t + \beta E[a_{t+1}|x_t, \omega], \quad 0 \leq t \leq T-1 \tag{6.11}$$

と表記される。(6.11) 式は，t 期の特許の期待資産価値 a_t が，t 期の特許価値 x_t とその時点で予想される $t+1$ 期の割引期待資産価値 $\beta E[a_{t+1}|x_t, \omega]$ の合計に等しくなることを示している。特許保護期間が T 期間のとき，T 期からは特許価値が生じないので，$T-1$ 期における割引期待資産価値はゼロ，すなわち $E[a_T|x_{T-1}, \omega] = 0$ となる。したがって，$a_{T-1} = x_{T-1}$ である。(6.11) 式を以下のようにマルコフ過程の確率密度関数 $f_t(x_{t+1}|x_t, \omega)$ を用いて記述しておくことは，特許の期待資産価値の性質を理解する上で有益である。

(6.11) 式より，$T-2$ 期の x_{T-2} が実現したときの期待資産価値は，

$$a_{T-2} = x_{T-2} + \beta E[a_{T-1}|x_{T-2}, \omega] \tag{6.12}$$

となる。確率変数 x_{T-1} の密度関数は，x_{T-2} が実現したとき $f_{T-2}(x_{T-1}|x_{T-2}, \omega)$ に確定するので，$T-1$ 期における期待資産価値は，

$$E[a_{T-1}|x_{T-2}, \omega] = \int_{R_+} x_{T-1} f_{T-2}(x_{T-1}|x_{T-2}, \omega) dx_{T-1}$$

となる。この式を (6.12) 式に代入すれば，x_{T-2} が実現したときの期待資産価値 a_{T-2} は，

$$a_{T-2} = x_{T-2} + \beta \int_{R_+} x_{T-1} f_{T-2}(x_{T-1}|x_{T-2}, \omega) dx_{T-1}$$

と表される。同様な手続きを繰り返せば，$T-3$ 期の特許価値 x_{T-3} が実現したときの期待資産価値 a_{T-3} は，

$$a_{T-3} = x_{T-3} + \beta \int_{R_+} x_{T-2} f_{T-3}(x_{T-2}|x_{T-3}, \omega) dx_{T-2}$$
$$+ \beta^2 \int_{R_+} \int_{R_+} x_{T-1} f_{T-2}(x_{T-1}|x_{T-2}, \omega) dx_{T-1} f_{T-3}(x_{T-2}|x_{T-3}, \omega) dx_{T-2}$$

となる。この式の右辺第 2 項は x_{T-3} に基づいて計算された $T-2$ 期の特許価値（x_{T-2}）の期待値，右辺第 3 項はやはり x_{T-3} に基づいて計算された $T-1$ 期の特許価値（x_{T-1}）の期待値を表している。$T-1$ 期の特許価値の期待値は，$T-2$ 期の特許価値が与えられなければ計算できないが，$T-3$ 期の特許価値（x_{T-3}）が与えられているので，$T-2$ 期の特許価値の確率分布は確定している。

したがって，$T-1$ 期の特許価値の期待値は $T-2$ 期の特許価値の関数となるので，それをさらに $T-2$ 期の特許価値の確率分布を用いて積分すれば，$T-1$ 期の特許価値の期待値が得られる（右辺第2項）。

このような逐次計算をさらに繰り返せば，t 期における特許の期待資産価値は，

$$a_t = x_t + \beta \int_{R_+} x_{t+1} f_t(x_{t+1}|x_t, \boldsymbol{\omega}) dx_{t+1}$$

$$+ \beta^2 \int_{R_+} \int_{R_+} x_{t+2} f_{t+1}(x_{t+2}|x_{t+1}, \boldsymbol{\omega}) dx_{t+2} f_t(x_{t+1}|x_t, \boldsymbol{\omega}) dx_{t+1}$$

$$\vdots$$

$$+ \beta^{T-t-1} \int_{R_+} \int_{R_+} \cdots \int_{R_+} x_{T-1} f_{T-2}(x_{T-1}|x_{T-2}, \boldsymbol{\omega}) dx_{T-1} \cdots$$

$$\cdots f_{t+1}(x_{t+2}|x_{t+1}, \boldsymbol{\omega}) dx_{t+2} f_t(x_{t+1}|x_t, \boldsymbol{\omega}) dx_{t+1}$$

$$0 \leq t \leq T-1$$

と表される[9]。この式の右辺第2項以降は，(6.11)式の右辺第2項に該当し，割引期待資産価値が x_t, $\boldsymbol{\omega}$ に規定されていることが確認される。特許の期待資産価値は，特許価値 x_t, 構造パラメータのベクトル $\boldsymbol{\omega}$ に規定されるので，以下では $a_t(x_t, \boldsymbol{\omega})$ と表記する場合がある。

2.2 離散型審査請求オプションモデル

特許の期待資産価値の系列が与えられれば，特許審査請求オプションモデルを解き，最適停止境界，特許審査請求のオプション価値，審査請求確率などを計算することができる。

いま，単純化のため，審査請求・登録ラグは無視し，審査請求された特許出願はすべて登録されると仮定する。したがって，特許価値は審査請求された時点から実現化する。また，審査請求には審査請求料を含む r の実現化費用が必

---

9 $T-t-1$ は，t 時点の特許の期待資産価値を計算するために必要な多重積分の最高回数を意味している。

要となる．さらに，審査請求可能期間にはl期間の制約が課されているとする．このとき，t時点における特許審査請求のオプション価値は，

$$v_t = \begin{cases} \max\{a_t(x_t, \omega) - r, 0\} & \text{for } t = l \\ \max\{\beta E[v_{t+1}|l, x_t, \omega], a_t(x_t, \omega) - r\} & \text{for } 0 \leq t < l \end{cases} \quad (6.13)$$

と記述される．ここで，$a_t(x_t, \omega) - r$ は t 期において審査請求を行ったときの純期待資産価値（NPV）を意味する．出願人は l 期までに審査請求を行う権利を持っているが，次の期には審査請求を行うことはできないので，その時点における期待資産価値 a_t が実現化費用 r を上回る場合（すなわち NPV が正の場合）に審査請求を行う．本節では，1 期だけ審査請求を遅らせたときのオプション価値を「待機価値」と呼ぶ．出願人は $0 \leq t < l$ において，審査請求を行ったときの NPV と待機価値を比較し，NPV が待機価値を下回るとき審査請求の延期を選択する．$t = l$ のとき，もはや審査請求の延期は不可能なので，待機価値は $\beta E[v_{t+1}|l, x_t, \omega] = 0$ となる．つまり，最終審査期限 l において，審査請求を行わないことによる機会費用は存在しないので，出願人は単純な NPV ルールに従って審査請求を行うかどうかを決定せざるを得ない．

(6.13) 式において，t 期（$0 \leq t < l$）における待機価値は審査請求期限 l の影響を受けることに注意しよう．したがって，審査請求を可能とする期間をどのように定めるかは，特許のオプション価値や出願人の審査請求行動に影響する．以下では，マルコフ過程 $x_{t+1} \sim f_t(x_{t+1}|x_t, \omega)$ を用いて，審査請求オプションモデルにおける最適停止境界の系列を導出しよう．

2.3 最適停止境界と残存確率

審査請求期限 l において，出願人は単純な NPV ルールに従わざるを得ないので，特許の期待資産価値 $a_l(x_l, \omega)$ が実現化費用 r を上回るときだけ審査請求を行った．したがって，l 期における最適停止境界は $a_l(x_l, \omega) = r$ を満たす特許価値 x_l として与えられ，構造パラメータのベクトル ω と実現化費用 r によって決定される．本節では，審査請求可能期間が l 期間に定められているときの

t 期における最適停止境界を $x_{t,l}^*(0 \leq t \leq l)$ と表記する。$t=l$ のときの最適停止境界は $x_{l,l}^*$ である。

$l-1$ 期において，審査請求を行ったときの NPV と審査請求を 1 期遅らせた場合のオプション価値を等しくさせる特許価値は，その時点の最適停止境界 $x_{l-1,l}^*$ となる。すなわち，最適停止境界 $x_{l-1,l}^*$ は，

$$a_{l-1}(x_{l-1}, \boldsymbol{\omega}) - r = \beta \int_{x_{l,l}^*}^{\infty} \{a_l(x_l, \boldsymbol{\omega}) - r\} f_{l-1}(x_l | x_{l-1}, \boldsymbol{\omega}) dx_l$$

を満たす x_{l-1} として与えられる。この式より，$l-1$ 期の最適停止境界 $x_{l-1,l}^*$ は，l 期の最適停止境界 $x_{l,l}^*$ が構造パラメータのベクトル $\boldsymbol{\omega}$ と実現化費用 r によって決定されることから，やはり $\boldsymbol{\omega}$ と r によって決定されることがわかる。同じように $l-2$ 期の最適停止境界 $x_{l-2,l}^*$ は，

$$a_{l-2}(x_{l-2}, \boldsymbol{\omega}) - r = \beta \int_{x_{l-1,l}^*}^{\infty} \{a_{l-1}(x_{l-1}, \boldsymbol{\omega}) - r\} f_{l-2}(x_{l-1} | x_{l-2}, \boldsymbol{\omega}) dx_{l-1}$$
$$+ \beta^2 \int_0^{x_{l-1,l}^*} \int_{x_{l,l}^*}^{\infty} \{a_l(x_l, \boldsymbol{\omega}) - r\} f_{l-1}(x_l | x_{l-1}, \boldsymbol{\omega}) dx_l f_{l-2}(x_{l-1} | x_{l-2}, \boldsymbol{\omega}) dx_{l-1}$$

を満たす x_{l-2} として与えられる。この式の右辺第 1 項は，$l-1$ 期において審査請求されたものから得られるオプション価値を意味し，第 2 項は $l-1$ 期でさらに審査請求が次の期に延期されたもののうち，l 期で審査請求されたものから得られるオプション価値を意味している。$l-2$ 期の最適停止境界 $x_{l-2,l}^*$ も同様に $\boldsymbol{\omega}$ と r によって決定される。一般に，t 期 ($0 \leq t \leq l$) の最適停止境界 $x_{t,l}^*$ は，

$$a_t(x_t, \boldsymbol{\omega}) - r = \beta \int_{x_{t+1,l}^*}^{\infty} \{a_{t+1}(x_{t+1}, \boldsymbol{\omega}) - r\} f_t(x_{t+1} | x_t, \boldsymbol{\omega}) dx_{t+1}$$
$$+ \beta^2 \int_0^{x_{t+1,l}^*} \int_{x_{t+2,l}^*}^{\infty} \{a_{t+2}(x_{t+2}, \boldsymbol{\omega}) - r\} f_{t+1}(x_{t+2} | x_{t+1}, \boldsymbol{\omega}) dx_{t+2} f_t(x_{t+1} | x_t, \boldsymbol{\omega}) dx_{t+1}$$
$$\vdots$$
$$+ \beta^{l-t} \int_0^{x_{t+1,l}^*} \int_0^{x_{t+2,l}^*} \cdots \int_{x_{l,l}^*}^{\infty} \{a_l(x_l, \boldsymbol{\omega}) - r\} f_{l-1}(x_l | x_{l-1}, \boldsymbol{\omega}) dx_l \cdots$$
$$\cdots f_{t+1}(x_{t+2} | x_{t+1}, \boldsymbol{\omega}) dx_{t+2} f_t(x_{t+1} | x_t, \boldsymbol{\omega}) dx_{t+1}$$

(6.14)

を満たす x_t として与えられる。このように，各期の最適停止境界は，1 期前の

最適停止境界を用いて逐次的に求めていくことができるので，それらの系列を $\{x_{t,l}^*(r, \boldsymbol{\omega})\}_0^l$ と表記する．最適停止境界の系列は構造パラメータのベクトル $\boldsymbol{\omega}$ や現実化費用 r だけでなく，審査請求可能期間 l にも規定される．[10] 出願時点（0期）において，特許価値 x_0 が最適停止境界 $x_{0,l}^*$ を上回るとき，出願と同時に審査請求が行われ，そうでない場合には待機が選択される．

　最適停止境界の系列が与えられると，各期において審査請求が行われないでいる残存確率を求めることができる．ただし，現実には，出願と同時に一部の特許出願の審査請求が行われ，残りの特許出願は待機が選択されているにも関わらず，このモデルは審査請求と待機のバイナリーな選択しか説明できない．そこで，出願時点の特許価値 x_0 は $g(x_0, \bar{\boldsymbol{\omega}})$ という密度関数に従って分布していると仮定しよう．ここで，$\bar{\boldsymbol{\omega}}$ は初期分布の密度関数を規定するパラメータベクトルである．出願時点において，最適停止境界 $x_{0,l}^*$ を下回る特許出願は待機が選択されるので 0 期の残存確率は，

$$s_{0,l} = \int_0^{x_{0,l}^*} g(x_0, \bar{\boldsymbol{\omega}}) dx_0$$

となる．1期では，0期に待機されなおかつ1期においても待機され続ける特許出願の確率が残存確率となるので，

$$s_{1,l} = \int_0^{x_{0,l}^*} \int_0^{x_{1,l}^*} f_0(x_1|x_0, \boldsymbol{\omega}) dx_1 g(x_0, \bar{\boldsymbol{\omega}}) dx_0$$

となる．任意の t 期（$1 \leq t \leq l$）の残存確率は，

$$s_{t,l} = \int_0^{x_{0,l}^*} \int_0^{x_{1,l}^*} \cdots \int_0^{x_{t,l}^*} f_{t-1}(x_t|x_{t-1}, \boldsymbol{\omega}) dx_t \cdots f_0(x_1|x_0, \boldsymbol{\omega}) dx_1 g(x_0, \bar{\boldsymbol{\omega}}) dx_0$$

(6.15)

で与えられる．

10　たとえば，審査請求可能期間が短縮されたとすると，最適停止境界の系列の数が減少するだけでなく，系列値自体も変化する．審査請求期限における NPV は，任意の特許価値の実現値について審査請求可能期間が短縮された場合の方が大きいので，その時点での最適停止境界は低下する．また，審査請求期限での最適停止境界の変化は，それ以前の最適停止境界の系列にも影響する．

2.4 特許審査請求のオプション価値

(6.14) 式において, $t=0$ としたときの待機価値を $A_{0,l}(x_0, \omega)$ と表そう ($t=0$ としたときの右辺)。0期では, $x_0 \geq x_{0,l}^*$ のとき $a_0(x_0, \omega) - r \geq A_{0,l}(x_0, \omega)$ となるので, 出願と同時に審査請求が行われ, 逆の場合には審査請求が待機される。したがって, 審査請求期間が l に定められたときの0期における特許審査請求のオプション価値は,

$$v_{0,l} = \int_{x_{0,l}^*}^{\infty} \{a_0(x_0, \omega) - r\} g(x_0, \bar{\omega}) dx_0 + \int_{0}^{x_{0,l}^*} A_{0,l}(x_0, \omega) g(x_0, \bar{\omega}) dx_0$$

と表される。

第5章3.1と3.2でみた無限・連続モデルの場合と同じように, 審査請求制度の導入は特許審査請求のオプション価値を高める作用する。もし審査請求制度が導入されていなければ, 出願人は出願と同時に審査請求を行わざるを得ないのですべての待機価値を失う。図 6.7 にみるように, 0期の待機価値 $A_{0,l}(x_0, \omega)$ はその時点の特許価値 x_0 の関数であるが, 確率過程に課された条件1 (本章1.3) より, 特許価値 x_0 の増加関数となる。同じように, 0期の NPV ($a_0 - r$) も特許価値 x_0 の増加関数となる。ただし, $x_0 = 0$ のとき期待資産価値は生まれないので NPV は $-r$ となる。したがって, 審査請求制度が導入されている, 言い換えれば l が0でない場合の最適停止境界は $x_{0,l}^*$ に決定される。

他方, 審査請求制度が導入されていないとき, 出願人は出願とともに審査請求を行わなければならないので, 正の NPV を持つ特許出願しか審査請求が行われない。いま, $a_0(x_0, \omega) = r$ を満たす特許価値を $x_{0,0}^*$ とすれば, 出願人は $x_{0,0}^*$ を超える特許出願のすべてについて審査を請求する。したがって, $x_{0,0}^*$ 以下の特許価値しか生まないと考えられる発明はそもそも特許出願がなされない。審査請求制度が導入されていないとき待機価値は生じないが, 審査請求制度が導入されると $0 - x_{0,0}^* - e$ の面積に対応する期待資産価値が増加する。その増加分は,

$$v_{0,l} - v_{0,0} = \int_{0}^{x_{0,l}^*} A_{0,l}(x_0, \omega) g(x_0, \bar{\omega}) dx_0 - \int_{x_{0,0}^*}^{x_{0,l}^*} \{a_0(x_0, \omega) - r\} g(x_0, \bar{\omega}) dx_0$$

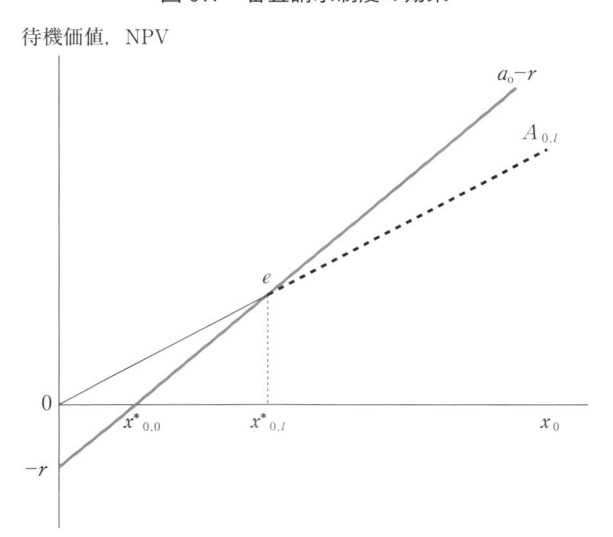

図6.7 審査請求制度の効果

と表される.さらに,審査請求制度の導入は特許性向を高める作用もする.審査請求制度が導入されていないときの特許性向は,

$$\int_{x_{0,0}^*}^{\infty} g(x_0, \bar{\omega}) dx_0 < 1$$

となるが,審査請求制度が導入されると,特許価値が $x_{0,0}^*$ 以下であっても待機価値が生じるので,特許価値をもたらすすべての発明が特許出願される.

2.5 二項過程のケース

特許登録更新オプションモデルの場合と同じように,ここでは特許価値を二項過程に特定化した場合,審査請求オプションモデルがどのように記述され,オプション価値や残存確率などがどのように計算されるかをみてみよう.

特許価値が本章1.1の(6.1)式で示される二項過程に従う場合,特許の期待資産価値 $a(t, i_t)$ は

$$a(t, i_t) = \begin{cases} x(t, i_t) & \text{for } t = T-1 \\ x(t, i_t) + \beta[pa(t+1, i_t+1) + (1-p)a(t+1, i_t)] & \text{for } 0 \le t < T-1 \end{cases}$$

と記述される．特許価値の最終発生時点 $T-1$ において，特許価値そのものが資産価値となるが，$T-2$ 期からはその時点から出発する逐次計算によってオプション価値が計算される．現実化費用を r と表したので NPV は $a(t, i_t) - r$ で与えられる．NPV の系列が計算されれば，審査請求のオプション価値は，

$$v_l(t, i_t) = \begin{cases} \max\{a(t, i_t) - r, 0\} & \text{for } t = l \\ \max\{\beta[pv_l(t+1, i_t+1) + (1-p)v_l(t+1, i_t)], \bar{a}(t, i_t) - r\} & \text{for } 0 \le t < l \end{cases}$$

と記述される．

出願人は，審査請求期限 l において，それ以上審査請求を引き延ばすことができないので，NPV が正のとき審査請求を行いゼロや負のとき特許出願の取下げを決定する．審査請求可能期間内において，審査請求のオプション価値が NPV を上回るとき待機が選択され，そうでないときに審査請求が決意される．また，オプション価値がゼロとなる場合は取下げが決意される．$0 \le t < l$ においてもオプション価値がゼロとなる可能性があるのは，審査請求期限 l において審査請求の取下げが計画され，オプション価値がゼロとなると同時に NVP が負となるケースがあるからである．

ここで，待機が選択される場合は2，審査請求が選択される場合は1，取下げが選択される場合はゼロとなる変数を $\varphi(t, i_t)$ としよう．すなわち，

$$\varphi(t, i_t) = \begin{cases} 2 \text{ if } a(t, i_t) - r < v_l(t, i_t) \\ 1 \text{ if } a(t, i_t) - r = v_l(t, i_t) \\ 0 \text{ if } v_l(t, i_t) = 0 \end{cases}$$

である．t 期までに審査請求が行われず待機され続けている確率は，変数2を経験し続ける特許価値の時間経路が実現する確率の合計として求められる[11]．

---

[11] ここでの離散モデルでは，維持年金が課されてないので法定満期まで特許が登録され続けるという非現実的な仮定を置いている．また，審査請求・登録ラグや査定確率などが考慮されていない．第8章第2節では，実証分析に適用可能なようにこうした制約を排除し，審査請求オプションモデルと登録更新オプションモデルを統合したより一般的なモデルが構築される．

第3節　特許オプションモデルの推計

3.1　構造パラメータの推計

本章第1節や第2節で説明した特許オプションモデルを用いて政策シミュレーションなどを行うには，現実に観察されるデータから特許価値に関する確率過程を規定する構造パラメータを推計しなければならない。そこでここでは，本章第1節でみた特許登録更新のオプションモデルを例として，構造パラメータの推計方法を説明する。

特許価値の確率過程が縦に連続な場合，通常の最尤法を用いて構造パラメータを推計することができる。たとえば，本章1.2の（6.2）式で特定化された確率過程，

$$x_{t+1} \sim f_t(x_{t+1}|x_t, \phi, \upsilon) = \frac{1}{x_t \phi^{t-1} \upsilon} \exp\left(\frac{-x_{t+1}}{x_t \phi^{t-1} \upsilon}\right), \quad x \in R_+$$

は横（時間軸）に離散であるが縦（価値軸）に連続なので，この確率過程を仮定した場合，各期における特許権の消滅確率は構造パラメータ $\omega = (\phi, \upsilon)$ や特許価値の初期値 x_0 について連続的で微分可能となる。

本章1.5の（6.7）式でみたように，残存確率は最適停止境界の系列と構造パラメータ，および特許価値の初期値の関数となった。消滅確率は残存確率の差分として与えられるので，消滅確率が連続で微分可能であるためには，残存確率がそうした条件を満たしていなければならない。（6.7）式から，残存関数 s_t が最適停止境界 $x_1^* \cdots x_t^*$ と構造パラメータ ω，および特許価値の初期値 x_0 について連続で微分可能なことは明らかであろう。また，本章1.4でみたように最適停止境界は $v_t(x_t^*, \eta_t, \omega) = 0$ を満たした。したがって，（6.5）式，（6.6）式より，最適停止境界の系列も同様に ω について連続で微分可能であることが

わかる。

登録後 t 期に権利が消滅した特許数の観測値を n_t とすれば，対数尤度関数は，

$$l(\boldsymbol{\theta}) = \sum_{t=1}^{T+1} n_t \ln \pi(t;\boldsymbol{\theta}, \eta_1), \quad \boldsymbol{\theta} = (x_0, \boldsymbol{\omega}) \tag{6.16}$$

と書くことができ，対数尤度を最大化する構造パラメータと特許価値の初期値を求めることができる。ただし $\pi(\ )$ は，本章1.5でみた消滅確率である。一般に，対数尤度を最大化する推定量は最尤推定量（maximum likelihood estimator）と呼ばれる。よく知られているように，最尤推定量は一致性を満たし，統計的検定を可能とする漸近分布（asymptotic distribution）を持つ。

(6.16) 式の最尤推定量を $\hat{\boldsymbol{\theta}}$，真の構造パラメータベクトルを $\boldsymbol{\theta}_0$ とすれば，$\hat{\boldsymbol{\theta}}$ は $\boldsymbol{\theta}_0$ に確率収束（convergence in probability）し，次のような漸近分布に従う。

$$\hat{\boldsymbol{\theta}} \xrightarrow{a} \mathbf{N}[\boldsymbol{\theta}_0, \mathbf{I}^{-1}], \quad \mathbf{I} = E\left[\frac{\partial l(\boldsymbol{\theta})}{\partial \boldsymbol{\theta}} \frac{\partial l(\boldsymbol{\theta})}{\partial \boldsymbol{\theta}'}\right]$$

ここで，$\mathbf{N}[\ ]$ は多変量正規分布を意味し，$\mathbf{I}$ は推定量 $\hat{\boldsymbol{\theta}}$ の分散・共分散行列で，一般にフィッシャー（Fisher）の情報マトリックス（information matrix）と呼ばれる。そして，対数尤度関数を (6.16) 式のように定式化した場合の情報マトリックスは，

$$\mathbf{I} = \sum_{t=1}^{T+1} \frac{1}{\pi(t;\boldsymbol{\theta}, \eta_1)} \frac{\partial \pi(t;\boldsymbol{\theta}, \eta_1)}{\partial \boldsymbol{\theta}} \frac{\partial \pi(t;\boldsymbol{\theta}, \eta_1)}{\partial \boldsymbol{\theta}'}$$

と計算され，推定値で評価されたこの行列の対角要素が推定量の分散に対応する[12]。もちろん，以上のような推定量の性質が成立するのは $N \to \infty$ の場合なので，十分に多い特許消滅数 N を収集して推計を行わなければならない。

3.2 シミュレーション最尤法

シミュレーション最尤法（simulated maximum likelihood method）とは，対数尤

---

[12] 漸近分布の導出過程については，本章の補論を参照。

度関数が明確な関数型を持たない場合に最尤推定値を計算する方法である。縦（価値軸）に連続的な確率過程を仮定した場合，対数尤度関数は明確な関数型を持つが，本章 1.4 の（6.5）式や（6.6）式から連鎖的に積分を計算して最適停止境界の系列を導出し，さらに本章 2.3 の（6.15）式の多重積分を解いて，消滅確率の関数型を解析的に求めることはできない。そこで，数値積分を繰り返し，構造パラメータに対応した消滅確率を実数値として出力させるコンピュータープログラムを作成して計算する必要がある。ただしこうした手法を用いると，消滅確率は明確な関数形を持たないことと実質的には同じになる。

また，確率過程が縦（価値軸）に混合型や離散型の場合には，そもそも消滅確率は明確な関数型を持たない。そこで，こうした場合の構造パラメータの推定には Pakes〔1986〕によって開発されたシミュレーション最尤法（simulated maximum likelihood method）が用いられる（Baudry and Dumont〔2006〕，Deng〔2007〕，山田〔2013〕，Yamada and Inoue〔2013〕）。シミュレーション最尤法の手続きは以下のようなものである。

いま，特許価値の確率過程を規定する構造パラメータ ω と特許価値の初期値 x_0 について，任意の実数を仮定する。登録更新料の系列 η_1 は観察されるデータなので $\pi_t = \pi(t; \theta, \eta_1)$ より，各時点における特許権の消滅確率の計算値が得られる（本章 1.5 参照）。次に，θ に様々な実数を仮定して対数尤度の計算を繰り返し，対数尤度を最大化する構造パラメータと特許価値の初期値を見出す。また，最尤推定値の近傍で構造パラメータを僅かに変化させて数値微分を計算し，本章 3.1 でみた情報マトリックス $\mathbf{I}$ を計算する。

ところが，対数尤度関数が構造パラメータについて連続で微分可能でない場合，対数尤度を最大化する構造パラメータを一意に見出すことができず，推定量の漸近分布を導出することができなくなる。したがって，混合型過程や二項過程は縦に連続的な確率分布を持たないので，シミュレーション最尤法の適用が不可能であるように思われる。ただし Pakes〔1986〕は，本章 1.2 の（6.3）式のように特定化された混合過程の場合，各時点の消滅確率は構造パラメータの実数領域において連続・微分可能であることを証明した。Pakes〔1986〕の証明は，シミュレーション最尤法の適用可能性や推計量の性質が，特定化される

特許価値の確率過程の構造に依存するということを示唆している。

3.3 二項過程の場合の非連続性

二項過程を用いる場合には，最適停止境界や消滅確率の系列の計算手続きが大きく簡素化され，計算量が他の確率過程を仮定した場合に比べて飛躍的に節約される，というメリットがある。しかも，モデルから再現された特許権の消滅確率が現実の消滅率を説明する能力は，複雑な確率過程を仮定した場合とそれほど変わらないことが知られている（Baudry and Dumont〔2006〕，山田〔2013〕）。しかし他方で，消滅確率が連続・微分可能ではないので，一意的な解の存在が保証されず，情報マトリックス I を計算して推定量の漸近分布を導出することが原理的には不可能になるというデメリットを持つ。本章3.1で説明したように，消滅確率が構造パラメータについて連続で微分可能であるためには，最適停止境界がそうした性質を持っていなければならない。ところが，二項過程から計算される最適停止境界は構造パラメータ $\omega=(p, \Delta h)$ や特許価値の初期値 x_0 について連続で微分可能ではない。

図6.8は，二項過程の場合，消滅確率の連続・微分可能性は保証されないことを示したものである。図の $a-b$ 線は，ある時点における特許価値の実現値について，その特許価値と継続価値との合計を示したものである。確率過程が縦に連続である場合，登録更新料と，特許価値と継続価値との合計を等しくさせる特許価値が必ず1つ存在する。それは，縦に連続分布の場合，特許価値が稠密であるからである。たとえば，登録更新料が η のとき，最適停止境界が x_2' に決まる。そして，構造パラメータの微小な変化は $a-b$ 線を変化させ，連続的に最適停止境界を変化させる。

ところが，二項過程の場合には特許価値の稠密性は保証されず，それらは x_1，x_2，x_3 のように離散的に存在するにすぎない。このとき，x_2' に対応する特許価値は存在しないので，最適停止境界は x_2 となる。したがって，構造パラメータが微小に変化して $a-b$ 線や離散的な特許価値の位置が変化しても，最適停止

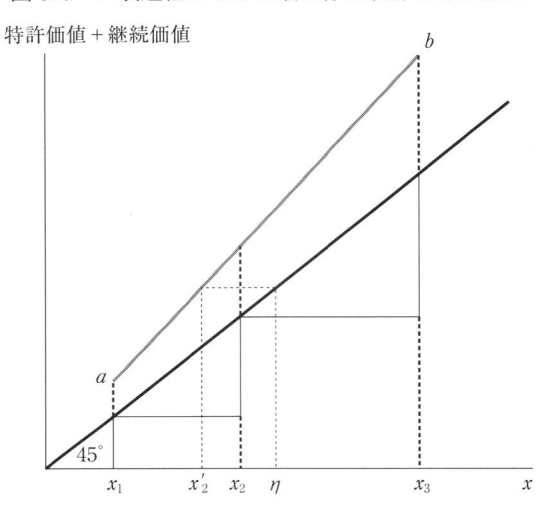

図 6.8　二項過程における最適停止境界の非連続性

境界が依然として x_2 のままであるケースがでてくる．その結果，仮に対数尤度 $l(\boldsymbol{\theta})$ を最大化する構造パラメータの近似値が得られたとしても，数値微分が不可能となる（構造パラメータの微小な変化に対して消滅確率が反応しなくなる）ので情報マトリックス $\mathbf{I}$ を計算することができなくなる．

ただし，二項過程を仮定した場合のこうしたデメリットは，各時点における縦の特許価値変動の自由度を高めてやる，すなわち，価値変動をできるだけ稠密に近づけることである程度は解消される．それは，二項過程において特許価値が変動する時間区間を細分化することで達成される．そうすれば，ある時点で実現する可能性のある特許価値の数を増加させることができるようになる．その結果，構造パラメータの微小な変動に対しても消滅確率が敏感に反応するようになり，数値微分が可能となるので，近似的に推定量の情報マトリックス $\mathbf{I}$ を計算することができるようになる．実際，二項過程を用いて特許登録更新オプションモデルを推計した Baudry and Dumont〔2006〕は，1 年を 4 期間に

13　本章 1.6 の（6.1）式から明らかなように，構造パラメータ $\triangle h$ や特許価値の初期値 x_0 が変化しても，ある時点に実現する可能性のある特許価値の数は不変だが，その大きさは変化する．

分割して特許価値変動の自由度を高めている．もちろん，原理的に連続・微分可能ではない以上，こうした対処法によって仮に情報マトリックスが計算できたとしても，それは飽くまでも近似値にすぎないという点に注意する必要がある[14]．したがって，モデルの適合度は，モデルが再現した消滅確率と現実に観察された消滅確率との相関係数など，他の統計量と合わせて総合的に評価されるのが望ましい．

3.4　政策シミュレーションの例（登録更新モデル）

　特許価値に関する確率過程を規定する構造パラメータや，割引率および各種特許料の系列が与えられれば，様々な特許制度の改訂がもたらす効果を数値シミュレーションによって明らかにすることができる．そこでここでは，特許登録更新オプションモデルを例として，登録更新料や特許保護期間の改訂が登録更新のオプション価値などにどのような影響をもたらすのかという点について，仮想的なシミュレーションを行ってみよう．

　単純化のため，ドリフトのない幾何ブラウン過程に対応した離散過程を仮定し，1期間当たりの特許価値の増減率を $\Delta h = 0.8$ とする．本章1.1でみたように，特許価値の1期間当たりの増減率 Δh と上昇確率 p の間には $p=(1-e^{-\Delta h})/(e^{\Delta h}-e^{-\Delta h})$ という関係が成立するので，$\Delta h = 0.8$ より $p=0.31$ が従う．また，クレーム数が1項の特許出願を仮定し，登録更新料は登録後 1～3年が 0.16（万円），4～6年が 0.57，7～9年が 2.31，10～12年以降は一律 7.71 とする．さらに，割引率を5％とする．なお，本節の仮想的な政策シミュレーションでは，単純化のため出願と同時に登録される特許を想定する．したがって，計測される特許登録更新のオプション価値は出願時のオプション価値となる[15]．

---

[14]　たとえ，縦に連続な確率過程を仮定したとしても，実際には離散的な数値を与える数値計算を行う他はないので，二項過程を仮定した場合の問題は「程度の問題」ともいえる．

図 6.9 法定満了期間の短縮

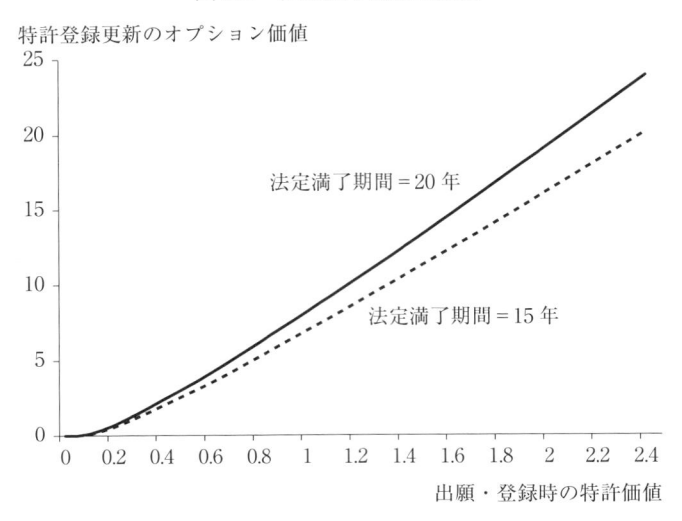

特許登録更新のオプション価値のグラフ。縦軸：特許登録更新のオプション価値（0〜25）、横軸：出願・登録時の特許価値（0〜2.4）。実線：法定満了期間 = 20 年、破線：法定満了期間 = 15 年。

　まず，特許制度の改訂として，出願から 20 年と定められている現行の法定満了期間を 15 年に短縮した場合，登録更新のオプション価値がどのように変化するかをみてみよう．図 6.9 は，法定満了期間を 20 年から 15 年に短縮させた場合，出願時の特許価値（0〜2.4）に対応するオプション価値の変化を本章 1.7 で説明した方法により計算したものである．当然予想されるように，法定満了期間の短縮は特許のオプション価値を減少させる作用をする．ただし，オプション価値の減少効果は出願時の特許価値に対して一様ではない．図 6.9 から明らかなように，出願時の特許価値が低いものほど短縮の減少効果は軽微だが，それが高いものほど減少効果は大きくなる．

　第 2 章 1.4 で指摘したように，特許保護期間の短縮は独占的排他権の行使に伴う死荷重の発生期間を短縮化させ，消費者余剰を高める効果がある．ただし，一方で特許登録更新のオプション価値の減少により生産者余剰が減少するの

15　現実には出願と同時に登録される特許は存在しないので，特許によって出願・登録ラグは異なっている．さらに，現実の制度では登録後 3 年間の維持年金を前払いする必要がある．したがって，この期間の特許権の消滅はありえない．こうした様々な現実の制度を考慮した登録更新オプションモデルは，第 7 章で構築する．

で，経済厚生に与える効果は不確定である。しかし，特許保護期間の短縮により失われた登録更新のオプション価値を，登録更新料の操作を通して補うことができる。そこで，特許保護期間を20年から15年に短縮させるのと同時に，登録更新料を基準ケースから各期間の維持年金を一律65％低下させるという政策シミュレーションを行ってみよう。図6.10は，特許保護期間が20年と15年の場合のオプション価値と，保護期間を15年として登録更新料を引下げた場合のオプション価値を比較したものである。図6.10から，特許保護期間の短縮による特許のオプション価値の損失は，65％の登録更新料の引下げにより概ね補われていることがわかる。すなわち，こうしたポリシー・ミックスにより，生産者余剰を不変に保ちながら死荷重の発生期間を短縮させられるので，経済厚生の改善がもたらされる。[16]

図6.10 法定満了期間の短縮と登録更新料の引下げ

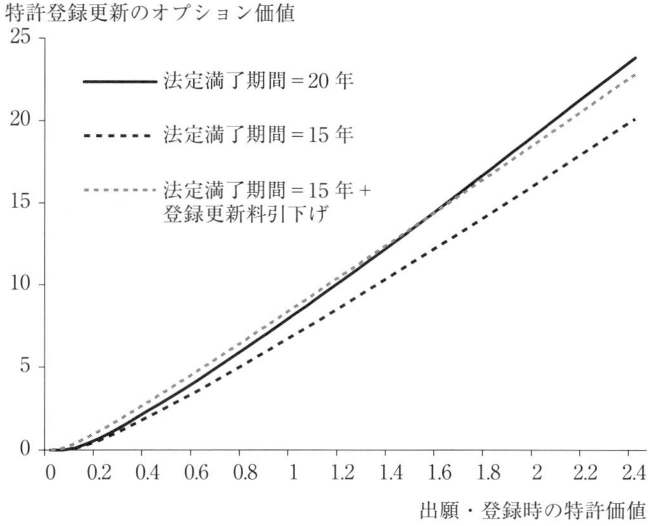

---

[16] ただし，維持年金の引下げは，15年内での権利保持期間を長期化させている可能性がある。したがって現実的な政策シミュレーションでは，平均登録期間の変化にも着目する必要がある。

3.5 政策シミュレーションの例（審査請求モデル）

もう1つの政策シミュレーションの例として，ここでは審査請求期限を廃止した場合，審査請求のオプション価値や特許性向がどのように変化するかを検討してみよう．本章2.2で述べたように，審査請求期限では待機価値が失われ，出願人は単純なNPVルールに従って審査請求行動を決めざるを得ない．したがって，審査請求可能期間が長いほど待機価値が増し，審査請求のオプション価値の増大が予想される．そこで，本章1.1で説明した二項過程を仮定した審査請求オプションモデルを用い，特許保護期間を20年に定めた上で，審査請求可能期間を3年とした場合と，審査請求期限に制約を課さない場合との比較を行う[17]．

特許価値は本章1.1の(6.1)式で表される二項過程に従うと仮定し，特許価値の増減率 $\Delta h = 0.3$，上昇確率 $p = 0.5$，割引率 $\rho = 0.05$，審査請求料（現実化費用）$r = 5.0$ として審査請求のオプション価値およびNPVを計算する．図6.11は，出願時の特許価値 x_0 と審査請求のオプション価値 $v(x_0)$ の関係を図示したものである．それによると，審査請求可能期間に3年の制約が課されている場合（$l=3$），出願時の最適停止境界は0.44と計算された．すなわち，出願時の特許価値 x_0 が0.44下回るものは審査請求の待機が選択され，それを上回るものは出願と同時に審査請求が行われる．また，出願時の特許価値 x_0 が0.13を上回るものしかオプション価値は発生せず，それ以下のものは特許出願自体が行われない．

審査請求期限に制約を課さないケース（$l=20$）では，出願時の最適停止境界は0.49となり，制約を課すケースに比べて上昇した．したがって，審査請求可能期間の長期化は，出願と同時に審査請求される特許出願を減少させることがわかる．

---

[17] 特許保護期間は20年なので，審査請求期限に制約を課さない場合の審査請求可能期間は20年となる．

重要な点は，審査請求期限に制約を課さないと，出願時の特許価値が 0.49 を下回るすべての特許出願について審査請求のオプション価値の向上がみられる，ということである．また，審査請求期限に制約を課さない場合，出願時の特許価値が 0.13 を下回る特許出願についても，待機価値により審査請求のオプション価値が発生していることもわかる．このことは，審査請求可能期間の長期化は，特許性向を高める作用をすることを意味している．

さらに，審査請求可能期間に 3 年の制約を与え，審査請求料を 5 から 10 へ倍に引き上げるシミュレーションを行ってみると，審査請求のオプション価値が発生する閾値は 0.13 から 0.25 へ上昇した．このことは，審査請求期限に制約を課した上での審査請求料引上げは，特許性向を低下させてしまうことを意味している．

以上のような政策シミュレーションは，仮説的な数値例に基づいたものにすぎないが，特許オプションモデルの構築が政策評価を行う際にきわめて有益な分析道具となることを示唆している．

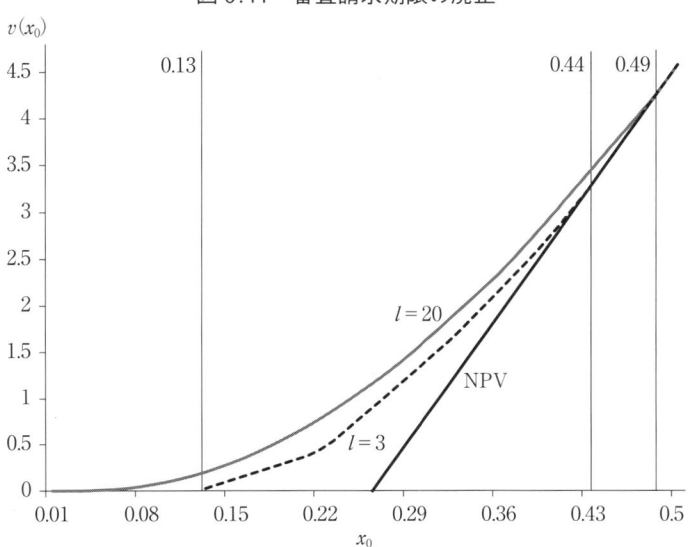

図 6.11　審査請求期限の廃止

補論　情報マトリックスの導出

いま，特許価値の確率過程を規定する真の構造パラメータベクトル（特許価値の初期値 x_0 を含む）を $\boldsymbol{\theta}_0$ とし，本章3.1の (6.16) 式で表される対数尤度関数を最大化する構造パラメータベクトルの推定量を $\hat{\boldsymbol{\theta}}$ とする。よく知られているように，(6.16) 式を最大化する1階の条件式に「平均値の定理（mean value theorem）」を適用すれば，

$$\sqrt{N}(\hat{\boldsymbol{\theta}}-\boldsymbol{\theta}_0)= -\left(\frac{1}{N}\frac{\partial^2 l(\boldsymbol{\theta})}{\partial\boldsymbol{\theta}\partial\boldsymbol{\theta}'}\bigg|_{\boldsymbol{\theta}_*}\right)^{-1}\cdot\frac{1}{\sqrt{N}}\frac{\partial l(\boldsymbol{\theta})}{\partial\boldsymbol{\theta}}\bigg|_{\boldsymbol{\theta}_0} \tag{A6.1}$$

を得る。ここで，N はすべての消滅特許数（各時点の特許消滅数の合計），$\boldsymbol{\theta}_*$ は $\hat{\boldsymbol{\theta}}$ と $\boldsymbol{\theta}_0$ の間にある実数で，$\hat{\boldsymbol{\theta}}$ が $\boldsymbol{\theta}_0$ へ確率収束するとき，同様に $\boldsymbol{\theta}_0$ へ確率収束する。また，$\partial l(\boldsymbol{\theta})/\partial\boldsymbol{\theta}$ は一般にスコアベクトルと呼ばれる。(A6.1) 式右辺第2項は，中心極限定理（central limit theorems）により多変量正規分布に分布収束する。すなわち，

$$\frac{1}{\sqrt{N}}\frac{\partial l(\boldsymbol{\theta})}{\partial\boldsymbol{\theta}}\bigg|_{\boldsymbol{\theta}_0}\xrightarrow{d}\mathbf{N}[0,\mathbf{B}]$$

である。$\mathbf{B}$ は分散・共分散マトリックスの確率極限で，

$$\mathbf{B}=\text{plim}\frac{1}{N}\frac{\partial l(\boldsymbol{\theta})}{\partial\boldsymbol{\theta}}\frac{\partial l(\boldsymbol{\theta})}{\partial\boldsymbol{\theta}'}\bigg|_{\boldsymbol{\theta}_0}$$

である。また，(A6.1) 式右辺のカッコ内の確率極限を，

$$\mathbf{A}=\text{plim}\frac{1}{N}\frac{\partial^2 l(\boldsymbol{\theta})}{\partial\boldsymbol{\theta}\partial\boldsymbol{\theta}'}\bigg|_{\boldsymbol{\theta}_0}$$

とすれば，product limit normal rule により，$\sqrt{N}(\hat{\boldsymbol{\theta}}-\boldsymbol{\theta}_0)$ は次のような多変量正規分布に分布収束する。

$$\sqrt{N}(\hat{\boldsymbol{\theta}}-\boldsymbol{\theta}_0)\xrightarrow{d}\mathbf{N}[0,\mathbf{A}^{-1}\mathbf{B}\mathbf{A}^{-1}] \tag{A6.2}$$

ところで，特許権の消滅は必ずいつかは生じる事象なので，ML regularity

conditionにより，(A6.2) 式の分散共分散マトリックスは著しく簡素化される．各時点の消滅確率をすべての期間で合計すれば必ず1となるので，スコアベクトルの期待値はゼロベクトルになる．

$$E\left[\frac{\partial l(\boldsymbol{\theta})}{\partial \boldsymbol{\theta}}\right] = \sum_{t=1}^{T+1} \frac{n_t \partial \ln \pi(t;\boldsymbol{\theta}, \boldsymbol{\eta}_1)}{\partial \boldsymbol{\theta}} \frac{\pi(t;\boldsymbol{\theta}, \boldsymbol{\eta}_1)}{n_t} = \sum_{t=1}^{T+1} \frac{\partial \pi(t;\boldsymbol{\theta}, \boldsymbol{\eta}_1)}{\partial \boldsymbol{\theta}} = \boldsymbol{0}$$

この式の右辺をさらに $\boldsymbol{\theta}'$ で微分してもやはりゼロベクトルとなるので，

$$\sum_{t=1}^{T+1} \frac{\partial^2 \ln \pi(t;\boldsymbol{\theta}, \boldsymbol{\eta}_1)}{\partial \boldsymbol{\theta} \partial \boldsymbol{\theta}'} \pi(t;\boldsymbol{\theta}, \boldsymbol{\eta}_1) + \sum_{t=1}^{T+1} \frac{\partial \ln \pi(t;\boldsymbol{\theta}, \boldsymbol{\eta}_1)}{\partial \boldsymbol{\theta}} \frac{\partial \pi(t;\boldsymbol{\theta}, \boldsymbol{\eta}_1)}{\partial \boldsymbol{\theta}'} = \boldsymbol{0}$$

が成り立つ．したがって，

$$\frac{\partial \pi(t;\boldsymbol{\theta}, \boldsymbol{\eta}_1)}{\partial \boldsymbol{\theta}'} = \frac{\partial \ln \pi(t;\boldsymbol{\theta}, \boldsymbol{\eta}_1)}{\partial \boldsymbol{\theta}'} \pi(t;\boldsymbol{\theta}, \boldsymbol{\eta}_1)$$

から，対数尤度 $l(\boldsymbol{\theta})$ に関する2次微分と微分積の期待値は，

$$E\left[\frac{\partial l(\boldsymbol{\theta})}{\partial \boldsymbol{\theta}} \frac{\partial l(\boldsymbol{\theta})}{\partial \boldsymbol{\theta}'}\right] = -E\left[\frac{\partial^2 l(\boldsymbol{\theta})}{\partial \boldsymbol{\theta} \partial \boldsymbol{\theta}'}\right]$$

という関係を持つ．この関係から $\mathbf{B} = -\mathbf{A}$ となるので，(A6.2) 式は，

$$\sqrt{N}(\hat{\boldsymbol{\theta}} - \boldsymbol{\theta}_0) \xrightarrow{d} \mathbf{N}[\mathbf{0}, \mathbf{B}^{-1}]$$

と簡素化される．$\mathbf{B}$ は $\partial \ln \pi(t;\boldsymbol{\theta}, \boldsymbol{\eta}_1)/\partial \boldsymbol{\theta}$ が t について独立なので，期待値をとることにより，

$$\mathbf{B} = \frac{1}{N} \sum_{t=1}^{T+1} \frac{1}{\pi(t;\boldsymbol{\theta}, \boldsymbol{\eta}_1)} \frac{\partial \pi(t;\boldsymbol{\theta}, \boldsymbol{\eta}_1)}{\partial \boldsymbol{\theta}} \frac{\partial \pi(t;\boldsymbol{\theta}, \boldsymbol{\eta}_1)}{\partial \boldsymbol{\theta}'}$$

と計算される．そして，構造パラメータの最尤推定値で $\mathbf{B}^{-1}$ を計算したものが，$\sqrt{N}(\hat{\boldsymbol{\theta}} - \boldsymbol{\theta}_0)$ の漸近分布の分散・共分散マトリックスとなる．

第7章　登録更新制度

第1節　特許保護期間と経済厚生

1.1　法定満了制度と登録更新制度

　1764年，ジェームズ・ワット（Watt, James）は，当時の主流であったニューコメコン方式の蒸気機関を修理している際，この方式には致命的な欠陥があることに気がついた。そして，シリンダーを1動作ごとに冷やすのではなく，蒸気を別の円筒で冷却させて凝縮させれば，石炭の消費量を飛躍的に節約できることを発見した。1768年にこのアイデアは具体化され，翌年には「火力機関における蒸気と火力の消費を節約する方法」という発明に特許権が付与された（英国特許第913号）。その後，ワットは事業面での協力者であったマッシュ・ボールトン（Boulton, Matthew）とともにイギリス議会に働きかけ，特許権の存続期間を1800年まで延長させることに成功した。ワットの発明が保護されている期間には，数多くの模倣技術が生まれ特許侵害が多発したが，特許法によりこうした競争相手はことごとく排除されたといわれている。このため，ワットの複動式蒸気機関に排他的独占権が与えられている期間より，むしろ特許保護期間が終了した後に蒸気機関の技術は急速に発展した（石井〔2009〕）。

特許制度は，発明創出に対するインセンティブを刺激する目的で，発明の創出者に独占的排他権を付与する。しかしそれは後続発明の阻害や死荷重の発生をもたらし，経済厚生の損失を伴わざるを得ない。特に，ワットの蒸気機関の事例が端的に示しているように，特許権の存続期間の長さは経済厚生に強く影響する。そこで現代では，特許権の存続期間に適切な制限を課す必要があると考えられている。

第2章第1節でみたように，こうした適切な保護期間についての理論研究による解答は，発明の創出者が発明に要した経済的な費用を回収できる程度に特許権の保護期間を定めればよい，というものであった（Nordhaus〔1969〕，Gilbert and Shapiro〔1990〕, Klemperer〔1990〕, Gans, King and Lampe〔2004〕）。経済的な費用の回収という点で適切な期間設定となっているかどうかはわからないが，ほとんどの主要国の特許保護期間は20年に定められている。容易に想像されるように，発明に要した費用はもとより，発明が持つ私的価値や社会的価値は大きく異なっていると考えられるので，どのような発明にも20年という画一的な制限しか与えられない「法定満了制度」は適切な制度設計とはいえない。そこで主要国では，「法定満了制度」に加え「登録更新制度」を併用して特許保護期間の差別化を図っている。登録更新制度は，特許権者に登録更新料を定期的に課し，登録更新料が納付されなければ法定満了日前でも特許権の存続を認めないという制度である。そしてほとんどの主要国では，登録期間が長くなるにつれて登録更新料を逓増させる仕組みを採用している。その結果，登録更新料の賦課に耐えられる特許の権利保持期間は長期化するが，そうでない特許は早期に権利が放棄される。

日本の特許制度では，出願人や特許権者に権利化プロセスの各段階で様々な特許料が課されるが，登録更新料の賦課は特許権の保持期間に影響するので，他の特許料とは異なった観点から料金体系が設計されなければならない。

日本では特許出願の際に「特許出願料」が課され，審査請求には「審査請求料」が課される。審査請求料はクレーム数に比例して賦課が増大する仕組みとなっている。出願人にこれらの特許料を課す制度の合理的根拠として「利益原則」が考えられる。特許制度によって最も利益を得るのは発明を特許出願した

者なので，彼らに特許行政費用を負担させるのが望ましい。出願料は出願エントリーや方式審査に要する事務経費として，審査請求料は審査に要する経費として審査請求を行った者に負担させるのが合理的であろう。クレーム数の多い特許出願ほど審査期間が長期化し審査に要する費用も増加する傾向にあるので，クレーム数に比例して審査請求料を増加させる仕組みにも合理性がある[1]。しかし，特許権の設定や登録更新に要する事務経費はほとんど必要ないはずなので，登録更新料の賦課を通常の利益原則の観点からは正当化することはできない。

1.2　生産性格差モデル（Cornelli and Schankermana〔1999〕）

本章1.1で指摘したように，登録更新料の賦課は利益原則の観点からは正当化されない。登録設定や登録更新の際に課される特許料は，登録更新制度を機能させ，特許権の存続期間に差別的な制限を課すために請求されていると考える必要がある。法定満了制度ではどのような発明にも画一的な特許保護期間しか適用できないが，登録更新制度は発明の性質によって異なった保護期間を割り振ることができる。この点について，パテントオフィスが登録更新料を課す合理的な理由を理論的に分析した研究に Cornelli and Schankerman〔1999〕や Scotchmer〔1999〕がある。Cornelli and Schankerman〔1999〕は，企業とパテントオフィスの間に「情報の非対称性」が存在し，企業が非道徳的に行動してしまうとき，経済厚生の最大化，あるいは技術独占がもたらす弊害の最小化を実現するために登録更新料を課す必要があると考えた。

一般に，特許の背後にある発明の「潜在的価値（第2章1.4参照）」は著しく異なっていると考えられる。高い潜在的価値を持つ発明は社会に多くの余剰をも

---

[1] 米国では2000年に出願早期公開制度（early disclosure system）が導入されたが，この制度導入の経済効果を分析したものに Johnson and Popp〔2003〕がある。この研究では，クレーム数の多い特許出願ほど審査期間が長いことが明らかにされている。日本では，山田〔2009〕が同様の結果を報告している。

たらすので，こうした発明に対してはできるだけ長い保護期間を認めて，そうした発明を起こした主体の研究開発インセンティブを刺激するのが望ましい。他方，低い潜在的価値しか持たない発明の保護期間はできるだけ短い方が望ましい。それは，低い潜在的価値しか生まない発明は経済に僅かな余剰しかもたらさないので，保護期間における技術独占の弊害の方が深刻となってしまうからである。

ところが，パテントオフィスと企業（出願人）の間には著しい情報の非対称性が存在するので，パテントオフィスは個々の発明の潜在的価値を正確に把握することができない。そこで，企業自身に発明の潜在的価値を申告させ，申告された潜在的価値に応じて保護期間を定めるという制度を設計すれば，パテントオフィスは適切な保護期間を割り振ることができる。しかし，こうした申告制度を設けると，企業は自らの発明の価値を偽って高く申告するに違いない。なぜなら，企業は保護期間が長いほど独占利益をより多くの期間享受できるからである（モラルハザード）。

Cornelli and Schankerman〔1999〕は，パテントオフィスが適切な保護期間を割り振るには，保護期間が長くなるにつれて高額となる登録更新料を企業に請求すればよいと考えた。それは，偽って高い潜在的価値を申告して長い特許保護期間を享受しようとすると登録更新料の負担が増加してしまうので，企業は真の発明の潜在的価値に応じた適切な保護期間を選択するようになると期待されるからである。このように，登録更新料は独占的排他権を付与する特許制度の弊害を最小限に留め，経済厚生を最大化させるために課される必要がある。Cornelli and Schankerman〔1999〕のこうした「生産性格差モデル」は，望ましい特許保護期間の設定や登録更新制度の設計について豊富な含意を提供している。そこで以下では，彼らのモデルを応用し，登録更新についての望ましい制度設計を検討してみよう。

1.3 特許保護期間と経済厚生

企業（出願人）の起こした発明に対する需要量（あるいは発明が体現された財に対する需要量）を $Q(p|\mu)$ としよう。ここで，μ は発明の規模を意味し，発明の規模が大きいほどその発明に対する需要量は増加すると仮定する（$Q_\mu>0$）。発明が特許制度によって保護されている期間では，発明を起こした企業に独占的排他権が付与されるので，企業は独占価格を設定しプライス・メーカーとして行動することができる。したがって，発明の市場価格は $p(\mu)=\arg\max_p pQ(p|\mu)$ のように決定される。企業の設定する独占価格 $p(\mu)$ は，発明の規模 μ だけに規定される。また，企業の毎期の収入は $\pi(\mu)=p(\mu)Q(p(\mu)|\mu)$ となるので，毎期の収入もやはり発明の規模 μ だけに規定される。$\pi_\mu=p(\mu)Q_\mu>0$ なので，企業の毎期の収入は，発明の規模 μ に対して単調増加となる[2]。

一般に，発明は非競合的で複製の費用が著しく安価な財なので，競争市場において特許保護期間が終了すると排除性が失われ発明からの収入は消滅してしまう（第2章第1節参照）。したがって，特許保護期間が終了した後は消費者余剰だけが残り，単位時間当たりの消費者余剰 $B(\mu)$ は，

$$B(\mu)=\int_0^\infty Q(p|\mu)dp$$

のように表される。特許保護期間終了後の消費者余剰 $B(\mu)$ は，この発明の潜在的価値（第2章1.4参照）も意味しており，それは発明の規模 μ が大きいほど増大する（$B_\mu>0$）。

発明の規模 μ は，各企業の研究開発生産性 θ と研究開発活動の規模 z に依存し，それらの関係を $\mu=\theta z$ のように特定化する。また，企業の単位時間当たりの収入を $\pi(\mu)=\pi(\theta z)=\theta z$ のように特定化する。さらに，企業が研究開発活動の規模 z を拡大させるには，研究開発費 c の逓増的な負担が強いられると仮定

---

[2] 企業の毎期の収入を発明の規模 μ について微分すれば，$\pi_\mu=pQ_\mu+p_\mu(Q+pQ_p)$ となるが，収入最大化の一階の条件より $Q+pQ_p=\mu$ なので，$\pi_\mu=pQ_\mu$ となる。

し，研究開発費と研究開発活動の規模との関係を $c=z^2/2$ のように特定化する。

特許保護期間において，企業は研究開発活動の規模を拡大させるほど多くの収入を得ることができるが，研究開発費が逓増してしまうので最適な研究開発活動の規模を選択する。特許保護期間中の企業の利潤は，

$$\int_0^T \theta z e^{-\rho t} dt - \frac{z^2}{2} = \frac{\theta z}{\rho}(1-e^{-\rho T}) - \frac{z^2}{2}$$

と表される。ここで，T は特許保護期間，ρ は割引率を意味する。最大化の1階の条件から最適な研究開発活動の規模 z^* は，

$$z^*(\theta, T) = \frac{\theta}{\rho}(1-e^{-\rho T}) \tag{7.1}$$

のように選択される。最適な研究開発活動の規模は，研究開発生産性 θ が高いほど，特許保護期間 T が長いほど大きくなる（$z_T^* = \theta e^{-\rho T} > 0$）。

θ という研究開発生産性を持つ企業の発明によって創出される単位時間当たりの生産者余剰と消費者余剰の合計 W および死荷重 D はそれぞれ，

$$W(\theta z) = \int_{p(\theta z)}^{\infty} Q(p|\theta z) dp + \theta z$$

$$D(\theta z) = \int_0^{p(\theta z)} Q(p|\theta z) dp - \theta z$$

と表される。したがって，θ という研究開発生産性を持つ企業の発明によって生み出される経済厚生，あるいは，パテントオフィスが最大化の対象とすべき目的関数 S は，

$$\begin{aligned} S(\theta z, T) &= \int_0^{\infty} W(\theta z) e^{-\rho t} dt + \int_T^{\infty} D(\theta z) e^{-\rho t} dt - \frac{z^2}{2} \\ &= \frac{W(\theta z)}{\rho} + \frac{D(\theta z)}{\rho} e^{-\rho T} - \frac{z^2}{2} \end{aligned} \tag{7.2}$$

となる。(7.2) 式は，無限期間にわたって発生する社会的余剰と特許保護期間終了後に復活する死荷重に相当する消費者余剰の合計から研究開発費を除いたものが，経済厚生に等しくなるということを意味している。企業は (7.1) 式に基づいて最適な研究開発活動の規模を選択するので，(7.1) 式を (7.2) 式に代入すれば，経済厚生は研究開発生産性 θ と特許保護期間 T の関数となる $S(\theta, T)$。

1.4 最適な登録更新料

パテントオフィスは，θ という研究開発生産性を持つ企業の発明に対して，経済厚生が最大化されるように特許保護期間を定めるとしよう。このとき，最大化の1階の条件は（7.2）式より，

$$\frac{W'}{\rho}\theta z_T^* + \frac{D'}{\rho}\theta z_T^* e^{-\rho T} - De^{-\rho T} - z^* z_T^* = 0, \quad z_T^* = \theta e^{-\rho T} \tag{7.3}$$

となる。(7.3) 式は特許保護期間の長期化は，経済厚生を増大させる限界効果（左辺第1項と第2項）と，それを減少させる限界効果（左辺第3項と第4項）を持っていることを意味している。特許保護期間の長期化により研究開発活動のインセンティブが高まるので（(7.1) 式），発明の潜在的価値が増大する。その結果，単位時間当たりの社会的余剰が増加し（(7.3) 式左辺第1項），特許保護期間終了後に復活する死荷重に相当する消費者余剰も増大する（左辺第2項）。しかし，死荷重の発生期間が長期化する分（(7.3) 式左辺第3項）と研究開発費の負担増（左辺第4項）により経済厚生が失われる。したがって，θ という研究開発生産性を持つ企業の発明に対する最適な特許保護期間は，正の限界効果と負の限界効果を一致させるように設定すればよいことになる。

いま単純化のため，単位時間当たりの社会的余剰と死荷重を $W(\theta z) = (\theta z)^\alpha$，$D(\theta z) = \beta(\theta z)^\gamma$ のように特定化すれば，(7.3) 式の最大化の1階の条件は，

$$\frac{\alpha \theta^2}{\rho}\{\pi(\theta, T)\}^{\alpha-1} + \frac{\beta\gamma\theta^2}{\rho}\{\pi(\theta, T)\}^{\gamma-1}e^{-\rho T} = \beta\{\pi(\theta, T)\}^\gamma + \pi(\theta, T) \tag{7.4}$$

となる。ただしここで，$\pi(\theta, T) = (\theta^2/\rho)(1 - e^{-\rho T})$ で，企業が最適な研究開発活動の規模を選択したときの収入を意味する。社会的余剰と死荷重が θz について線形関係にあるとき，すなわち $\alpha = \gamma = 1$ のとき，(7.4) 式から θ は消去されるので，すべての発明に同じ特許保護期間を適用するのが望ましい。そうでない場合は，最適な特許保護期間は研究開発生産性 θ の関数となる $T(\theta)$。そして，研究開発生産性の高い企業の発明には，長い特許保護期間を適用するのが

望ましい $T_\theta(\theta) > 0$。

図7.1は，$\alpha = 1.1$，$\beta = 0.9$，$\gamma = 5$ とした場合，および $\alpha = 1$，$\beta = 0.4$，$\gamma = 1$ とした場合の研究開発生産性 θ と最適特許保護期間 $T(\theta)$ の関係を見たものである。α は社会的余剰に関する発明規模弾力性を，γ は死荷重に関する発明規模弾力性を意味している。先にも指摘したように，これらの弾力性が1のとき最適特許保護期間 T と研究開発生産性 θ の間の相関は消滅するので，すべての発明に一律の特許保護期間（ここでの数値例では15.1年）を適用するのが望ましい。一方，$\alpha = 1.1$，$\beta = 0.9$，$\gamma = 5$ とした場合には，研究開発生産性の低い発明には短い特許保護期間を適用し，それが高い発明には長い特許保護期間を適用することが経済厚生の最大化につながる。研究開発生産性 θ の低い発明は，社会的余剰を創出する効果が小さいにもかかわらず，相対的には死荷重を創出する効果が大きいので，短い特許保護期間を適用するのが望ましい。逆に，研究開発生産性の高い発明は，社会的余剰を創出する効果が大きく，相対的には死荷重を創出する効果が小さいので，長い特許保護期間を適用するのが望ましい。

このように，パテントオフィスが経済厚生を最大化するには，研究開発生産

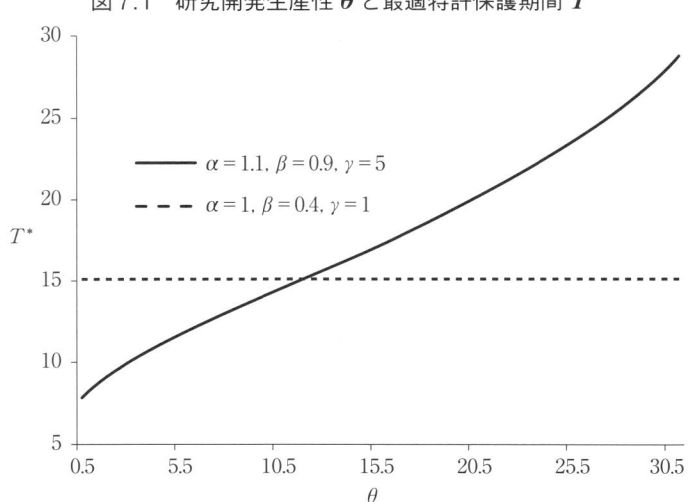

図7.1　研究開発生産性 θ と最適特許保護期間 T^*

性 θ に応じて適切な特許保護期間を割り振る必要がある．しかし，パテントオフィスと発明を権利化する企業との間には，著しい情報の非対称性が存在すると考えられるので，パテントオフィスは企業の研究開発生産性を正確に把握することができない．パテントオフィスが企業の研究開発生産性や発明の潜在的価値を把握するには，企業自身にそれを申告してもらう他はない．しかし，企業は研究開発生産性を高く申告するほど適用される特許保護期間が長くなり生産者余剰が増加するので，正しい研究開発生産性を申告せず，偽って高い研究開発生産性を申告するだろう（モラルハザード）．そこで，企業が高い研究開発生産性を申告し長い保護期間の適用を望むほど，多額の特許料を請求することにすれば，パテントオフィスは正しい研究開発生産性を把握できるようになるはずである．Cornelli and Schankerman〔1999〕は，企業に正しい研究開発生産性を申告させ最適な保護期間を選択させるためには，企業が申告した研究開発生産性 $\hat{\theta}$ に対して，次のような特許料 $f(\hat{\theta})$ を課せばよいと考えた．

$$f(\hat{\theta}) = \frac{\hat{\theta}^2}{2\rho^2}\{1-e^{-\rho T(\hat{\theta})}\}^2 - \int_0^{\hat{\theta}} \frac{s}{\rho^2}\{1-e^{-\rho T(s)}\}^2 ds \qquad (7.5)$$

(7.5) 式のようなルールに基づいて特許料を課すとき，特許保護期間中の企業の利潤から特許料を除いた生産者余剰は，

$$\Pi(\theta, \hat{\theta}) = \frac{\theta^2}{2\rho^2}\{1-e^{-\rho T(\hat{\theta})}\}^2 - f(\hat{\theta})$$

となるので，企業は $\Pi(\theta, \hat{\theta})$ が最大になるような研究開発生産性を申告する．この式の最大化の1階の条件は $\hat{\theta}=\theta$ となるので，企業は特許料 $f(\hat{\theta})$ が課されることにより，正しい研究開発生産性を申告するようになる．

(7.5) 式を $\hat{\theta}$ について微分すれば，

$$f_{\hat{\theta}} = \frac{\hat{\theta}^2 e^{-\rho T(\hat{\theta})}}{\rho^2}\{1-e^{-\rho T(\hat{\theta})}\}\frac{dT}{d\hat{\theta}}$$

となるので，$dT/d\hat{\theta}>0$ であるかぎり，すなわち，研究開発生産性の高い特許には長い特許保護期間を適用するのが望ましいかぎり，高い研究開発生産性を申告した企業には高い特許料を課すのが望ましい．$T(\theta)$ の逆関数を $\theta(T)$ とすれば，望ましい特許料は $F(T)=f(\theta(T))$ と表される．$F_T=f_{\hat{\theta}}(dT/d\theta)^{-1}>0$ な

ので，パテントオフィスは，特許保護期間が長くなるほど高い特許料を課す登録更新制度を適用すれば経済厚生の最大化を達成することができる。以上はCornelli and Schankerman〔1999〕のモデルの概要であるが，以下ではこのモデルを応用し，特許保護期間の制限に関する望ましい制度設計について検討していく。

1.5 法定満了制度の併用と経済厚生

本章1.1で指摘したように，主要国の特許制度では特許権の保護期間について法定満了制度を適用している。日本の特許法では，第67条①において「特許権の存続期間は特許出願の日から20年をもって終了する」と定められている。一般に，法定満了制度を適用する理由は，ある一定期間だけ企業に独占的排他権を認めることで研究開発費を回収させ，十分にそれが回収された段階で発明を社会に寄進させれば，企業と社会の利益を両立させることができると考えられているからである。ところが，特許保護期間の長短が企業の研究開発活動に影響し，発明の潜在的価値をも左右するCornelli and Schankerman〔1999〕の理論モデルにおいて，法定満了制度の適用は経済厚生の損失をもたらす場合がある。

いま，発明の研究開発生産性の最高値を $\theta_{\max}$，最低値を $\theta_{\min}$ としよう。経済厚生を最大化する特許保護期間 $T(\theta_{\max})$ より法定満期 T_L が短い場合，$T_L = T(\theta)$ を満たす研究開発生産性 θ_L よりも高い研究開発生産性を持つ企業の発明は，最適な特許保護期間より短い保護期間しか適用されないことになる。したがって，企業の研究開発意欲が失われ，経済厚生に損失が生じてしまう。特許保護期間に満期がなければ，もしくは，法定満期が何の制約にもなっておらず $T(\theta_{\max}) < T_L$ であれば，(7.2) 式より全体の経済厚生の最大値 $V_{\max}$ は，

$$V_{\max} = \int_{\theta_{\min}}^{\theta_{\max}} \left\{ \frac{W(\theta z^*)}{\rho} + \frac{D(\theta z^*)}{\rho} e^{-\rho T(\theta)} - \frac{1}{2} z^{*2} \right\} dG(\theta|\mathbf{m})$$

となる。ただしここで，$G(\theta|\mathbf{m})$ は研究開発生産性の累積分布であり，$\mathbf{m}$ は分布

を規定するパラメータベクトルを意味する。最大の研究開発生産性 $\theta_{\max}$ を持つ企業の発明に対して適用される望ましい特許保護期間よりも，法定満期が短い場合，すなわち $T_L = T(\theta_L) < T(\theta_{\max})$ である場合，経済厚生 V_L は，

$$V_L = \int_{\theta_{\min}}^{\theta_L} \left\{ \frac{W(\theta z^*)}{\rho} + \frac{D(\theta z^*)}{\rho} e^{-\rho T(\theta)} - \frac{1}{2} z^{*2} \right\} dG(\theta|\mathbf{m})$$

$$+ \int_{\theta_L}^{\theta_{\max}} \left\{ \frac{W(\theta z^*(T_L))}{\rho} + \frac{D(\theta z^*(T_L))}{\rho} e^{-\rho T_L} - \frac{1}{2} z^*(T_L)^2 \right\} dG(\theta|\mathbf{m})$$

となる。ただし，$z^*(T_L)$ は法定満期が T_L に定められたときの最適な研究開発活動の規模で $z^*(T_L) = (\theta/\rho)(1 - e^{-\rho T_L})$ である。このとき，$V_{\max} > V_L$ であることは容易に証明される。

また，$T_L = T(\theta_L) < T(\theta_{\max})$ のとき，研究開発生産性が θ_L より高い企業の発明は，最適な特許保護期間を適用されていないので，研究開発活動の規模が縮小してしまう。図7.2は，特許保護期間に満期がない場合に企業が選択する最適な研究開発活動の規模 z^* と，法定満期 T_L が課された場合の研究開発活動の規模 $z^*(T_L)$ を比較したものである。$\theta_L \leq \theta \leq \theta_{\max}$ において，高い研究開発生産性を持つ企業ほど研究開発活動の規模は大きいが，法定満期が課されていると

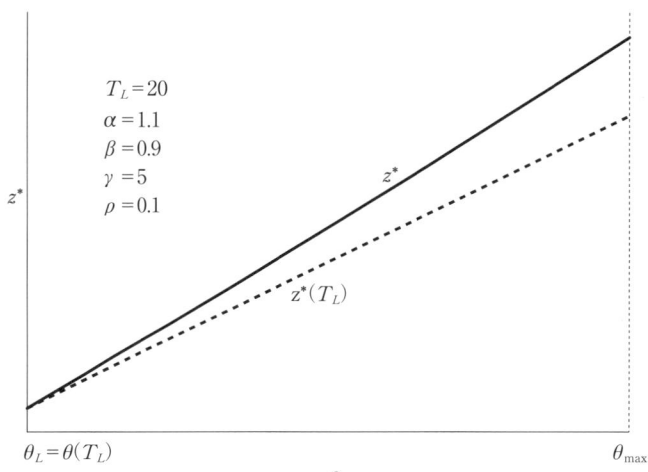

図7.2 法定満期の設定と研究開発活動の規模

$T_L = 20$
$\alpha = 1.1$
$\beta = 0.9$
$\gamma = 5$
$\rho = 0.1$

きはそれ以上の特許保護期間を享受することができないので，どのような企業も研究開発活動の規模を縮小させてしまう．そして，研究開発生産性が高い企業ほど研究開発活動を縮小させる程度は大きくなる．

研究開発活動の規模の縮小は，発明の潜在的価値の低下を通して経済厚生の損失をもたらすが，こうした経済厚生の損失の程度と「特許権の満期率」の間には密接な関係がある．全特許数のうち満期まで権利が保持される特許の割合 ω（特許権の満期率）は，

$$\omega = \int_{\theta_L}^{\theta_{\max}} dG(\theta|\mathbf{m})$$

と計算されるが，この式からも明らかなように，θ_L が $\theta_{\max}$ より低いほど，すなわち，法定満期 T_L が $T(\theta_{\max})$ より短いほど満期率 ω は増加する．図7.3は，$\alpha=1.1$, $\beta=0.9$, $\gamma=5$ とした場合，経済厚生と満期率が法定満期 T_L の設定によってどのように変化するかを観察したものである．もし，設定された法定満期が十分に長く $T(\theta_{\max}) \leq T_L$ を満たしていれば，登録更新料が適切に課されているかぎり，経済厚生は最大化され（$V_L/V_{\max}=1$），満期率はゼロ（$\omega=0$）となる．しかし，法定満期が制約となっており $T(\theta_{\max}) > T_L$ の場合には，T_L が短いほど $V_L/V_{\max}$ は小さくなるので経済厚生の損失の程度が大きくなり，同時

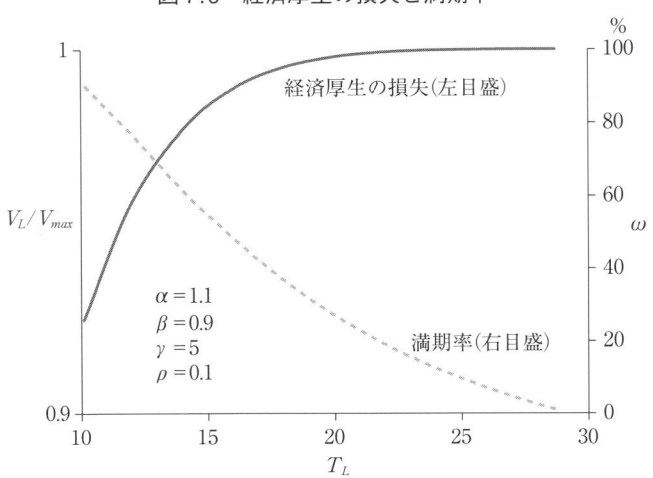

図7.3 経済厚生の損失と満期率

に満期率が上昇していく。本章1.4でみたように，登録更新料の賦課は，企業に正しい研究開発生産性を申告させ経済厚生を最大化するような特許保護期間を割り振る機能を果たしていた。しかし，法定満期を設定し，しかもそれが制約となっているとき，相対的に高い研究開発生産性を持つ企業の発明に対して画一的な特許保護期間が適用されてしまうので，経済厚生に損失が生じてしまうのである。そして，そうした経済厚生の損失の程度は，満期率の大きさに反映される。

1.6 満期率と経済厚生

容易に理解されるように，不適切な登録更新料の設定も経済厚生の損失をもたらす。たとえば，(7.5) 式で表される最適な登録更新料より実際に適用される料金が安いとき，パテントオフィスは適切な保護期間の割り振りに失敗し経済厚生が最大化されない。そして，法定満期が制約になっているとき，経済厚生の損失の程度はやはり満期率の大きさに反映される。このことを示すため，登録更新料の構造を $\lambda f(\hat{\theta})$ と表そう。ここで，λ が1のとき最適な登録更新料が課されることになるが，1より小さいとき過少な特許料しか課されていないことになる。このように，λ は最適な登録更新料からの乖離の程度を表すパラメータを意味している。

登録更新料が $\lambda f(\hat{\theta})$ のとき，企業は次のように表される生産者余剰が最大化されるような研究開発生産性をパテントオフィスに申告するだろう。

$$\Pi(\theta, \hat{\theta}) = \frac{\theta^2}{2\rho^2}\{1 - e^{-\rho T(\hat{\theta})}\}^2 - \lambda f(\hat{\theta})$$

この式を研究開発生産性 $\hat{\theta}$ について最大化すると，その条件が $\hat{\theta} = \lambda^{-0.5}\theta$ となる。すなわち，λ が1より小さくパテントオフィスが最適な登録更新料よりも低い料金しか課していないとき，企業は真の研究開発生産性 θ ではなく，それより高い研究開発生産性を申告するので，パテントオフィスは最適な保護期間より長い保護期間を付与してしまうことになる。その結果，法定満期が制約と

なっているとき，最適な登録更新料が賦課されている場合より特許権の満期率が上昇する。

　これまでの理論的な分析は，法定満了制度と登録更新制度の併用は望ましい制度設計とはいえない，ということを示唆している。本章1.4でみたように，社会的余剰に関する発明規模弾力性 α と死荷重に関する発明規模弾力性 γ が1のとき，すべての発明に同じ保護期間を適用するのが望ましいので，法定満了制度だけが必要とされる。また，α や γ が1ではなく，しかも法定満期が最大の研究開発生産性を持つ発明に対する最適な特許保護期間より短いとき，経済厚生の損失が生じてしまうので法定満期を定めるのは望ましくない。さらに，法定満期が最大の研究開発生産性を持つ発明に対する最適な特許保護期間より長いときは，そもそも法定満期を定める意味はない。

　登録更新制度と法定満了制度を併用しているとき，法定満期が制約となっている場合だけでなく，登録更新料が安すぎる場合にも経済厚生の損失が生じ，その程度は満期率の大きさに反映された。そこで，実際にどの程度の特許が法定満期まで保有されているのかをみたものが表7.1である。表7.1は，医薬，化学，電気，精密，機械，輸送に属する東証一部上場312社が1985～1989年に出願し登録された特許のうち，満期まで権利が保有された割合を示したものである。それによると，満期率の最も高い産業は医薬の27%で，逆に最も低い産業は機械の18%であった。産業全体の満期率は，23%であり，決して無視でき

表7.1　産業別満期率

産業	登録件数	存続期間満了	年金未納	その他	満期率（%）
医薬（21社）	1771	483	1254	34	27.27
化学（80社）	25912	5736	19996	180	22.14
電気（106社）	148056	36030	111391	635	24.34
機械（67社）	20715	3823	16742	150	18.46
精密（14社）	4892	1047	3813	32	21.40
輸送（24社）	30785	5353	25369	63	17.39
産業全体（312社）	232131	52472	178565	1094	22.60

（資料）「IIP特許データベース」，「整理標準化データ」。
（注）その他は，無効審判請求および異議申立成立，放棄などによって権利が消滅したもの。

る数値とはいえなかった。

　法定満期が制約となっていることが原因で権利満了特許が生じている場合には，パテントオフィスは θ_L を超える研究開発生産性を持つ企業の発明に対して，十分な保護期間を与えていないということを意味する。これに対し，登録更新料が安すぎる場合には，θ_L 以下の研究開発生産性を持つ企業の発明に対して長すぎる保護期間を与えてしまっていることを意味する。

第2節　特許特別会計と「収支相償の原則」

2.1　登録更新料の実際

　本章第1節では，特許権の保護期間に制約を課す制度は経済厚生に強く影響するので，登録更新制度を機能させるための登録更新料の体系は，特許制度がもたらす技術独占の弊害をできるだけ緩和するという観点から設計されるのが望ましいということを指摘した。しかし，現実に特許庁が行う登録更新料の改訂は，必ずしも経済厚生への影響が考慮され実施されてきたとはいえない。そこで以下では，現実の登録更新料の体系がどのように設計され，どのような根拠で料金改訂が実施されてきたのかを概観しておくことにしよう。

　すでに繰り返し述べたように，発明に付与される独占的排他権の存続期間に制限を課す方法には，「法定満了制度」と「登録更新制度」がある。前者はすべての特許権の存続期間に対して一律に「権利満了日」を定める制度であるのに対し，後者は登録更新の際に維持年金（登録更新料）を課して特許権の存続期間を出願人自身に選択させる制度である。かつての米国のように，法定満了制度のみを採用していた国もあるが，ほとんどの主要国では法定満了制度と登録更新制度を併用している。国によっては，特許権の登録設定の際の特許料と登

録更新の際の特許料を明確に区分し，登録更新料を登録設定の数年後から課す制度が採用されている場合もあるが，特許権の設定と権利保持に料金が課されるという点では主要国の間に違いはない。登録更新料の課し方についても，登録期間が長くなるにつれ登録更新料を引き上げるという方式が共通して採用されている。ただし，特許権者に対する登録更新料の賦課の程度には違いがあるし，日本や英国のように3年おきに登録更新料を引き上げる国もあれば，フランスやドイツのように毎年連続的に登録更新料を引き上げる国もある。

　日本の特許法の第107条①は「特許権の設定の登録を受ける者又は特許権者は，特許料として，特許権の設定の登録の日から存続期間の満了までの各年について，1件ごとに特許料を納付しなければならない」と定めている。ただし，特許権の設定には登録日から3年分の特許料を納付する必要があり，これは一般に「設定納付金」と呼ばれている。4年目以降も特許登録を存続させるためには，毎年特許料を納付しなければならず，これは一般に「維持年金」と呼ばれる。そして，維持年金が未納になると特許権は自動的に消滅する。出願人は，設定納付金により，3年間の維持年金のいわば「前払い」を要求されるので，この期間において登録継続の意思決定を行うことができないが，4年目以降は毎年登録継続の意思決定を行うことができる。

　特許1件ごとの登録更新料は，固定部分とクレーム比例部分についてそれぞれ納付されなければならない。クレーム比例部分については，特許請求項1項当たりの料金が定められており，請求項1項当たりの料金に請求項数をかけた金額が納付される。したがって，請求項数が多くなるにつれて納付される維持年金も増加する。

2.2　「収支相償の原則」

　かつての日本では，特許行政に関わる経費は一般会計で処理されていたが，出願件数の増大および出願内容の高度化に対応した迅速かつ円滑な処理体制を確立するという目的で，1984年度（昭和59年度）から特許特別会計が設置され

た。特許行政においては，「利益原則」が重視されるべきなので，特定の歳入をもって特定の歳出にあて，一般会計の歳入・歳出と区分して経理できる特別会計の設置は合理的な制度改訂といえよう。

特許特別会計の歳入は，特許印紙収入及び特許料収入，一般会計からの受入，雑収入，前年度余剰金などから構成され，歳出は，事務取扱経費及び施設整備費，国債整理基金特別会計への繰入などから構成されている。表7.2に示したように，2008年度（平成20年度）の予算ベースでみると，特許印紙収入と前年度余剰金で歳入予算の96％が賄われており，一般会計からの受入はごく僅かにすぎない。歳出面では，事務的経費が圧倒的に多く，歳出予算の87.6％を占めており，国債整理基金特別会計への繰入れは僅かにすぎない[3]。過去においても，一般会計からの受入や国債整理基金特別会計への繰入はごく僅かな金額であったので，特許特別会計は他の会計とはほぼ完全に独立して運営されてきたといえよう。

表7.2　2008年度（平成20年度）の特許特別会計　（単位：百万円）

歳入		歳出	
特許印紙収入	106,846 (40.1％)	独立行政法人工業所有権情報・研修館運営費	13,659 (11.1％)
特許料等収入	8,554 (3.2％)	事務取扱費	107,576 (87.6％)
一般会計より受入	19 (0.007％)	施設整備費	1,225 (1％)
雑収入	2,001 (0.75％)	国債整理基金特別会計への繰入	40 (0.033％)
前年度余剰金	149,034 (55.9％)	予備費	300 (0.24％)
合計	266,454	合計	122,800

（資料）財務省『財政金融統計月報』第673号。

3　特許特別会計は一般会計からの繰入をほとんど受けていないので，国債整理基金への繰り入れは整合性を欠くように思われる。ただし，特許特別会計は，資金繰りのため一時的に一般会計から借入をする場合があり，そうした場合の支払利息の財源として国債整理基金への繰入金が予算計上されている。

日本の維持年金の改訂はきわめて頻繁に行われている。維持年金の改訂は，特許特別会計の設置により特許行政に関わる収支が明確になったため，特許特別会計の収支を適正化させる目的で実施される場合が非常に多い。こうした特許料改訂の根拠は「収支相償の原則」といわれている。表7.3は，特許特別会計が設置されてから，維持年金がどのように改訂されてきたのかをみたものである。1993年（平成5年）の改訂では，維持年金の固定部分とクレーム比例部分について料金の引上げが実施された。1998年の改訂では，13年目以降の維持年金の大幅な引下げが行われた。また10年目以降から維持年金が8万1,200円に固定化された。こうした改訂は「維持年金の平準化」といわれる。こうした平準化構造を維持したまま，1999年にはクレーム比例部分の引下げが実施され，2004年には固定部分とクレーム比例部分ともに平準化部分を固定したまま1～9年までの維持年金が大幅に引き下げられ，2008年にも固定部分とクレーム比例部分の引下げが繰り返された。

　このように，1993年を除き維持年金は一貫して引き下げられ続けてきたが，その引下げ規模がどの程度であったかを確認するため，出願・登録ラグが5年

表7.3　維持年金改訂の推移　　（単位：円）

固定部	S63 1988	H5 1993	H10 1998	H11 1999	H16 2004	H20 2008
登録からの経過年数 1～3	9,300	13,000	13,000	13,000	2,600	2,300
4～6	14,500	20,300	20,300	20,300	8,100	7,100
7～9	29,000	30,600	40,600	40,600	24,300	21,400
10～12	58,000	81,200	81,200	81,200	81,200	61,600
13～15	116,000	162,400	81,200	81,200	81,200	61,600
16～18	232,000	324,800	81,200	81,200	81,200	61,600
19～20	464,000	649,600	81,200	81,200	81,200	61,600
クレーム比例部	1988	1993	1998	1999	2004	2008
登録からの経過年数 1～3	1,000	1,400	1,400	1,100	200	200
4～6	1,500	2,100	2,100	1,600	600	500
7～9	3,000	4,200	4,200	3,200	1,900	1,700
10～12	6,000	8,400	8,400	6,400	6,400	4,800
13～15	12,000	16,800	8,400	6,400	6,400	4,800
16～18	24,000	33,600	8,400	6,400	6,400	4,800
19～20	48,000	67,200	8,400	6,400	6,400	4,800

（資料）特許庁『工業所有権法規沿革』。

でクレーム数を5と想定した特許が満期まで権利が保持された場合の料金負担を試算してみた。試算によると，1993年の料金体系では47万2,000円であったものが，2008年には21万4,000円となり，料金負担は半分以下となっている。

2.3 特許特別会計の予算と料金改定の推移

図7.4は，特許特別会計の歳入と歳出，および前年度余剰金の推移をみたものである（決算ベース）。特許特別会計設置後，1992年度（平成4年度）までは，若干の歳入超過があるものの収支はほぼ均衡していたが，それ以降歳入は歳出を恒常的に上回るようになり，その差も年々拡大するようになった。そして，それに連動して前年度余剰金は増加の一途をたどり，1985年度に135億円であった余剰金は2010年度には1,963億円となり14.5倍の著しい増加を示している。

歳出規模は比較的安定的な増加テンポを示しており，平均して1年当たり34億円程度の増加であった。2004年度には歳出金額が著しい増加を示し，それに連動して翌年度の前年度余剰金が一時的に減少しているが，これは2004年度に特許事務の機械化を実施すべく529億円が一度に歳出予算に計上され支出されたためである。また，歳出規模の安定的推移の背景には，審査事務等の効率化もある。特許庁では，総合的機械化やペーパーレス化などを積極的に推進しており，これらの施策は事務効率の改善に大きく貢献したと考えられる。試みに，各年の歳出予算における事務的経費と施設整備費の合計金額の対数値を，審査請求数の対数値（1期のラグ付き）で回帰分析してみると，審査請求数の対数値の係数は0.29と推計された。これは，審査請求数の増加に対して事務経費等は逓減的にしか増加しないことを意味している。すなわち，審査請求数が10％増加しても，事務的経費は2.9％しか増加しない。

これに対して歳入規模の拡大テンポは非常に大きく，しかも増勢傾向が次第に強まってきている。歳入金額の増加は，基本的には出願数，審査請求数，特

許登録ストック数の増加によって説明されるが，維持年金の引下げは，年々拡大の一途をたどる前年度余剰金を抑制し，「収支相償」を達成するために繰り返し実施されてきたと考えられる。

図7.4によると，1993年度（平成5年度）には，前年度の収支がほぼバランスしてしまい，前年度余剰金が12億円程度に減少している。したがって，1993年度の維持年間の大幅な引上げは，中長期的な収支バランスの調整という観点から実施されたものと推察される。すなわち特許行政費用の不足が懸念されて行われた料金改訂と推察される。

1998年度と1999年度の維持年金の引下げは，前年度余剰金の増勢傾向が顕著になったために実施されたと考えられる。ただし，その後の前年度余剰金が安定的に推移しているにもかかわらず，2004年度には再び維持年金の引下げが実施されている。前年度余剰金の大きな増加傾向はみられないので，この改訂は「収支相償」とは無関係な改訂であるようにみえる。しかし，必ずしもそうとはいえない。2001年の審査請求可能期間の短縮に伴い，審査請求数が急増し

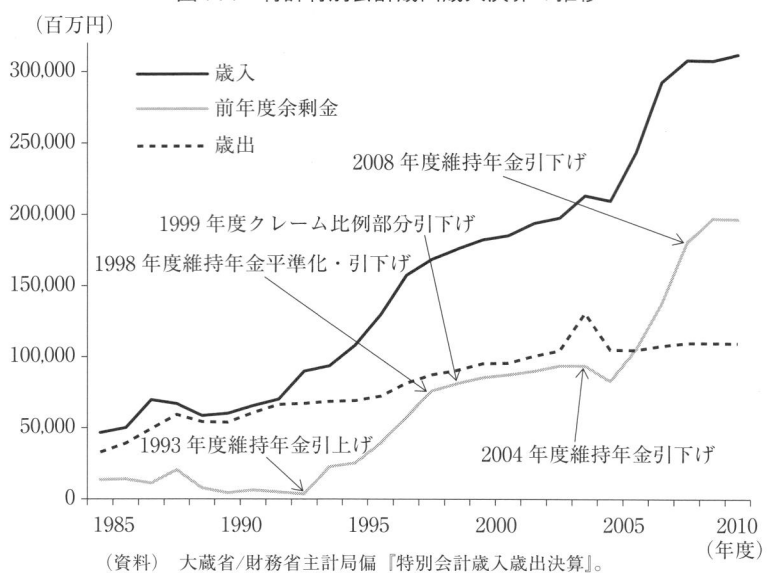

図7.4 特許特別会計歳出歳入決算の推移

（資料） 大蔵省/財務省主計局偏『特別会計歳入歳出決算』。

たため，2004年には審査請求料の大幅な引上げが実施された。審査請求料は倍に引き上げられたので一層の歳入増加が懸念された。そこで，審査請求料の増収分を相殺するために維持年金の引下げが実施されたと考えられる。それにもかかわらず，2004年の改訂以降，前年度余剰金の増加テンポは一層大きくなってしまった。これは，維持年金の引下げが審査請求料の引上げによる生涯審査請求率抑制効果を相殺してしまったため，維持年金の引下げによる減収効果を凌駕する増収効果が生じたことによると推察される（第8章3.2参照）。その結果，2006年度には前年度余剰金が歳出総額を上回ってしまい，2008年度の前年度余剰金は1,800億円にも達したため，再び維持年金の引下げが繰り返された。

2.4　維持年金引下げは有効か

そもそも，特許特別会計が必要とする歳出金額を正確に予測するのは難しい。それは，日本では審査請求制度が導入されているため，審査請求可能期間内のどの時点で審査請求が行われるかが不確実だからである。したがって，特許特別会計はある程度の余剰金を保有しておかざるを得ない。しばしば，特許庁が余剰金保有の根拠を説明するとき，この審査請求行動の不確実性が挙げられるが，それにしても1,963億円（2010年度）の前年度余剰金は過大すぎると判断せざるを得ない。図7.4からも明らかなように，度重なる料金改訂にもかかわらず，特許特別会計の収支調整は必ずしも成功してきたとはいえない。特許印紙収入及び特許料収入に占めるウェイトが最も高いのは維持年金であると推察される[4]。したがって，維持年金の改訂は特許印紙収入及び特許料収入に最も大きな影響を与えると考えられる。

図7.5は，特許印紙収入及び特許料収入の推移をみたものである。維持年金の引下げは，特許印紙収入及び特許料収入の効果的な抑制を期待して，すでに登録となっている特許にも改訂後の年金テーブルが適用される場合がほとんど

---

[4]　ただし，2004年の審査請求料の大幅な引上げにより，直近では審査請求料のウェイトが最も高い。

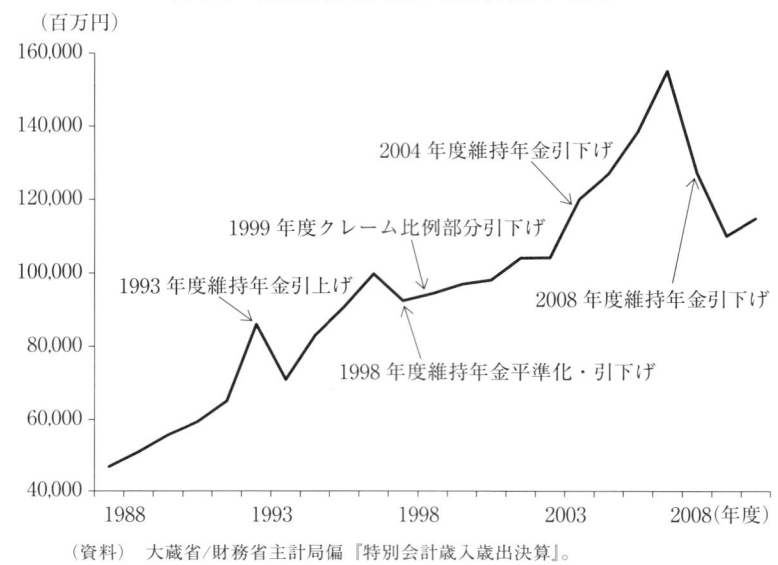

図 7.5 特許印紙収入及び特許料収入の推移

(百万円)

1993 年度維持年金引上げ
1999 年度クレーム比例部分引下げ
2004 年度維持年金引下げ
1998 年度維持年金平準化・引下げ
2008 年度維持年金引下げ

(資料) 大蔵省/財務省主計局偏『特別会計歳入歳出決算』。

なので,維持年金の引下げは確かに一時的に収入を減少させたり,増加趨勢を抑制したりする効果が認められる。しかし,一時的な減少のあと再び増加に転じ,収入の趨勢にあまり影響していないことがわかる。

「収支相償」の原則に加え,企業(出願人)の要請に基づき,特許料負担を軽減する目的で維持年金が改訂される場合もある。1998 年(平成 10 年)には,10 年目以降の維持年金の平準化という形で特許料の引下げが行われているが,これは,発明からの収益が 10〜13 年目にピークアウトすると考えられたため,それ以降の特許料の負荷を軽減する目的があった。また,1998 年の日本経済は,

---

5 ただし,2004 年の維持年金の改訂において,改訂前に審査請求された特許に対しては従来の料金テーブルが適用されている。これは審査請求料の負担増を相殺する意図があったためである。詳細は第 8 章参照。

6 平成 10 年法律改正(平成 10 年法律第 51 号)の『第 6 章』では,「現在,所有している様々なデータから,特許権を有する製品の利益曲線を予測すると,多くのケースでは最初の数年はあまり利益が出ないが,その後売り始めると加速がつき利益が急速に増加し始め,10〜13 年目に利益の天井がくると予想される」とし,このことが維持年金の負担感を高めているとしている。詳細は本章第 3 節参照。

大手都銀の破綻が相次ぎ，戦後2回目のマイナス成長を記録した大不況の年でもあったので，企業（出願人）からの強い特許料引下げ要請があったと推察される。

本章第1節で述べたように，維持年金に関する料金体系の設計は，特許権者の権利保持期間に影響するので，特許制度がもたらす非効率の緩和という観点から行う必要があると述べた。しかし，これまで述べた料金改訂の推移から明らかなように，現実の料金政策は「収支相償の原則」や「要請主義」に基づいており，必ずしも経済厚生の改善を意識して改訂が行われてきたとはいえない。

第3節　維持年金平準化の経済効果

3.1　維持年金平準化の目的

現実に設定されている維持年金の体系が，登録更新制度を有効に機能させ，適切な特許保護期間の割り振りに成功しているかどうかを実証的に明らかにすることはきわめて難しい。しかし，第6章第1節で解説した「登録更新のオプションモデル」を用いれば，料金改訂が特許権者の利益，権利保持期間，特許特別会計の収支に与えた影響を定量的に分析することができる。そこでこの節では，登録更新のオプションモデルを現実の日本の特許制度に合わせて調整し，料金改訂がもたらした経済効果を分析する。すでに繰り返し指摘したように，維持年金の改訂は頻繁に行われてきたが，なかでも1998年6月1日の改訂は登録後10～12年目以降の維持年金を平準化するという大幅な改訂であったので，本節ではこの改訂に注目して実証分析を行う。[7]

図7.6は，1988年の改訂前後の維持年金のプロファイルを固定部分について比較したものである。維持年金の引下げ率は，登録後13～15年で50%，

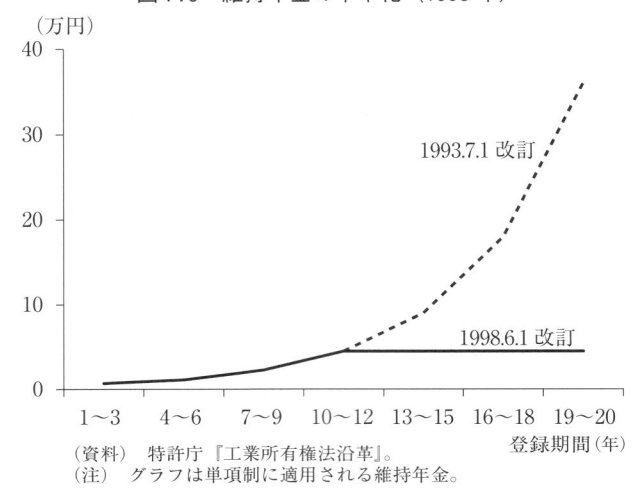

図7.6 維持年金の平準化（1998年）

（資料）特許庁『工業所有権法沿革』。
（注）グラフは単項制に適用される維持年金。

16〜18年で75%, 19〜20年では87.5%にも及んでいる。こうした改訂の結果，日本の維持年金の構造は主要国の中でかなり特徴的なものとなった。図7.7は，日本，英国，ドイツ，フランス，中国の維持年金の構造を2010年について観察したものであるが，日本を除く主要国のすべては依然として登録期間とともに幾何級数的に年金負担を増加させる構造を採用し続けている。このように，1998年の維持年金平準化は，過去の日本や他の主要国の登録更新料の構造と比較してかなり大胆な改訂であったといえよう。

維持年金平準化の目的として，平成10年法律改正（平成10年法律第51号・特許法等の一部を改正する法律）の第6章では，「特許料は，財産権の付与に対する対価として徴収しており，その金額は特許法の目的である発明の奨励を考慮し政策的に決められているものであるが，特許料については，国内外から特に後年期の特許料が高いという多数の指摘を受けていたところである」とし，「現在，

---

7 2004年にも，維持年金の大幅な引下げが実施されたが権利消滅の履歴が完結していないので，オプションモデルではこの改訂の分析はできない。
8 米国では散発的に登録更新料が課され，3年6カ月以内に$980, 7年6カ月以内に$2,480, 11年6カ月以内に$4,110となっており，米国においても登録期間とともに登録更新料が増加する構造となっている。

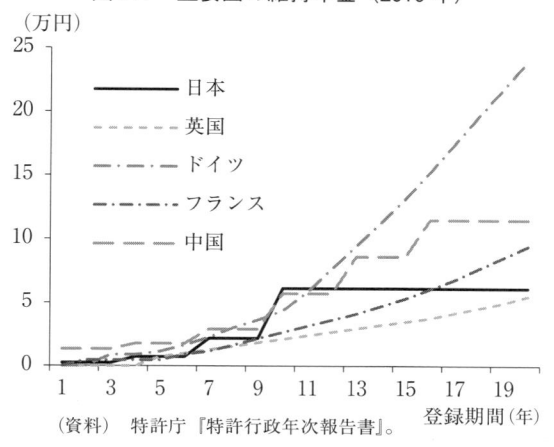

図 7.7 主要国の維持年金（2010 年）

（資料）　特許庁『特許行政年次報告書』。

取得しているデータから，特許権を有する製品の利益曲線を予測すると，多くのケースでは最初の数年はあまり利益が出ないが，その後売れ始めると加速がつき利益が急速に増加し始め，10～13 年目頃に利益の天井が来ると予想される」ので，登録後 10～12 年目以降の年金負担を軽減する必要があると指摘されている[9]。すなわち，発明を奨励し研究開発のインセンティブを高めるためには，特許価値の経時的な変化から考えて，後年期の維持年金を平準化させることが効果的であると考えられており，その意味では一種の「プロパテント政策」が意図されていたといえよう。

また，同改正理由では，特許権の早期権利化・実施が行われるようになってきており，出願・登録ラグが短縮されると維持年金の支払い期間が長期化するため，現行の維持年金の構造を維持したままでは，特許権者への年金負担が過大となる問題が顕在化してきている，とも指摘されている[10]。さらに，「特許特別

9　ただし，その後に行われた特許庁による委託調査『我が国の経済情勢等を踏まえた産業財産権に関する料金制度等の在り方に関する調査報告書（財団法人・知的財産研究所・平成 22 年 3 月）』では，特許を利用した製品で得られる収益曲線を企業に対するヒアリング調査に基づき作成し，「収益が最大化されるまでの期間およびその収益が維持される期間，さらにはその収益額が大きく異なる結果となった。したがって，互いに統一性がないので，収益曲線に基づき，企業等の負担感が低減される共通の料金体系を検討することは困難である」と結論付けている。

会計が収支相償のもとで運営できる歳入が，長期的に確保できる料金である」[11]必要性を指摘し，改正当時の大幅な特許特別会計における前年度余剰金の抑制も目的とされている。

ただし，後年期の維持年金の平準化は様々な経済効果を生む可能性があり，料金改訂の帰結は必ずしも自明ではない。

第1に，10～12年目以降の維持年金平準化の「恩恵」を受ける特許はそれほど多くはない。日本の特許制度では，特許権の存続期間が出願日から20年間と定められているので，出願・登録ラグが長い特許ほど登録からの最大限可能な登録更新回数は減少する。維持年金平準化の恩恵は，権利設定からカウントして登録更新回数を13回以上[12]重ねることのできる特許に限定されるので，出願・登録ラグが7年以下の特許にしか料金改訂の効果は及ばない。たとえば，1985年出願の登録特許についてみると，出願・登録ラグが7年以下の特許は，全体の32%に過ぎず，残りの68%の特許は平準化の影響を受けない。さらに，出願・登録ラグが短く，たとえ13回以上登録更新を重ねることのできる特許でも，現実には13回の登録更新を待たずに権利が消滅してしまうものも少なくない。

第2に，平準化の影響を受ける特許が限定的であったとしても，それらに対する特許価値増加効果は非常に大きいものなのかもしれない。それは，第5章第2節や第6章第1節でみたように，特許をオプションとして捉えたとき，平準化は単に維持年金の節約をもたらすだけでなく，登録更新確率を向上させ登録更新のオプション価値を増加させる効果が存在するからである。すなわち，後年期の維持年金平準化といえども，前年期の登録更新のオプション価値を高める効果が期待される。すなわち，出願・登録ラグが短く13回以上の更新機会が与えられてはいるものの，およそそこまでは更新を重ねる可能性のない特許についても，維持年金平準化は登録更新のオプション価値を高める可能性があ

---

[10] 平成10年法律改正（平成10年法律第51号）の「第6章I．改正の必要性1．特許料の引下げ(2) 早期の権利取得による出願後20年目の特許料の高額化」を参照。
[11] 平成10年法律改正（平成10年法律第51号）の「第6章II．改正の概要1．特許料の引下げ」を参照。
[12] ただし，ここでは設定納付金を前払いしている期間も更新回数に含めている。

る。さらにいえば，平成10年法律改正（平成10年法律第51号）で予見されたように，2001年10月1日より施行された審査請求可能期間の短縮（平成11年法律第41号・特許法の一部を改正する法律）等により，出願・登録ラグは著しく短期化しているので，維持年金平準化の恩恵を受ける可能性のある特許が大きく増加していることは間違いない。

第3に，維持年金の引下げは，必ずしも特許特別会計の歳入を減少させるとは限らない。なぜなら，維持年金の引下げは登録更新回数を増やす作用をするので年金収入を増大させる効果もあるからである。したがって，維持年金の引下げという「価格効果」が登録更新回数増加という「数量効果」を凌駕していなければ，特許特別会計の歳入は減少しない。

このように，維持年金平準化の経済効果については様々な可能性が考えられるので，料金改訂の政策効果を評価するには，実証的な数量分析による他はない。1つの方法として，1998年前後における特許権者の行動変化を分析することにより，政策効果を評価する方法が考えられる。しかし，すべての特許の権利存続期間は権利満了日まで確認することができないし，登録更新回数の意思決定には非常に多くの要因が作用していると考えられる。そもそも，こうした事前・事後分析では，最も重要となる特許価値の変化を検出することができない。そこで本節では，第6章1.7で説明した離散型の登録更新オプションモデルを用い，維持年金平準化が特許登録更新のオプション価値・権利期間・年金収入に対して与えた影響をシミュレーションにより分析する。なお，本節は山田〔2013〕を発展させたものである。

3.2 特許登録更新オプションモデルの設計

本節では，第6章1.7で解説した「特許登録更新オプションモデル」を用いて料金改訂のシミュレーション分析を行う。ただし，適確な政策シミュレーションを行うには以下の点に配慮し，日本の特許制度に合わせてモデルを調整する必要がある。

第1は，出願・登録ラグの問題である。Pakes〔1986〕やBaudry and Dumont〔2006〕などの先行研究が推計の対象としたフランスでは出願・登録ラグが著しく短いが，日本では出願から登録に至るまでの期間が10年を超える特許も数多く，出願・登録ラグの分散も大きい。日本でもフランスでも特許権の存続期間は出願から20年と定められているが，日本では特許によって出願・登録ラグが著しく異なっているため，登録日から予定される権利満了日までの期間も著しく異なっている。すなわち，出願・登録ラグが長い特許ほど最大限可能な登録更新回数は減少する。

同じ出願年の登録特許について，先行研究のように集計化された権利消滅データを用いると，出願・登録ラグが異なったデータが混在しているため，最大限可能な登録更新回数が異なったデータを用いてしまうことになる。たとえば，出願・登録ラグが10年と3年の特許を集計して権利消滅データの系列を作成すると，権利消滅は4年目から記録されることになるので，最大限可能な登録更新回数を17回としたオプションモデルを作成せざるを得ない。しかし，4年目～10年目の期間にはまだ登録に至っていない特許が含まれている。したがって，これらの特許は登録更新の意思決定により権利が継続しているわけではない。

また，登録年が同じ特許の集計化された権利消滅データを用いたとしても，出願・登録ラグは異なるので最大限可能な更新回数の異なった特許データが混在してしまうという問題が生じることに変わりはない[13]。たとえば，出願・登録ラグが10年と3年の同登録年の特許を集計して権利消滅データの系列を作成すると，出願・登録ラグが10年の特許は，登録年から10年で強制的に権利が消滅してしまう。一方，出願・登録ラグが3年の特許は登録年から17年後が権利満了年となるので，同じように登録から10年後に権利が消滅した特許でも，それは特許権者の意思決定によって権利が消滅したものとなる。すなわち，特

---

[13] 先行研究のPakes〔1986〕では，イギリスとフランスについて出願ベースで権利消滅をカウントしているので，こうした期間構造の問題が生じている可能性がある。ただし，少なくともフランスについては登録率が高く出願・登録ラグも著しく短いので期間構造の違いは大きな問題とはならないかもしれない。一方，ドイツについては，登録率も低く，出願・登録ラグも長いので，本節と同じように登録ベースで推計が行われている。

許権者の意思決定による権利消滅データとそうでない権利消滅データが混在してしまう。

　日本では，出願・登録ラグが諸外国より長くその分散も大きいので，登録更新オプションモデルを用いる際，先行研究のように同出願年の集計された権利消滅データを単純に用いるわけにはいかない。したがって，集計化されたデータではなく，出願・登録ラグごとのデータを用い，最大限可能な登録更新回数の違いを扱えるように推計モデルを工夫しなければならない。

　第2は，設定納付金制度の問題である。本章2.1で指摘したように，日本の特許制度では1年ごとに登録更新の機会が与えられるが，特許権の登録に際してはあらかじめ3年分の維持年金を納付しなければならず，これを「設定納付金」と呼んでその後の維持年金とは区別している。設定納付金制度のもとでは，登録から3年間はたとえ登録更新が望まれないケースが生じても，年金を未納とすることができず，権利の消滅はあり得ない。設定納付金は，維持年金の前払いを意味しているので，一種のサンク・コストとなり，登録更新回数が制約され登録更新のオプション価値を低める要因となる。したがって，推計モデルにおいても特許権者が年金未納というオプションを選択できない期間を設定しておかなければならない。

　第3は，法定満了期間の問題である。かつての特許制度では，特許権の存続期間を公告日から15年，ただし出願日から20年を超えることはできない，としていたが，1995年の特許法の改訂で出願日から20年に一本化された（第1章1.5参照）。後に述べる理由で，本節では1985年に出願された特許データを用いるので，法定満了期間について旧制度が適用されていたことになる。そのため，出願・公告ラグが4年以下のものは，公告日から15年が法定権利満了年となるので，出願からの最長権利期間は19年以下となってしまう。したがって，出願・登録ラグの問題とは別に，この点においても推計モデルは公告日から権利満了日までの期間の違いを取り扱えるように工夫されなければならない。

　第4は，維持年金平準化の問題である。本節で利用する期間の特許消滅データの中には，維持年金の平準化に直面した特許データが含まれてしまう。登録更新のオプションモデルでは，出願時に入手できる維持年金の構造を所与とし

てオプション価値に関する予想が形成されるので，権利存続期間の途中で維持年金が改訂されると，特許価値の確率的な振る舞いを説明する構造パラメータの推計にバイアスが生じてしまう可能性がある。特に，1998年に実施された維持年金の平準化は，10～12年以降の権利存続期間において，きわめて大きな維持年金の引下げを意味するので，そうした期間における権利消滅データには無視できないイレギュラーが含まれていると推察される。

そこで本節では，これらの問題点に対処しうる推計モデルを以下のように工夫した。

3.3　推計モデル

特許価値は「補償金請求権」[14]により出願年（0年とする）から離散的に発生し，その経時変化は，出願時の特許価値を x_0，価値変化率を Δh，特許価値上昇確率を p とした二項過程に従うと仮定する（第6章1.1参照）[15]。特許権者は，出願時から将来におけるネットの特許価値（特許価値－維持年金）に関する予想を形成して各期の登録更新の意思決定を計画する。ただし，先の第2の問題点（設定納付金制度の問題）で指摘したように，設定納付金制度により登録後3年間の維持年金は前払いされるので，この期間における権利の消滅はあり得ない。また，当然のことながら出願から登録までの期間には維持年金は課されない。さらに，先の第1の問題点で指摘したように，出願・登録ラグの違いによって，登録年から最大限可能な登録更新回数は異なるし，適用される年金テーブルの

14　特許法第65条①では，補償金請求権を「特許出願人は，出願公開があった後に特許出願に係る発明の内容を記載した書面を提出して警告をしたときは，その警告後特許権の設定の登録前に業としてその発明を実施した者に対し，その発明が特許発明である場合にその実施に対して受けるべき金銭の額に相当する額の補償の支払いを請求できる」権利と規定している。

15　Pakes [1986] や Deng [2007] では，特許価値に関する確率過程に"Jump Processe"を仮定するなど，かなり自由度の高い確率過程が採用されている（第6章1.2参照）。ただし，特許オプションモデルを推計する際に用いられるシミュレーション最尤法は，膨大な収束計算を必要とする。そこで，Baudry and Dumont [2006] は，収束計算が節約されるよう，より簡素な確率過程を仮定したが，推計精度の顕著な低下は見られなかった。本節でも，Baudry and Dumont [2006] の示唆に従い，特許価値に関する確率過程について単純な二項過程を仮定した。

範囲も異なる。したがって，出願・登録ラグ t^* によって登録更新のオプション価値の形成プロセスが差別化されなければならない。これらの点を考慮すれば，登録更新のオプション価値の系列 $v_{t^*}(t, i_t)$ は次のように表される。

$$v_{t^*}(t, i_t) = \begin{cases} \max\{x(t, i_t) - f_{t-t^*}, 0\} & \text{for } t = T \\ \max\left\{x(t, i_t) - f_{t-t^*} + \dfrac{pv_{t^*}(t+1, i_t+1) + qv_{t^*}(t+1, i_t)}{1+\bar{\rho}_t}, 0\right\} & \text{for } t^*+3 \leq t < T \\ x(t, i_t) - f_{t-t^*} + \dfrac{pv_{t^*}(t+1, i_t+1) + qv_{t^*}(t+1, i_t)}{1+\bar{\rho}_t} & \text{for } t^* \leq t < t^*+3 \\ x(t, i_t) + \dfrac{pv_{t^*}(t+1, i_t+1) + qv_{t^*}(t+1, i_t)}{1+\bar{\rho}_t} & \text{for } 0 \leq t < t^* \end{cases}$$

(7.6)

ここで，T は最終登録更新時点，f は維持年金，$\bar{\rho}_t$ は出願時点で入手可能な情報に基づいた利子率の条件付き期待値の系列，t^* は出願・登録ラグ，q は $(1-p)$ を意味する。特許の生涯は次の4つのステージに区分される。第Ⅰステージは出願から登録されるまでの期間（$0 \leq t < t^*$），第Ⅱステージは登録後維持年金が前払いされている期間（$t^* \leq t < t^*+3$），第Ⅲステージは登録の更新に関する意思決定が可能な期間（$t^*+3 \leq t < T$），第Ⅳステージは最終登録更新時（$t=T$）である。第Ⅰ・第Ⅱステージは，先に指摘した第1・第2の問題点（出願・登録ラグの問題・設定納付金制度の問題）を解決するために設定される。ここで，出願・登録ラグの違いによって，適用される年金テーブルの長さが異なることに注意しよう。年金テーブルは f_0 から f_T まで用意されているが，出願・登録ラグが t^* の特許に適用される年金テーブルは f_0 から f_{T-t^*} となる。

特許権者は第Ⅲ・第Ⅳステージにおいて，登録更新の意思決定が可能であるが，第Ⅲステージにおいては，将来の特許の資産価値に関する期待値を予測しながら登録更新の意思決定が行われる。(7.6)式右辺の第2行目の式が示しているように，t 期におけるネットの特許価値の実現値 $x(t, i_t) - f_{t-t^*}$ が仮に負であっても，正の継続価値がそれを凌駕すれば登録更新の意思決定が行われる。

第Ⅳステージでは，$T+1$ 期に登録更新は許されないので，次期の期待値が考慮されずに登録更新の意思決定が行われる。第Ⅱステージでは，設定納付金制度により維持年金の未納はあり得ないので特許のオプション価値の計算にお

いて max{ } が外される。第Ⅰステージは，維持年金の負担する必要のないオプション価値の計算期間ということができる[16]。出願時点における登録更新のオプション価値 $v_{t^*}(0, 0)$ は，第Ⅳステージから第Ⅰステージに向かって逐次代入計算を繰り返して導出される。

次に，特許権者が登録更新の意思決定を行う場合は1，年金を未納とする場合は0となるバイナリー変数を次のように定義しよう。

$$\phi_{t^*}(t, i_t) = \begin{cases} 1 \text{ if } v_{t^*}(t, i_t) > 0 \\ 0 \text{ if } v_{t^*}(t, i_t) = 0 \end{cases} \text{ for } t^* + 3 \leq t \leq T \text{ and } t = 0$$

ただし，第Ⅰステージと第Ⅱステージにおいて特許権の消滅はあり得ないのでこのバイナリー変数は常に1となる。第6章1.7で説明したように，登録更新確率（残存確率）$s_{t^*}(t)$ は，t 期までにバイナリー変数 $\phi_{t^*}(t, i_t)$ が一度も0を経験したことのない特許価値の時間経路が実現する確率の合計として求められる。なお，第Ⅰ・第Ⅱステージにおいて登録更新確率は1となる。t 期における特許権の消滅確率は，登録更新確率 $s_{t^*}(t)$ の差分として次のように表される。

$$\pi_{t^*}(t) = \begin{cases} 1 - \phi_{t^*}(t, i_t) & \text{for } t = 0 \\ s_{t^*}(t-1) - s_{t^*}(t) & \text{for } 0 < t \leq T \\ s_{t^*}(t) & \text{for } t = T+1 \end{cases}$$

特許権の消滅確率は，特定の関数型を持たないが，出願・登録ラグが t^* である特許の t 期における消滅確率は，出願時の特許価値 x_0，パラメータ p，Δh，期待利子率のベクトル ρ，維持年金の系列 $f_0 \cdots f_{T-t^*}$ に規定される。また，特許権の消滅確率は，出願・登録ラグに応じて異なった系列が計算されるので，これらを次のように表すことができる。

---

[16] 先行研究の Baudry and Dumont〔2006〕では，出願から査定・拒絶が明確になるまで特許権が存続しているものとみなされ，査定に至らなかった特許は権利が消滅したものとして扱われている。たしかに，拒絶となった特許は権利設定が行われないが，それは特許権者の意思決定によって登録更新料が未納とされたわけではないので，こうしたモデル設定には問題がある。これは，集計データしか取得されていないので，拒絶されたものと権利消滅したものを識別できないためと思われる。本節では，個票ベースで特許経過情報が取得できるので，登録された特許のみのオプション価値を測ることができる。ただし，本節で計測される特許のオプション価値は，審査請求され，なおかつ登録されるであろう特許について企業（特許権者）が予想する「条件付き期待値」を意味する。一方，審査請求されなかったり，審査請求されても拒絶査定となる特許出願のオプション価値はゼロとなる。なぜなら，出願から登録までの期間に発生する特許価値は補償金請求権に基づいているが，補償金請求権は登録されて初めて発生する権利だからである（本章注14参照）。

$$\pi_{t^*}(t) = f_{t^*}(t|x_0, p, \Delta h, f_0 \cdots f_{T-t^*}, \boldsymbol{\rho})$$

出願・登録ラグが t^* の特許で，t 期に権利が消滅した特許数の観測値を $n(t, t^*)$ と表せば，パラメータ x_0, p, Δh を推計するための対数尤度が，

$$l_{t^*} = \sum_{t=t^*+3}^{T+1} n(t, t^*) \ln\{\pi_{t^*}(t)\}$$

と書ける．また，すべての特許出願に関する対数尤度は，

$$l(x_0, p, \Delta h) = \sum_{t^*=t_a}^{t_b} \sum_{t=t^*+3}^{T+1} n(t, t^*) \ln\{\pi_{t^*}(t)\} \tag{7.7}$$

となる．ここで，t_a は最短の出願・登録ラグ，t_b は最長の出願・登録ラグを意味する．ただし，(7.7) 式を用いて構造パラメータを推計すると，先にみた第 3・第 4 の問題（法定満了期間の問題・維持年金平準化の問題）が生じてしまう．これらの問題は次のような「センサリング処理」によって解決することができる．

特許権者は，登録設定から 13 回目以降の更新時に平準化された年金支払いに直面することになる．また，そうした特許は出願・登録ラグが $T-12 \geq t^*$ という条件を満たす特許に限定される．したがって，次の権利消滅データには構造パラメータを推計する上で障害となる維持年金平準化によるイレギュラーが含まれている．

$$n(t^*+12+k, t^*) \quad \text{for } T-12 \geq t^* \text{ and } 0 \leq k \leq T-12-t^*$$

もちろん，出願時点において制度変更があらかじめ認識されていれば問題はないが，本節で利用する特許データの出願時点は 1985 年，維持年金平準化は 1988 年なので，1985 年時点で 13 年後の制度変更が予見されていたとは考えにくい．そこで本節では，そうした権利消滅データをセンサードデータ (censored data) とみなし，次のような対数尤度を設定する．

$$\begin{aligned}
l'_{t^*} &= \sum_{t=t^*+3}^{t^*+11} n(t, t^*) \ln\{\pi_{t^*}(t)\} \\
&\quad + \sum_{k=0}^{T-12-t^*} n(t^*+12+k, t^*) \ln\{1 - \sum_{t=t^*+3}^{t^*+11} \pi_{t^*}(t)\} \quad \text{for } t_a \leq t^* \leq T-12 \\
l_{t^*} &= \sum_{t=t^*+3}^{T+1} n(t, t^*) \ln\{\pi_{t^*}(t)\} \quad \text{for } T-12 < t^* \leq t_b
\end{aligned}$$

先の第3の問題（法定満了期間の問題）で指摘したように，公告日から15年の権利満了期間が適用される特許は出願・登録ラグが $t^* \leq 4$ という条件を満たすものとなるが，それらの特許の後年期における権利消滅データはセンサードデータとして扱われるので，新たに登録更新回数を差別化することなく先の第3の問題が解決される。したがって，すべての特許出願に関する対数尤度は，

$$l(x_0, p, \Delta h) = \sum_{t^*=t_a}^{T-12} l'_{t^*} + \sum_{t^*=T-11}^{t_b} l_{t^*} \qquad (7.8)$$

となる。本節では，第6章3.2で説明した「シミュレーション最尤法 (simulated maximum likelihood method)」を用いて構造パラメータ x_0, p, Δh を推計する (Pakes〔1986〕, Baudry and Dumont〔2006〕)。

3.4 推計に用いたデータ

本章3.3で示した特許登録更新のオプションモデルを用いて構造パラメータを推計するためには，少なくともデータ観測時点から20年は遡及して，すべての特許データについて権利消滅情報を得なければならない。本節では，整理標準化データ2010年第9回配布分に基づき，インテクストラ株式会社の"Stravision"が1985年から検索した特許数値データを利用する。したがって，出願時点を1990年より前としてデータベースを構築する必要がある。また，本節の推計モデルは改善多項制による複数クレームに対処できるようには設計されていないので，単項制時代に出願された特許データであることが望ましい。改善多項制が導入されたのは1988年なので，出願時点をそれ以前に遡及させなければならない。さらに，先に示した第4の問題があるので，データベースは1998年の維持年金平準化に直面していないデータができるだけ多くなるように構築しないと，センサードデータを増加させざるを得なくなり望ましくない。

こうした理由から，本節では日本の主要産業（医薬品，化学，電気，精密，機械，輸送）に属する東証1部上場企業512社が1985年に出願した登録特許

データ4万1,626件の各種経過情報を利用して推計を行う[17]。ただし，分割出願による権利満了期間の違いに対処するため，データは出願日ではなく基準日に基づいて検索した。本章3.2で指摘したように，最大限可能な登録更新回数は出願・登録ラグに規定されるが，分割出願の場合，存続期間満了日は元特許の基準日（出願日）から計算されるので，分割出願の出願日をもとに登録更新回数をカウントしてはならない。分割出願されたものには，基準日として元特許の出願日が記録されているので，最大限可能な登録更新回数はこの基準日から計算する必要がある[18]。

収集した特許情報は，出願日，基準日，公告日，登録日，権利消滅日，権利満了日，本権利抹消識別である。ここで，本権利抹消識別とは，権利消滅の事由を示したものであり，その事由には，存続期間満了，年金不納，付与後異議申立成立，無効審判請求確定，などがある。このうち，付与後異議申立成立と無効審判請求確定による事由で権利が消滅した特許については，特許権者の意思決定による権利消滅を意味しないので，データベースから削除した。

また，かつての日本の特許制度には異議申立制度が設けられており，異議申立期間は権利付与前に設定され，異議申立期間の初めを「公告日」と呼んでいた。そして，維持年金の支払い期限はこの公告日からカウントされていた。ところが，1996年の権利付与後異議申立制度の導入に伴い，公告日は廃止され維持年金の支払い期限は登録日からカウントされるようになった。そのため，本節で収集したデータには，公告日が刻まれているものとそうでないものが混在するので，公告日の刻まれていない特許については登録日から維持年金支払い期限をカウントし，正確に権利満了日までの期間を計算した。

先の第1の問題点で指摘したように，日本の場合，特許出願によって出願・登録（公告）ラグが大きく異なっている（本章3.2参照）。本節で収集した4万1,626件のデータにおいて，最短の出願・登録（公告）ラグは2年，最長は18

---

[17] 1985年出願で特許庁に登録された特許数は92,246件だったので，本節のデータベースは全体の45％をカバーしていることになる。
[18] 実際，日本の主要産業（医薬品，化学，電気，精密，機械，輸送）に属する東証1部上場企業512社が1985年に出願した登録特許データ4万1,626件のうち，基準日が1985年以前のものは763件存在し，無視できない大きさであった。

年であった．ただし，出願・登録（公告）ラグが2年の特許は48件，14年以上のものは62件と非常に数が少なかったので，これらの特許データは利用せず，出願・登録（公告）ラグが3～13年の4万1,516件のデータを用いた．維持年金については，本節のデータ期間中において，1993年改訂版の単項制適用の年金テーブルが最も利用頻度が高いと考えられるので，この年金テーブルを用いて推計を行った．割引率を計算するための利子率の条件付き期待値の系列 ρ は推計が困難なので，静学的期待を仮定して1985年における長期国債の利回りを用いた．

表7.4 は，本節で利用するデータベースの基本統計量を示したものである．本稿の特許登録更新のオプションモデルでは，登録更新のオプション価値などが出願・登録ラグごとに推計される．出願・登録ラグの度数が最も多いのは，それが9年の特許で，全登録特許の25.9％を占めている．出願・登録ラグが1年長期化するにつれ，登録年から権利満了年までの期間が1年短縮されるが，出願・登録ラグが3年と4年の特許は，旧制度により，いずれも15年が法定権利満了期間となる．平均登録期間は，出願・登録ラグが長期化するにつれ低下する．たとえば，出願・登録ラグが3年の特許の平均登録期間は11.9年である

表7.4 データベースの基本統計量

公告・登録年	出願年_公告・登録ラグ（年）	登録特許数（件）	ウェイト（％）	登録年・公告年から権利満了年までの期間（年）	平均登録期間（年）	センサリング処理の有無	法定権利満了期間
1988	3	350	0.843	15	11.920	有	公告日から15年
1989	4	890	2.144	15	11.202	有	
1990	5	1,928	4.644	15	10.182	有	
1991	6	4,435	10.683	14	9.666	有	
1992	7	5,600	13.489	13	9.187	有	
1993	8	8,070	19.438	12	8.584	無	出願日から20年
1994	9	10,754	25.903	11	8.162	無	
1995	10	6,367	15.336	10	7.900	無	
1996	11	2,296	5.530	9	7.426	無	
1997	12	691	1.664	8	6.964	無	
1998	13	135	0.325	7	6.141	無	

（資料）"StraVision"
（注）1985年出願，登録特許総数は41,516件．

が，それが13年の特許は6.1年にすぎない。

3.5 推計結果とシミュレーションの結果1

表7.5は，先の対数尤度関数（7.8）式をシミュレーション最尤法によって推計した結果を示したものである。特許価値の1期間当たりの上昇確率は $p=0.6538$，特許価値の1期間当たりの上昇・下落率は $\Delta h=0.5308$ と推計された。フランスのデータを用いた先行研究の Baudry and Dumont〔2006〕は，$p=0.486731$，$\Delta h=0.252756$ と推計しているので，日本の推計結果は先行研究より高いものとなっている。これは，権利が法定満了年まで存続する特許の割合を示す満期率がフランスより日本の方が高いことなどによると考えられる。先行研究によるとフランスの満期率は8％程度にすぎないが，日本の場合，出願・登録ラグによる加重平均で30％を超えている（32.416％）。

また，出願時における特許価値（特許保護のフロー価値）x_0 は9,384.62円と推計され，登録更新のオプション価値は出願・登録ラグによる加重平均で321

表7.5 特許登録更新オプションモデルの推計結果

p	0.6538 (0.08189)		
Δh	0.5308 (0.12016)		
x_0	9,384.62 (31.694)		
log likelihood	−83119.82		
平均オプション価値（円）	3,210,000		
権利消滅率に関する MSE	平均登録期間（年）		
	実績値	推計値	乖離率（％）
0.00025	8.440	8.154	−3.398

（注）MSE は平均二乗誤差。（　）内は推定量の標準誤差。

万円と推計された[19]。

次に，本節の登録更新オプションモデルの権利消滅率に関する再現力をみてみよう。現実に観察されたデータから，出願・登録ラグのウェイトで加重平均した平均登録期間は 8.440 年，モデルが再現した平均登録期間は 8.154 年であったので両者の乖離は非常に小さい（乖離率 −3.398％）。図 7.8 は，出願・登録ラグごとに，現実に観察された特許権の消滅率とモデルが再現した消滅率を比較したものである。出願・登録ラグが 3 年（1988 年登録）や 4 年の（1989 年登録）ケースでは，後年期に大幅な過小推計がみられるが，それ以外は先行研究と遜色なく，概ね現実の不規則な消滅率をうまく追跡しているといえよう。

本節では，推計された登録更新オプションモデルの構造パラメータを用い，維持年金平準化が，登録更新のオプション価値や平均登録期間，維持年金の支払いなどにどのような定量的効果を及ぼしたのかをシミュレーションにより明らかにする。まず，登録更新のオプション価値に関するシミュレーション結果についてみてみよう。

表 7.6 は，1993 年改訂版の維持年金と 1998 年改訂版の維持年金を用いた場合の登録更新のオプション価値を比較したものである。なお，以下では前者を「非平準化」，後者を「平準化」と呼ぶ。出願・登録ラグのウェイトで加重平均した登録更新のオプション価値は，非平準化の場合で 321 万円，平準化の場合で 321 万 8,217 円と推計され，維持年金平準化は僅か 0.256％ しかオプション価値を増加させない。つまり，維持年金平準化は登録更新のオプション価値にはほとんど影響していないことになる。先にみたように，出願・登録ラグの短い特許ほど維持年期平準化の効果を強く受ける。しかし，表 7.6 によれば，出願・登録ラグが 3 年の最も短い特許でも 3.4％ の増加効果しか認められず，しかも，これらの特許が占めるウェイトは 0.8％ 程度なので，全体にはほとんど

---

[19] 本節の特許オプションモデルで推計される特許のオプション価値は，平均値付近の特許のオプション価値を拾っているものと考えられる。先行研究の Pakes〔1986〕では，特許価値の初期値に関して対数正規分布が仮定されており，特許のオプション価値の分布が推計できる構造になっている。なお，Pakes〔1986〕では，出願年が 1951〜1979 年のフランスの特許について，オプション価値の平均値を 5,631 ドル，1950〜1974 年のイギリスについて 7,357 ドル，1952〜1972 年のドイツについて 16,169 ドルと推計している。

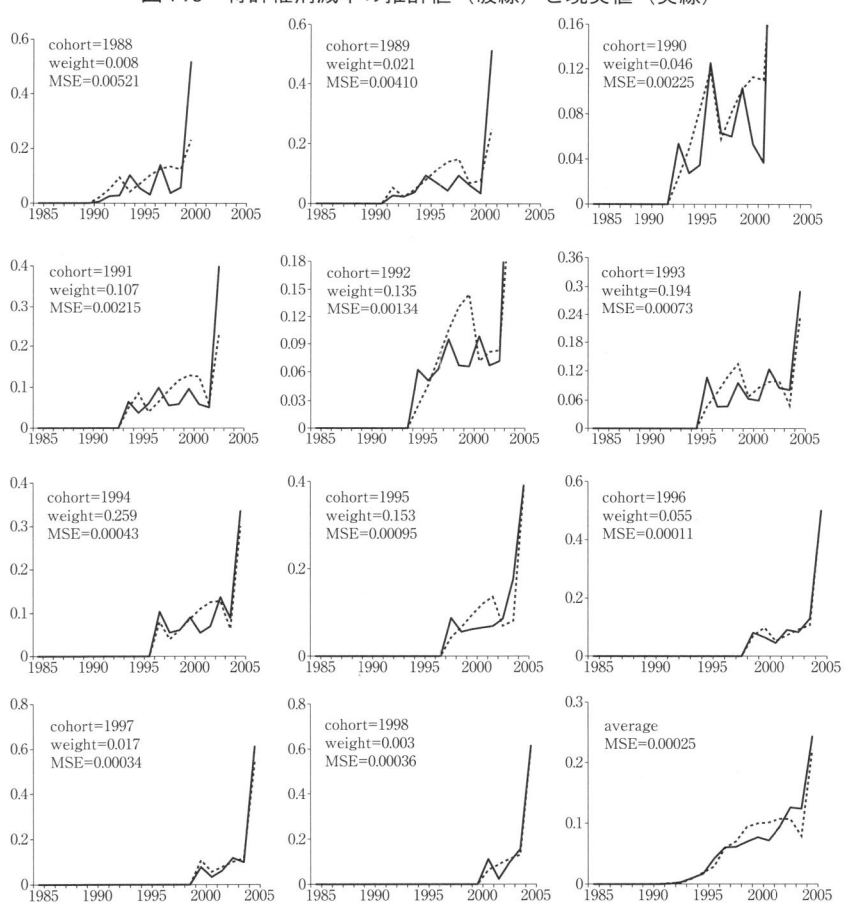

図7.8　特許権消滅率の推計値（破線）と現実値（実線）

寄与していない。

　次に，登録期間に関するシミュレーション結果についてみてみよう。平均登録期間を計算すると，非平準化の場合で8.235年，平準化の場合で8.390年となり，維持年金平準化は登録期間を1.88%長期化させる。ただし，登録更新のオプション価値の場合とは異なり，出願・登録ラグの短い特許においては大きな登録期間の延長効果が認められた。たとえば，出願・登録ラグが4年の特許では13.962%，3年の特許では15.317%の登録期間延長効果がみられた。とこ

表 7.6 維持年金平準化のシミュレーション結果

出願・登録ラグ t^*	ウェイト w	オプション価値 $v(0,0)$ 非平準化	平準化	変化率(%)	平均権利存続期間 非平準化	平準化	変化率(%)	維持年金期待現在価値 F 非平準化	平準化	変化率(%)
3	0.008	2,996,685	3,099,525	3.432	9.389	10.827	15.317	275,670	203,201	−26.288
4	0.021	3,056,968	3,125,583	2.245	9.124	10.397	13.962	224,636	181,773	−19.081
5	0.046	3,113,881	3,150,451	1.174	9.186	9.461	2.990	185,322	156,909	−15.332
6	0.107	3,149,398	3,173,661	0.770	8.836	9.410	6.491	156,119	137,388	−11.998
7	0.135	3,183,618	3,195,392	0.370	8.719	9.025	3.515	127,443	119,245	−6.433
8	0.194	3,216,250	3,216,250	0	8.176	8.176	0	98,401	98,401	0
9	0.259	3,235,833	3,235,833	0	8.127	8.127	0	81,729	81,729	0
10	0.153	3,254,201	3,254,201	0	7.700	7.700	0	65,734	65,734	0
11	0.055	3,271,911	3,271,911	0	7.358	7.358	0	50,031	50,031	0
12	0.017	3,282,102	3,282,102	0	6.690	6.690	0	39,930	39,930	0
13	0.003	3,291,871	3,291,871	0	6.133	6.133	0	31,201	31,201	0
平均		3,210,000	3,218,217	0.256	8.235	8.390	1.880	103,526	97,570	−5.753

ろが，これらの特許の全体に占めるウェイトはきわめて小さいので，平均登録期間に与える寄与度は非常に小さい。こうした結果から，維持年金の平準化は僅かに登録期間を長期化させる効果がある。

3.6 シミュレーションの結果2

次に，年金収入に与える影響をみてみよう。本節では，特許権者が支払う維持年金の期待現在価値の変化を観察することで，特許特別会計の年金収入に与える影響を判断する。ここで，維持年金の期待現在価値は，次のように計算される。本章3.3で定義されたバイナリー変数 $\phi_{t^*}(t, i_t)$ を用いれば，出願時における特許のオプション価値 $v_{t^*}(0, 0)$ は，ネットの特許価値（特許価値−維持年金）から構成される多項式として表されるので，出願時の登録更新のオプション価値を

$$v_{t^*}(0, 0) = X_{t^*}(x_0, p, \Delta h, \rho, f_o \cdots f_{T-t^*}) - F_{t^*}(x_0, p, \Delta h, \rho, f_o \cdots f_{T-t^*}) \tag{7.9}$$

のように2つの要素に分解することができる。(7.9)式右辺の第1項は特許の期待現在価値を意味し，第2項は特許権者が負担する維持年金の期待現在価値を意味する。維持年金の期待現在価値の平均は，非平準化の場合で10万3,526円，平準化の場合で9万7,570円と計算され，5.753%の減少効果が認められた。特に，出願・登録ラグの短い特許において，この減少効果は大きく，出願・登録ラグが3年の特許で，26.288%もの減少効果がみられる。したがって，維持年金の平準化は，登録更新回数を増加させるという「数量効果」をもたらすが，維持年金引下げという「価格効果」がそれを大きく凌駕するため，総体として年金収入を減少させる効果があったと判断される。

ところで，(7.9)式を用いれば，維持年金平準化がなぜ特許のオプション価値に対してほとんど無影響であったかという理由を一層詳細に検討することができる。表7.7は，特許の期待現在価値 X と維持年金の期待現在価値 F の変化が，それぞれどの程度登録更新のオプション価値の変化に寄与しているのか

表 7.7 特許オプション価値の寄与度分析

出願・登録ラグ t^*	非平準化 X	非平準化 F	平準化 X	平準化 F	Fのウェイト	X変化率(%)	F変化率(%)	X寄与度	F寄与度	オプション価値の変化率(%)
3	3,272.355	275.670	3,302.726	203.201	0.092	0.928	-26.288	1.014	-2.418	3.432
4	3,281.604	224.636	3,307.356	181.773	0.073	0.785	-19.081	0.842	-1.402	2.245
5	3,299.204	185.322	3,307.360	156.909	0.060	0.247	-15.332	0.262	-0.912	1.174
6	3,305.517	156.119	3,311.048	137.388	0.050	0.167	-11.998	0.176	-0.595	0.770
7	3,311.061	127.443	3,314.637	119.245	0.040	0.108	-6.433	0.112	-0.258	0.370
8	3,314.652	98.401	3,314.652	98.401	0.031	0	0	0	0	0
9	3,317.561	81.729	3,317.561	81.729	0.025	0	0	0	0	0
10	3,319.934	65.734	3,319.934	65.734	0.020	0	0	0	0	0
11	3,321.942	50.031	3,321.942	50.031	0.015	0	0	0	0	0
12	3,322.032	39.930	3,322.032	39.930	0.012	0	0	0	0	0
13	3,323.072	31.201	3,323.072	31.201	0.009	0	0	0	0	0
平均	3,313.526	103.526	3,315.787	97.570	0.032	0.068	-5.753	0.070	-0.186	0.256

を計算したものである．それによると，維持年金の平準化により，平均で特許の期待現在価値は0.068%しか増加しないが，維持年金の期待現在価値は5.753%も減少する．原理的には，維持年金平準化は登録更新確率を上昇させ，特許の期待現在価値自体を増加せる作用がある．しかし，シミュレーションによるとその効果はほとんど認められない．これに対して，維持年金の節約効果はかなり大きい．こうした傾向は，出願・登録ラグの短い特許について顕著に表れており，出願・登録ラグが3～5年の特許で，維持年金の節約効果はおよそ26～15%も認められる．ところが，特許のオプション価値に占める維持年金の期待現在価値のウェイトは非常に小さく，平均でみると3.2%を占めるにすぎない．したがって，維持年金の節約効果が大きくとも登録更新のオプション価値の変化にはあまり寄与しない．

最後に，出願・登録ラグの分布の変化が，維持年金平準化の効果に与える影響を試算してみよう．1985年出願のデータでは出願・登録ラグの度数が7～10年に集中していたが，近年，特許権の早期権利化・実施が行われるようになり，出願・登録ラグが大きく短縮されている．出願・登録ラグの短縮は，維持年金平準化の恩恵を受ける特許の数を増加させる．そこで，本節で対象とした512社が2009年に登録した特許の出願・登録ラグの分布を用いて，改めて維持年金平準化の効果を試算してみた．

1985年に出願された登録特許の平均出願・登録ラグは8.2年であったが，2009年登録特許の平均出願・登録ラグは5.9年であった．表7.8は，2009年登録特許の出願・登録ラグの分布を用いたシミュレーション結果を示したものである．それによると，維持年金平準化は，特許登録更新のオプション価値を0.955%増加させ，登録期間を5.342%長期化させ，維持年金の期待現在価値を13.9%減少させるという結果となった．それぞれの定量効果は1985年出願の

表7.8 維持年金平準化のシミュレーション結果（2009年出願・登録ラグウェイト）

オプション価値 $v(0,0)$		変化率(%)	平均権利存続期間		変化率(%)	維持年金期待現在価値 F		変化率(%)
非平準化	平準化		非平準化	平準化		非平準化	平準化	
3,147,114	3,177,184	0.955	8.739	9.206	5.342	155,813	134,154	-13.900

出願・登録ラグを用いた場合よりも増幅され，登録期間や年金収入に大きな効果が認められるが，依然として特許登録更新のオプション価値には僅かな効果しかみられない。こうしたシミュレーションの結果は，出願・登録ラグが短縮されると，維持年金平準化の目的の1つであった「収支相償の原則」が実現されやすくなるものの，登録更新のオプション価値はほとんど変化しないにも関わらず，権利期間が長期化してしまうので，総体としては経済厚生の損失がもたらされる可能性のあることを示唆している。

3.7 本章のまとめ

　日本の特許制度において，出願人は権利化プロセスの各段階において様々な特許料を課される。そのうち，出願料や審査請求料は「利益原則」の立場から合理性が見出されるが，設定納付金や維持年金などの登録更新料の賦課は，発明の性質に応じて適切な保護期間を割り振り，特許制度の弊害をできるだけ緩和する機能を担わなければならない。維持年金に係る制度設計は，経済厚生に大きく影響すると考えられているにもかかわらず，日本では料金政策の経済効果を主題とした実証研究はこれまでまったく行われてこなかった。日本では，頻繁に維持年金が改訂されているが，なかでも1998年に実施された維持年金平準化は過去の日本や他の主要国の維持年金の構造と比較して大胆な改訂であった。本章では，日本の特許制度に則した特許登録更新のオプションモデルを構築し，こうした維持年金平準化の経済効果を定量的に分析した。推計の結果，日本においても特許登録更新のオプションモデルは現実に観察される特許権の不規則な消滅率をうまく再現した。

　維持年金平準化のシミュレーション分析によれば，平準化は登録更新のオプション価値にほとんど影響しないことが明らかとなった。これは，①出願・登録ラグの長い特許が多い日本ではそもそも維持年金平準化の影響を受ける特許が限られていること，②平準化による特許の期待現在価値の増大効果自体が非常に小さいこと，③平準化による維持年金の節約効果は大きいが特許のオプ

ション価値に占める維持年金の期待現在価値の割合は著しく小さいため全体に与える影響がかなり限定されてしまうこと，などが原因であった。平準化がもたらす権利期間に与える影響については，ある程度の権利期間延長効果が認められた。そして，出願・登録ラグの短期化により権利期間が大きく反応することがわかった。

　維持年金平準化は権利期間を長期化させるだけで，特許のオプション価値にはあまり影響しないのなら，それは経済厚生の損失をもたらしている可能性があるということを示唆している。維持年金の引下げとそれに伴う特許保護期間の長期化は，登録更新のオプション価値の増大を通して企業（特許権者）の利益を増大させ研究開発インセンティブを刺激する要因となり，ひいては技術知識の潜在価値を高め経済厚生を改善する可能性がある（第 2 章 1.4 参照）。しかし他方で，死荷重の発生期間を長期化させ経済厚生の損失をもたらす可能性もある。維持年金平準化が権利期間を長期化させるのと同時に登録更新のオプション価値を大きく高めているのであれば，現実問題として経済厚生への影響を判断することは非常に難しい。しかし，本章のシミュレーション分析によれば，維持年金平準化は権利期間を長期化させるが，特許のオプション価値を増加させる効果は非常に小さい。

　一方，特許権者が負担する維持年金の期待現在価値は，平準化によってかなり大きく減少した。これは，維持年金の引下げという「価格効果」が，登録更新回数増加という「数量効果」を凌駕していることを意味する。したがって，「収支相償」を堅持するという政策目的に対しては，維持年金平準化は効果的であったと判断されよう。

　しかし，そもそもなぜ「収支相償の原則」が堅持されなければならないのかは必ずしも自明ではない。主要国のパテントオフィスの中には，むしろ積極的に収益を生み出して一般国庫への補填を要求されている場合も少なくない（Gans, King and Lampe〔2004〕）。特許行政に関わる経理が 1984 年度に一般会計から独立して以来，特許特別会計の収支の黒字は年々増大し，多くの場合それを抑制するために維持年金の引下げが繰り返されてきた。「収支相償の原則」は，特許特別会計は「儲けてはならない」という理由で追及されてきたが，「収

支相償」を実現する維持年金の構造と，経済厚生を最大化する維持年金の構造が一致する必然性はまったくない。そして，優先されるべきは「収支相償の原則」ではなく「経済厚生の最大化」でなくてはならない。特許庁が特許権者に維持年金を課す制度は，特許行政費用を賄えるだけの特許料を要求するためではなく，特許制度の弊害を緩和して経済厚生の損失を可能なかぎり抑制するために設計されなければならない。そのためには，少なくとも「収支相償の原則」から決別し，特許制度をとりまく一層広い範囲のステイクホルダーを意識した政策運営へ転換する必要がある。

第8章　出願審査請求制度

第1節　出願審査請求制度の導入と改訂

1.1　松下・ジャストシステム事件

　1989年10月31日，松下電器（現ナショナル）はコンピュータ・ソフトウェアに組み込むための「ヘルプアイコン機能」を発明し，「情報処理装置及び情報処理方法」という発明の名称で特許出願した（出願番号：平1-283583）。ヘルプアイコン機能とは，ヘルプのアイコンを選んだ後に任意の機能アイコンを指定するとその機能の説明が表示される，というものである。しかし，この特許出願が審査請求されたのは，およそ7年後の1996年9月26日であった。当時の審査請求可能期間は7年であったので，松下電器は審査請求期限ぎりぎりで審査請求を行っていることになる。そして，1997年11月18日には，早期審査を請求している。

　松下電器はなぜヘルプアイコン機能に関する発明を特許出願しておきながら，すぐには審査請求を行わなかったのに，その後思いついたように審査請求を行い，しかも早期審査まで請求して権利化を急いだのだろうか。

　松下電器が審査請求を行った1996年には，ジャストシステムが「一太郎7」

というワープロソフトを発売している。このワープロソフトの「ツールバー」には，マウスの形をしたアイコンがあり，このアイコンをクリックして任意のアイコンを指定するとそのアイコンの機能説明が表示された。すなわち，松下電器は「一太郎7」のアイコン説明機能が松下電器の特許出願を侵害すると考え，権利化を急いだのではないかと推察されるのである。実際，松下電器は登録査定を受けた1998年に，ジャストシステムに対して話し合いを求める文章を送付している。事例の経緯から判断して，松下電器の発明は，出願時には権利化に値するかどうか不明確であったが，「一太郎7」の登場によってそれが明確になったのではないかと考えられる。

　以上の事例は，有名な「松下・ジャストシステム事件」の経緯であるが，松下電器の行為を「巧みな特許戦略」と考えるか「企業倫理の欠如」と捉えるかは別にして，企業は権利化の最適なタイミングを計りながら審査請求を行っているという事実を端的に表している。

　日本では1971年に「出願審査請求制度」が導入され，出願と審査請求が分離されたことにより，出願人は最適な権利化のタイミングを計れるようになった。しかしその後，審査請求可能期間の短縮や審査請求料の大幅な改訂などが行われ，出願人の審査請求行動は大きく攪乱された。そこでこの章では，審査請求行動に影響すると考えられる制度・料金改訂に着目し，そうした諸改訂がどのような政策意図で実施されたのか，意図された政策効果は達成されたのか，そもそも政策意図は望ましいものであったのか，などの論点を第6章第2節で解説した審査請求オプションモデルを用いて分析し，望ましい審査請求制度の設計について若干の政策提言を行う。なお，本章はYamada and Inoue〔2013〕を大幅に発展させたものである。

1.2　出願審査請求制度のメリット

　日本の現行特許法第48条の2は「特許出願の審査は，その特許出願についての出願審査の請求をまって行う」と定めている。日本の出願審査請求制度は，

出願と審査を分離することで真に事業的価値のあるものだけを実体審査の対象とし，審査効率の改善を意図して1971年に導入された。出願審査請求制度のもとで，企業は特許出願のすべてを審査請求する必要はない。すなわち，特許出願は一定期間内に審査請求を行う権利を取得するという行為であり，この権利を行使するか否かは企業の特許戦略に任されている。なお，制度導入時において，審査請求可能期間は7年に定められていたが，2001年の制度改訂で3年に短縮され現在に至っている。

　表8.1は，インテクストラ株式会社"StraVision"より，日本の主要産業（医薬品，化学，電気，機械）に属する東証1部上場企業432社が，2004年度に出願した特許の審査請求の推移を産業別にみたものである。どの産業においても，審査請求可能期間内にすべての特許出願が審査請求されるわけでなく，およそ2割から3割程度が最終的に取下げられている。審査請求のタイミングをみると，時間とともに審査請求数が規則的に増加する傾向にあり，3年目に審査請求される特許出願が最も多く，生涯審査請求数に対する割合は50％を超えている。こうした傾向は医薬品において特に顕著で，生涯審査請求数に対する3年目の審査請求数の割合は70％を超えている。[1]

　一般に，企業が起こす発明の中には，時間が経過しなければ発明の事業的価値が判明しないものが相当数存在する。それらは，当面は自社で実施する予定が不確実であるとか，競合他社の発明が権利化することがないという確証が得られれば必ずしも権利化する必要がない発明などである。こうした理由で企業や出願人自身が権利化の必要性を判別するのに相当な時間を要するなら，企業や出願人に事業的価値を判別させるための時間的余裕を与える出願審査請求制度は，次のようなメリットを持つと考えられる。

　第1は，審査請求制度の導入により，審査請求のオプション価値が高められるというメリットである。第6章第2節でみたように，審査請求制度が導入されていないと，特許出願はすぐに実体審査となるので，出願人は単純なNPVルールに従わざるを得ず，不確実な特許価値の経時変化から期待される「待機

1　こうした医薬品の特徴の原因については本章の補論を参照。

表 8.1　審査請求数の推移

審査請求行動		2004 年度	
		実数	構成比（%）
医薬品 (34 社)	出願年	45	5.70
	1 年目	53	6.71
	2 年目	108	13.67
	3 年目	584	73.92
	みなし取下げ	266	25.19
	生涯審査請求数	790	74.81
	特許出願数	1056	—
化学 (119 社)	出願年	570	4.70
	1 年目	671	5.53
	2 年目	3881	32.00
	3 年目	7006	57.77
	みなし取下げ	3942	24.53
	生涯審査請求数	12128	75.47
	特許出願数	16070	—
電気 (157 社)	出願年	7276	10.66
	1 年目	7740	11.34
	2 年目	18637	27.31
	3 年目	34581	50.68
	みなし取下げ	37340	35.37
	生涯審査請求数	68234	64.63
	特許出願数	105574	—
機械 (122 社)	出願年	739	6.82
	1 年目	790	7.29
	2 年目	3085	28.46
	3 年目	6224	57.43
	みなし取下げ	4215	28.00
	生涯審査請数	10838	72.00
	特許出願数	15053	—

(注)　データは整理標準化データ 2010 年第 9 回配布に基づく．構成比は，みなし取下げと生涯審査請求数が特許出願数に対する割合を，出願年～3 年目の審査請求数は生涯審査請求数に対する割合を意味する．

価値」を得ることができない．しかし，審査請求の延期が認められれば，特許出願に「待機価値」が生じ，特許出願のオプション価値は高まる（オプション価値向上効果）．

　第 2 は，特許審査にかかわるコストの節約を促すというメリットである．米

国のように，出願された発明のすべてが審査されるわけではなく，事業的価値がないと企業によって判断されたものは「取下げ」となるので，その分企業にとっても特許庁にとっても審査に要するコストが節約される。実際，1971年の審査請求制度導入を境に生涯審査請求率（生涯審査請求数/特許出願数）は大きく低下した（山田〔2009〕の第6章第1節1.3参照）（コスト節約効果）。

　第3は，発明の不要な権利化を減少させ，特許権者の利益を損なうことなく，特許制度に伴う技術独占の弊害を緩和するというメリットである。特許権の付与された技術は他者による実施が不可能となるが，審査請求可能期間内に事業的価値がないと判断された特許出願は取下げとなるので，不必要な発明の権利化が抑制され，その分技術独占の弊害は緩和される。もし審査請求制度が存在しなければ，すべての特許出願が審査されるので，そのなかのいくらかは事業的価値が低く本来は取り下げられていたであろう特許が権利化されてしまう可能性がある[2]（独占緩和効果）。

　第4は，特許性向を向上させ，公開される発明の量を増加させるというメリットである。審査請求制度が導入されていなければ，企業は出願の段階で特許出願すべき発明を厳選してしまうと予想されるので，審査請求制度はより多くの発明を社会に公開させる機能を担っていると考えられる。第6章の2.4でみたように，出願審査請求制度が導入されていないと，出願時においてNPVが正となる特許価値を持つ発明しか特許出願が行われないので，出願審査請求制度が導入されている場合に比べ，特許性向は低下した。発明の公開の増加は，技術知識のスピルオーバー効果を強め，経済の生産性の向上に貢献すると考えられている（Bernstein and Nadiri〔1988〕，Goto and Suzuki〔1989〕，Johnson and Popp〔2003〕）（公開促進効果）。

---

[2] ただし，こうした特許が仮に権利化されたとしても，事業的価値が判明した時点では，権利が放棄されると考えられる。

1.3 審査請求可能期間の短縮

本章1.2でみたように,出願審査請求制度の導入は多くメリットをもたらしたと考えられるが,一方で,権利の帰趨が不安定な期間の長い特許出願を増加させ,第三者の技術開発や新事業展開の阻害要因となる可能性があるので,7年という審査請求可能期間は長すぎるのではないかと指摘されるようになった[3]。こうした問題は1998年10月に開催された第4回工業所有権審議会・企画小委員会で正式に提起され,審査請求可能期間の短縮の必要性として,「審査請求がなされるまでは,出願人は補正により,明細書の範囲内でクレームを自由に変更できるため,第三者の利用可能な技術範囲が確定せず,特許権を侵害してしまうおそれがある」と指摘されている。さらに同委員会では,「我が国での権利設定が欧米に比べ遅れる状態が続けば,欧米の審査結果のみによる特許権が国際相場として確立してしまい,我が国の技術水準を十分に反映した審査結果が尊重されない」という問題も指摘されている。

こうした指摘を踏まえ,1999年の特許法の改訂により,2001年10月1日以降の特許出願について,審査請求可能期間が7年から3年に短縮された。審査請求可能期間の短縮により,7年の間に分散されて審査請求が行われていたものが3年の間に集中するようになったので,各年の審査請求数が急増した。実際,2002年の審査請求総数はおよそ23万7,000件であったが,新制度の適用を受けた特許出願からの審査請求数への影響が次第に顕著となり,2005年には39万7,000件に増加している[4]。

ただし,生涯審査請求率に大きな変化がないかぎり,こうした審査請求数の

---

[3] Palangkaraya, et.al〔2008〕と Henkel and Jell〔2010〕は,出願審査請求制度に関する数少ない先行研究であるが,いずれの研究も出願人がすぐに審査請求を行わないのは他企業の研究開発活動を牽制するためであるとし,審査請求可能期間の短縮を推奨している。

[4] たとえば,2003年の審査請求数は,1996年出願の7年目の審査請求数,1997年出願の6年目の審査請求数,……,2003年出願の出願年の審査請求数の合計となる。2003年の審査請求数の中で,新制度が適用されているものは,2002年出願の1年目の審査請求数と2003年出願の出願年の審査請求数の合計となる。したがって,審査請求可能期間が短縮されると,仮に他の条件に変化がなくとも,審査請求数は増加していく。

増加は過渡的な現象で，時間が経過してすべての特許出願に新制度が適用されるようになれば解消するはずであった．ところが，審査請求可能期間の短縮により，生涯審査請求率自体の顕著な上昇がみられた．図8.1は，日本の主要産業（医薬品，化学，電気，精密，輸送）に属する東証1部上場企業512社が1985～2006年に出願した特許の生涯審査請求率の推移を観察したものである．生涯審査請求率は，出願年効果など様々な要因の影響を受けると考えられるので，出願年によって不規則な変動を示すが，1988年をボトムとして増勢的には上昇傾向を示している．

こうした趨勢的上昇は，1998年の改善多項制の導入が大きく影響している．改善多項制の導入以来，1特許出願に包含されるクレーム数は増加傾向にあるので，このことが生涯審査請求率の趨勢的上昇につながったと推察される．しかし，2002年には，こうした増勢傾向とは異なった生涯審査請求率の急上昇が観察される．1985～2000年において，生涯審査請求率は平均して年1.3％ポイント上昇してきたが，2001年には1.6％ポイント，2002年には8.8％ポイント

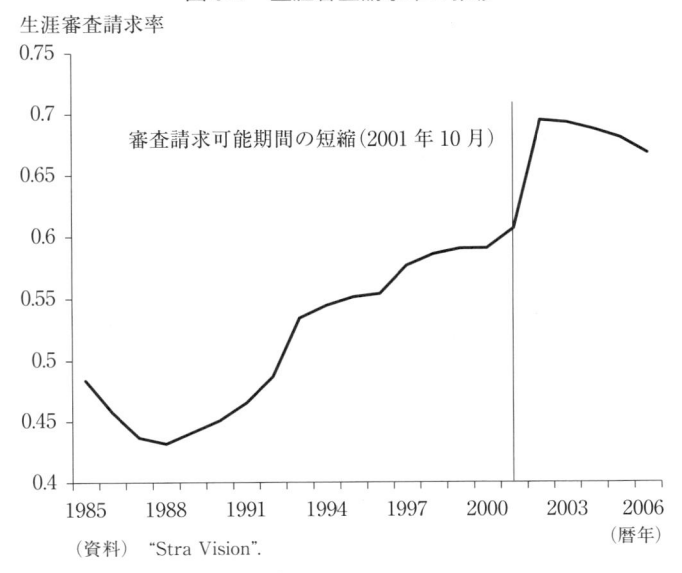

図8.1　生涯審査請求率の推移

（資料）"Stra Vision".

もの上昇を示しており，審査請求可能期間の短縮が強く影響している可能性が高い。

第6章第2節でみた離散型の審査請求オプションモデルによれば，審査請求期限の近傍において，出願人はもはや待機価値を期待することができず，単純なNPVルールに従って審査請求の意思決定を行わざるを得なかった。しかし，審査請求期限の近傍においてNPVが正である特許出願の中には，もしそれ以上の待機が認められていれば，すぐに審査請求を起こすことが望ましくないものも含まれている[5]。そして，そうした特許出願の中には本来は取下げが望ましい特許出願も含まれているに違いない。したがって，審査請求可能期間が十分に長ければ取下げが合理的な選択であった特許出願についても，NPVが正であるかぎりセカンドベストとして審査請求が行われてしまい，その結果生涯審査請求率が大きく上昇したと考えられる。

1.4　料金政策に関するポリシー・ミックス

審査請求可能期間が2001年10月に短縮された後，2004年4月には審査請求料が大幅に引き上げられ，それと同時に維持年金の大幅な引下げが実施された。1971年に出願審査請求制度が導入されてから，審査請求料の改訂は頻繁に行われてきており，ほとんどの場合，料金の引上げが繰り返されてきた。図8.2は，審査請求料の改訂の推移をみたものである。出願審査請求制度導入時に7,000円であった審査請求料は，その後引上げが繰り返され，1993年7月の改訂では8万4,300円となった。1988年の改善多項制の導入以降，1特許出願に複数のクレームを包含させることができるようになったので，クレームにも課金されるようになった。クレーム比例部分の審査請求料は，1988年に1クレーム当た

---

[5] この点に関して製薬大手メーカー2社，化学大手メーカー3社，電気機器大手メーカー2社の知財管理部に対してヒアリング調査を行った。その結果，ほとんどの企業において「出願から3年間で発明の事業価値を判断することは困難であり，審査請求可能期間が満了する6ヵ月程度前から発明の事業価値を事業部門と打ち合わせ，判断できない場合は保守的判断に基づいて審査請求を行っておくことにしている」という回答を得た。

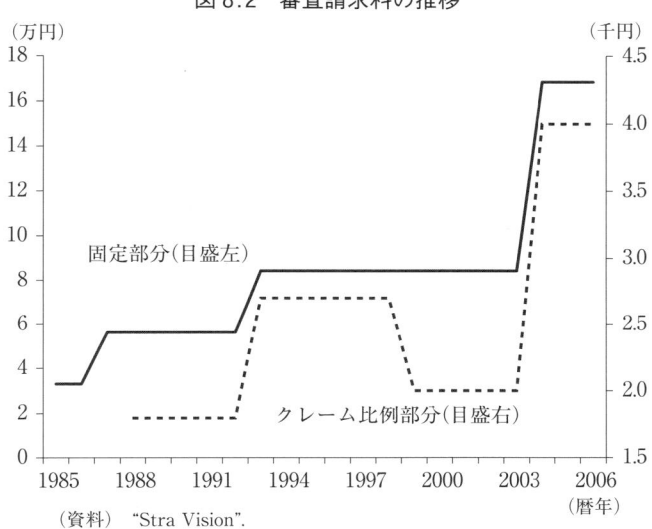

図 8.2 審査請求料の推移

（資料）"Stra Vision".

り 1,800 円，1993 年に 2,700 円に引き上げられたが，1999 年には 2,000 円に引き下げられている。

2004 年 4 月には大幅な審査請求料の引上げが実施された。この改訂で，固定部分は従来の 8 万 4,300 円から 16 万 8,600 円へ，クレーム比例部分は 2,000 円から 4,000 円へと倍の料金が課されることになった。

第 7 章 2.2 でみたように，維持年金も頻繁に改訂されてきたが，2004 年の改訂は 1988 年の「維持年金平準化」につぐ大幅な料金引下げであった。ただし，1988 年の改訂が登録後後期の料金に対して実施されたのに対し，2004 年の改訂では前期の料金が改訂の対象となっている。表 8.2 は，維持年金改訂の大きさをみたものであるが，登録後 1-3〜7-9 年に適用される維持年金が引き下げられ，10 年以降は改訂されていない。ただし，引下げ幅は非常に大きく，登録後 1〜3 年では固定部分が 80%，クレーム比例部分が 82%，4〜6 年では 60% と 63%，7〜9 年では 40% と 41% であった。このように，2004 年には大幅な審査請求料の引上げと維持年金の引下げがセットで実施された。

表 8.2　維持年金の改訂（2004 年）

登録からの 経過年数	1999 年 6 月 1 日改訂 固定部分	クレーム 比例部分	2004 年 4 月 1 日改訂 固定部分	クレーム 比例部分
1－3 年	13,000	1,100	2,600	200
4－6 年	20,300	1,600	8,100	600
7－9 年	40,600	3,200	24,300	1,900
10－20 年	81,200	6,400	81,200	6,900

（資料）特許庁『工業所有権法規沿革』。

1.5　料金改定の政策意図

　それでは，審査請求可能期間短縮後の審査請求料および維持年金の改訂は，どのような政策意図で実施されたのであろうか。

　「産業構造審議会知的財産政策部会」の下に設置されている「特許制度小委員会」が 2003 年 1 月に取りまとめた「最適な特許審査に向けた特許制度の在り方について　中間取りまとめ（以下では，「中間取りまとめ」とする）」では，「国際的にみて遜色のない迅速かつ的確な特許権付与を実現するためには，限りある審査能力をできるかぎり産業競争力に資する出願に振り向けることが必要」であり，そのためには「戻し拒絶[6]の一部にみられるような，特許性の乏しい出願の審査請求」を排除して審査効率を向上させることが必要であると指摘されている。また，「近年，審査請求数が増大し，審査待ち時間は長期化の傾向にある」ことや，「戻し拒絶査定率は，審査の全査定件数の 20％前後まで上昇している」ことなどが指摘されており，それらの原因は，「適切な審査請求行動を促すための審査請求料が十分に機能する額に定められていないことにある」と判断している。その上で，審査請求料は審査の経費を回収できる実費水準に配慮して定められるのが望ましいが，審査請求行動の適正化を図るべく，審査請求時にお

---

[6]　ここで，「戻し拒絶」とは，審査官から拒絶理由があった場合，制度上，意見書・補正書の提出機会が与えられているにもかかわらず，出願人が何の反応を示すことなく拒絶査定となる案件をさす。これは，低価値特許で，審査請求後，取下げが合理的であることが判明した特許出願を意味すると考えられる。

いて出願人に「見直しを促すような水準が妥当である」とし，審査請求料を「20万円程度から25万円前後程度の範囲で検討するのが妥当ではないか」と指摘している。

一方，維持年金の引下げについては，審査請求料の引上げに伴い，戻し拒絶査定率が低下し特許査定率の上昇が予想されるので，「現行料金で負担することとなる総費用（出願料，審査請求料，特許料（維持年金）の総計）と料金改定下での総費用とがほぼ均衡し」，特許査定率の高い「企業にとっては中期的に費用の削減が図りえる料金水準とすることが適切である」としている。また，「審査請求料及び出願料の水準に応じて，収支相償となるような特許料（維持年金）の水準を検討すべきである」とし，「特許料（維持年金）引下げ分の効果をできるだけ早期に生じさせるため，初期の特許料の引下げ率を大きくし，累進率の変更を行うことを検討すべきである」と指摘している。

以上から，料金設計に際し，特許庁は「審査効率の改善」，「利益原則」，「収支相償の原則」などを重視していることがわかる。本来，審査請求料は審査費用を出願人に負担させるために課金しているものなので，「利益原則」から審査にかかわる実費に相当する金額を請求するのが望ましい。ところが，特許庁の試算によると，実費を賄える課金を行うと，適切な審査請求行動の促進が期待されない，すなわち，料金が高すぎて特許性の高い高価値特許の権利化までも抑制することになってしまう。そこで，審査請求料だけでは賄えない実費を補填する財源として維持年金が位置付けられている。

本章1.3でみたように，審査請求可能期間の短縮により，審査請求数の急増がみられ，「戻し拒絶査定率」の上昇にみられるような，低価値特許の審査請求が増加した。こうした低価値特許の排除により審査効率の改善を促すため，大幅な審査請求料の引上げが行われたと考えられる。一方，審査請求料の大幅な引上げは，特許性の高い特許を出願している出願人の料金負担を高める。高価値特許は権利化され，登録更新が繰り返される可能性が高いので，初期の維持年金を引き下げることによって，負担を相殺する狙いがあったと考えられる。また，「中間取りまとめ」では，高価値特許の出願人にとっては，維持年金の引下げにより総合的には料金負担が軽減され，むしろそうした出願人の利益が高

まると予想されている。さらに，維持年金の引下げは，審査請求料の引上げにより「収支相償の原則」が損なわれる可能性が懸念されたので，特許庁の料金収入を抑制する目的もあったことは間違いない。

そこで以下では，①そもそも料金改訂の原因となった審査請求可能期間の短縮は，どのような経済効果をもたらしたのか，②料金改定に関するポリシー・ミックスは，「中間取りまとめ」が期待したように，低価値特許出願を排除し，審査効率を改善させ,高価値特許の出願人の利益を高めることに成功したのか，などの点について，特許審査請求オプションモデルを用いたシミュレーション分析により検討していく。

第2節　シミュレーションモデルの設計

2.1　審査請求オプションモデルと登録更新オプションモデルの統合

本章第1節で概観した審査請求制度をめぐる一連の制度・料金改訂の経済効果を検出して政策評価を行うため，ここでは審査請求オプションモデルと登録更新オプションモデルを統合したより一般的なシミュレーションモデルを設計する。

第6章第2節では，有限・離散型の審査請求オプションモデルを構築し，モデルの解が存在する条件を検討した。しかしこのモデルは，審査請求オプションモデルの理解を容易にするため，かなりの単純化が施されていた。したがって，実際の政策評価に用いるシミュレーションモデルを設計するには，現実の制度に合わせて以下のような調整を行わなければならない。

第1に，単純化モデルでは，審査請求された特許出願は必ず登録され，しかも審査請求・登録ラグが考慮されていなかった。そこで，出願人が予測する登

録確率と審査請求・登録ラグをモデルに組み込まなければならない。

第2に，単純モデルでは，登録された特許は法定満期まで存続し，特許権者に特許価値をもたらし続けると仮定した。しかし，登録確率と審査請求・登録ラグが予想されれば，出願人は審査請求時点に応じた最大限可能な登録更新回数を確定することができるので，与えられた維持年金の系列の下で，登録更新計画を立て，登録更新・非更新を選択していると考えなければならない。

第3に，単純モデルでは，審査請求を1期遅らせたときの待機価値と単純なNPVとの比較によって審査請求行動が決定されるとした。しかし，登録更新に維持年金が課される以上，ある時点で審査請求を行ったときに予想される登録更新のオプション価値と待機価値との比較が審査請求行動を決めていると考える必要がある。

以上のように，実用的な審査請求オプションモデルを設計するためには，登録更新オプションモデルとの統合が必要となる。そこで以下では，こうした統合モデルの設計を試みてみよう。

2.2 統合シミュレーションモデル

潜在的な特許価値は出願年（0年とする）から離散的に発生し，その経時変化は価値変化率と価値上昇確率をそれぞれ Δh と p とした二項過程に従うと仮定する（第6章1.1参照）。特許価値 x は，法定満了制度により T 年（20年）後に消滅する。出願人は，審査請求・登録ラグを k 年間と予想する。すなわち，出願人は特許出願を審査請求した年から k 年後に特許査定・拒絶査定が確定すると予想する。特許価値は特許査定後に具体化すると予想されるが，審査請求された特許出願が必ず特許査定になるとは限らないので，出願人が予想する登録確率を λ とする。

特許保護期間は最長20年と定められているので，出願人が選択する審査請求年によって，最大限可能な登録更新回数は変化する。審査請求年を j 年とすれば，最大限可能な登録更新回数は $T-(j+k)$ となる[7]。出願人は，審査請求年

を遅らせることによる「待機価値」の発生を期待するが，その分最大限可能な登録回数が減少してしまうことや，適用される維持年金のテーブルが変わることも考慮する。[8] なお，出願審査請求制度により，審査請求可能期間は3年間とする。さらに出願人は，もし特許出願が特許査定となった場合，各時点の維持年金 $\eta=(\eta_1\cdots\eta_{20})$ と登録更新のオプション価値を比較しながら，最終登録更新時点 $T-1$ 年までの登録更新・非更新を計画する。このような仮定の下で，出願人が j 年に審査請求を行った場合の t 年の登録更新のオプション価値 $a_j(t, i_t)$ は以下のように記述される（$j\leq t$）。

$$a_j(t, i_t) = \begin{cases} \max\{\lambda x(t, i_t) - \eta_{t+1-(j+k)}, 0\} & \text{for } t = T-1 \\ \max\left\{\lambda x(t, i_t) - \eta_{t+1-(j+k)} + \dfrac{pa_j(t+1, i_t+1) + qa_j(t+1, i_t)}{1+\rho}, 0\right\} & \text{for } j+k+3 \leq t < T-1 \\ \lambda x(t, i_t) - \eta_{t+1-(j+k)} + \dfrac{pa_j(t+1, i_t+1) + qa_j(t+1, i_t)}{1+\rho} & \text{for } j+k \leq t < j+k+3 \\ \dfrac{pa_j(t+1, i_t+1) + qa_j(t+1, i_t)}{1+\rho} & \text{for } j \leq t < j+k \end{cases}$$

(8.1)

ここで，ρ は割引率，q は $(1-p)$ を意味する。

最終登録更新年 $T-1$ において，次の時点で特許価値が生じることがないので出願人はその時点における期待特許価値 $\lambda x(T-1, i_{T-1})$ と維持年金 $\eta_{T-(j+k)}$ を比較し，前者が後者を上回るとき最終登録更新を決意する。$j+k+3 \leq t < T-1$ の期間において，期待特許価値と維持年金の差と次の年における登録更新のオプション価値の期待値の合計が正のとき，登録更新が決意され，それが負のとき維持年金の支払いは停止され特許権が放棄される。

(8.1)式の第3式は，設定納付金制度をモデルに反映させるために設けられる。現行制度では，特許登録に際して3年間の維持年金を前払いする必要がある。したがって，3年間はたとえその期間の登録更新のオプション価値が負であっても年金未納はあり得ない。したがって，登録更新のオプション価値の計

---

[7] ただし，登録時に最初の維持年金（設定納付金）が課されるので，登録も更新回数に含めている。
[8] たとえば，審査請求年を $j=1$ とすると出願人が支払う可能性のある維持年金の系列は，η_1 から η_{16} となるが，$j=3$ とすると，η_1 から η_{14} となる。

算において max{ } が外される（第7章3.3参照）。(8.1) 式の第4式は，審査期間における登録更新のオプション価値を表しており，特許価値は登録後に具体化されると仮定しているので，この期間におけるオプション価値は「継続価値」のみによって説明される。

　j 年に審査請求を行ったときの登録更新の純オプション価値を $a_j(j, i_j)-r$ と表そう（NPV に相当）。ここで r は審査請求料を意味する。また，審査請求可能期間を l 年間とする。このとき，j 年に審査請求された特許出願のオプション価値は，以下のように記述される。

$$v_l(j, i_j) = \begin{cases} \max\{a_j(j, i_j)-r, 0\} & \text{for } j=l \\ \max\left\{a_j(j, i_j)-r, \dfrac{pv_l(j+1, i_j+1)+qv_l(j+1, i_j)}{1+\rho}\right\} & \text{for } 0 \leq j < l \end{cases}$$

(8.2)

　審査請求可能期間の最終年である l 年においてそれ以上の審査請求の延期は認められない。したがって，審査請求を行うことによる機会費用は発生しないので，出願人は登録更新の純オプション価値が正であるかぎり審査請求を行う。一方，$0 \leq j < l$ において，審査請求を遅らせることによる「継続価値」と登録更新の純オプション価値を比較することによってその時点で審査請求を行うか否かが決定される。もし，登録更新の純オプション価値が継続価値を上回っているなら，審査請求の実施が選択される。他方，もし，継続価値が登録更新の純オプション価値を上回っているなら審査請求の延期が選択される。

2.3　審査請求確率と対数尤度

　次に，審査請求可能期間内のある時点における審査請求確率を導出しよう。登録更新の純オプション価値 $a_j(j, i_j)-r$ と審査請求のオプション価値 $v_l(j, i_j)$ が等しい場合に 1，そうでない場合に 0 となるバイナリー変数を次のように定義する。

$$\phi_l(j, i_j) = \begin{cases} 1 \text{ if } a_j(j, i_j) - r = v_l(j, i_j) \\ 0 \text{ if } a_j(j, i_j) - r \neq v_l(j, i_j) \end{cases}, \quad 0 \leq j \leq l$$

このとき，j 年までに審査請求が行われている確率 $h_l(j)$ は，j 年までにバイナリー変数 1 を経験したことのある特許価値の経路が実現する確率の合計として求められる[9]。また，j 年における審査請求確率 $z_l(j)$ は $h_l(j)$ の差分として，

$$z_l(j) = \begin{cases} h_l(j) & \text{for } j = 0 \\ h_l(j) - h_l(j-1) & \text{for } 0 < j \leq l \end{cases}$$

と計算される。ただし，出願時点 $j=0$ における審査請求確率は 1 か 0 となり，1 の場合は出願と同時に審査請求が行われていることを意味するのでその後の審査請求確率はゼロとなる。

j 年までに審査請求が行われている確率 $h_l(j)$ は，審査請求可能期間 l，予想審査請求・登録ラグ k，予想登録確率 λ，審査請求料 r，維持年金のベクトル $\boldsymbol{\eta}$，特許価値の経時変化を説明するパラメータ x_0, p, Δh の関数となるので，各時点の審査請求確率もそれらの関数として，$z_l(j|x_0, p, \Delta h, l, k, \lambda, r, \boldsymbol{\eta})$ のように表される。

また，出願時には複数の価値の異なった特許出願が行われると仮定し $(x_{0,s})$，その分布は低価値特許に集中した密度関数を持つと仮定する[10]。そこで，分布の区分を 20 として出願時における特許価値の密度関数を次のように特定化する。

$$g(s|v) = \exp(-vs) / \sum_{s=1}^{20} \exp(-vs)$$

このとき，j 年における平均審査請求確率は，

$$\sum_{s=1}^{20} z_l(j|x_{0,s}, p, \Delta h, l, k, \lambda, r, \boldsymbol{\eta}) g(s|v)$$

で計算される。ここで設計した審査請求オプションモデルでは，審査請求の取下が決意される可能性があるので，平均審査請求確率を $j=0 \sim l$ について集計しても 1 にはならない。そこで，平均審査請求確率を次のように基準化する。

---

[9] この節で設計した審査請求オプションモデルでは，ある時点で審査請求を行わないという選択の中に，審査請求を延期するという選択と，審査請求の取下げを決意する，という選択がある。審査請求のオプション価値が登録更新の純オプション価値を上回るとき審査請求の延期が選択され，審査請求のオプション価値がゼロのとき，取下げが選択される。

[10] 特許価値の分布は著しく歪んでおり，多くは低価値特許に集中していることが，山田〔2009〕やSchankerman〔1998〕などによって明らかにされている。

$$\bar{z}_t(j) = \frac{\sum_{s=1}^{20} z_t(j|x_{0,s}, p, \Delta h, l, k, \lambda, r, \eta)g(s|v)}{\sum_{j=0}^{l}\sum_{s=1}^{20} z_t(j|x_{0,s}, p, \Delta h, l, k, \lambda, r, \eta)g(s|v)}$$

したがって，基準化された各時点の平均審査請求確率は，v, p, Δh, l, k, λ, r, η の関数となる[11]。このうち，審査請求可能期間 l，審査請求料 r，維持年金のベクトル η は観測可能な変数である。また，予想審査請求・登録ラグ k，予想登録確率 λ などについては，過去のデータから出願人がどのような予想を形成しているかを推測できる。他方，出願時の特許価値の分布を規定するパラメータ v，および特許価値の経時変化を説明するパラメータ p と Δh は観測可能ではないが，第6章3.2で説明した「シミュレーション最尤法」を用いて推計が可能になる。これらのパラメータを推計するための対数尤度は，j 年に観測された審査請求数を n_j とすれば，

$$\ln L = \sum_{j=0}^{l} n_j \bar{z}_t(j|\theta, l, k, \lambda, r, \eta), \quad \theta = (v, \Delta h, p) \tag{8.3}$$

と書くことができる。そこで，実際に観測された審査請求数のデータを用いて，シミュレーション最尤法により構造パラメータのベクトル θ を推計する。

2.4 データと構造パラメータの推計結果

パラメータベクトル θ の推計にあたり，化学（119社），電気（157社），機械（122社），輸送（62社）に属する東証1部上場企業460社が，2004年度に出願した特許の審査請求日をインテクストラ株式会社"StraVision"より収集し，各年の審査請求数 n_j を計算した[12]。この特許データは整理標準化データ2010年第9回配布分に基づいているので，審査請求行動の履歴が完結している出願年度は2006年度以前に限定される。さらに，審査請求期間が7年から3年に短縮

---

[11] このような基準化は，シミュレーション最尤法で推計されたパラメータの標準誤差を計算する際，情報マトリックスを利用できるようにするための措置である（第6章補論参照）。

[12] 推計では，医薬品を除外した。それは，医薬品産業の審査請求行動はこの節で設計したオプションモデルで説明することが難しいと考えられるためである。医薬品産業の審査請求行動は，薬事審査制度と密接な関係がある。詳細は本章の補論を参照。

されたのは2001年10月1日なので，データが利用可能な出願年度は2002～2006年度となる．このうち2004年度出願の特許は，審査請求料の変更に直面していないので，ここではサンプルデータの出願時点を2004年度に選択した．

次に，審査請求料rについてであるが，審査請求料は2004年4月1日改訂版が適用されており，固定部分は16万8,600円，クレーム比例部分は4,000円であった．そこで，各産業が2004年度に出願した特許の平均クレーム数を計算し，平均審査請求料を算出した．その結果，負担ベースの平均審査請求料は19万7,756円となった．維持年金の系列ηも2004年4月1日改訂版を用いた．割引率ρには2004年の長期国債の利回り1.498%を用いた．予想登録確率λは，過去5年間の実績平均を計算し45.78%とした．予想審査請求・登録ラグkについては，やはり過去の実績から，出願人は審査請求・登録ラグを3年と予想すると仮定した[13]．なお，実際の推計では，1年を半期に分割した離散モデルを構築し，半期ごとの審査請求数のデータを用いて推計を行った[14]．

表8.3は，シミュレーション最尤法によってパラメータv, Δh, pを推計した結果を示したものである．出願時における特許価値の確率分布を規定するパラメータvは1.01と推計され，二項過程の特許価値変化率Δhは0.09，価値上昇確率pは0.47と推計された．

シミュレーションモデルが再現した審査請求時点に関する時間分布と，現実に観察された時間分布の相関係数は0.96と非常に高かった．図8.3は，基準化された各時点の審査請求率と，シミュレーションモデルが再現した審査請求確率の推移を比較したものであるが，推計値は時間の経過ともに審査請求率が徐々に増大し，審査請求期限の間際に審査請求率がピークを迎えるという現実

---

[13] 審査請求・登録ラグは，1980年代に長期化の傾向にあり，産業によってバラツキがあったが，1990年代に入り急速に早期化しバラツキも解消され，ピーク時では2年程度に短縮された．しかし，審査請求可能期間の短縮を境に，審査請求率が急増したため再び3年程度に長期化した．詳細は山田〔2009〕の第7章第2節参照．

[14] 第6章3.3で説明したように，二項分布を仮定した場合，対数尤度関数は構造パラメータについて非連続となり，微分可能ではなくなる．しかし，こうした問題は時間区分を細分化し二項分布における特許価値変動の自由度を高めてやることである程度は解消された．

第 8 章　出願審査請求制度　295

表 8.3　構造パラメータの推計結果

パラメータ	サンプル全体
初期分布のパラメータ　v	1.01
	(0.281)
特許価値変化率　Δh	0.09
	(0.025)
特許価値上昇確率　p	0.47
	(0.021)
対数尤度	-269877
観測数	11868
相関係数	0.96
生涯審査請求率　実績	0.69
推計値	0.55
平均審査請求時点　実績	2.52
推計値	2.51

(注) ( ) 内は推定量の標準誤差を意味する。

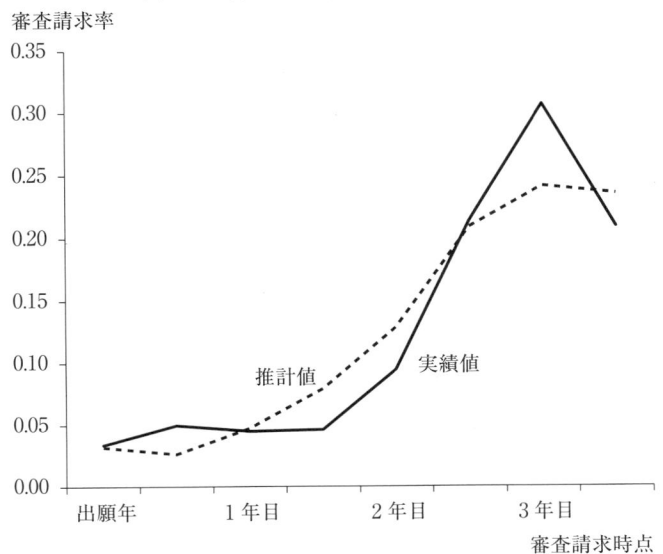

図 8.3　審査請求率の実績値と推計値

の姿をうまく再現している。また，離散型モデルが再現した平均審査請求時点は 2.51 年，実績は 2.52 年で，その差は僅かであった。さらに，シミュレーションモデルが再現した生涯審査請求率は 55％であった。現実には，特許出願の 69％が審査請求されているので，再現値はやや過少推計となっているようにみえる。ただし，整理標準化データには，公開前に取り下げられた特許出願は記録に残らない。そして，相当数の特許出願が公開前に取り下げられていることが知られている。[15] したがって，現実に観察される審査請求率は分母が過少にしか把握されていない分過大評価となっているはずなので，モデルが再現した推計値は概ね妥当な水準を示しているといえよう。

第 3 節　シミュレーションの結果と政策提言

3.1　審査請求可能期間の短縮の効果

　本章第 2 節では，登録更新オプションを考慮した審査請求オプションモデルを設計し，現実に観察される審査請求の時間分布から，特許価値の経時変化を説明するパラメータや特許価値の初期分布を説明するパラメータの推計を行った。これらのパラメータを用いれば，審査請求可能期間や各種特許料の変更が，審査請求のオプション価値，審査請求確率，平均審査請求時点などに及ぼす影響を定量的に計測することが可能になる。そこでこの節では，2001 年に実施された審査請求可能期間の短縮と，2004 年に実施された特許料体系の改訂の効果を定量的に分析していくことにしよう。

---

[15] 2004 年に特許庁がカウントした全特許出願数は 42 万 3,082 件であったが，整理標準化データに記録されている特許出願数は 37 万 7,792 件で，およそ 11％が公開前に取り下げられている。

まずはじめに，審査請求可能期間の短縮の効果についてみてみよう．本章1.3で述べたように，審査請求可能期間は2001年に7年から3年に短縮された．そもそも，出願審査請求制度は出願人に「待機価値」をもたらし，審査請求のオプション価値を高める作用をする．したがって，審査請求可能期間の短縮により「待機価値」が損なわれるので，審査請求のオプション価値は減少するはずである．ただし，第5章3.2でみた連続・無限期間型の審査請求オプションモデルによれば，審査請求の猶予によってもたらされる恩恵を得るのは，主として出願時において「最適停止境界」を下回る低価値特許出願に限定される．言い換えれば，「最適停止境界」以下の特許価値を持つ特許出願のみが「柔軟性のオプション価値」を得ることができる．したがって，審査請求可能期間の短縮は，主として低価値特許のオプション価値にだけ影響するはずなので，総合的な効果は軽微なものかもしれない．しかし他方で，特許価値の初期分布は著しく歪んでおり，低価値特許にそのウェイトが集中していることが知られているし，本章第2節で設計したシミュレーションモデルにおいても，そうした構造が前提とされているので，審査請求のオプション価値の平均値には大きな影響があるかもしれない．

　二項過程の経時変化を規定する構造パラメータの推計値を用いれば，出願時の特許価値が$x_{0,s}$である審査請求のオプション価値は，$v_l(0, 0|x_{0,s}, p, \Delta h)$と表され，先の(8.2)式から計算することができる．また，出願時の特許価値に関する密度関数を規定するパラメータの推計値を用いれば，出願時における審査請求のオプション価値の平均値は，

$$\bar{v}_l(0, 0) = \sum_{s=1}^{20} v_l(0, 0|x_{0,s}, p, \Delta h) g(s|v)$$

のように計算される．以下ではこのオプション価値を単に「特許出願のオプション価値」と呼ぶことにしよう．シミュレーションモデルは，審査請求可能期間lによって特許出願のオプション価値が異なるように設計されている．そこで，$l=7$年とした場合の特許出願のオプション価値の平均値を$\bar{v}_7$，$l=3$とした場合のそれを$\bar{v}_3$と表記する．したがって，審査請求可能期間の短縮による特許出願のオプション価値の変化率は$(\bar{v}_3-\bar{v}_7)/\bar{v}_7$で計算される．なお，審査

請求可能期間が短縮されたのは2001年10月であったので，審査請求料と維持年金はその時点で適用されていた1999.6.1改訂版を用いてシミュレーション値を計算する。[16]

このような前提の下で，審査請求可能期間の7年から3年への短縮による特許出願のオプション価値の変化率は，他の条件が等しいかぎり，マイナス30.3％と計算され，出願人は比較的大きな損失を被ったことがわかった。また，シミュレーションにより，審査請求可能期間の短縮は生涯審査請求確率を17.8％ポイント上昇させ，平均審査請求時点を3.7年短縮させる効果があることが明らかとなった。さらに，本章第2節で設計したシミュレーションモデルでは，出願時における特許価値の分布が推計されるので，特許価値ごとの生涯審査請求確率を計算することができる。これを計算した結果を示した図8.4によると，審査請求可能期間の短縮は，低価値特許出願の生涯審査請求確率を大きく上昇させてしまったことがわかる。このように，制度改訂後に観察された生涯審査請求率の大幅な上昇は，主として低価値特許出願の生涯審査請求率の上昇によって説明され，このことは特許庁が指摘し問題視した「戻し拒絶査定率」の上昇ともきわめて整合的である。

以上のシミュレーション分析の結果から，審査請求の早期化は，無視できない大きさの出願人の利益の損失と，低価値特許出願の生涯審査請求率の大幅な上昇による審査効率の低下という犠牲の下で実現された，ということができよう。

---

[16] 維持年金は固定部分とクレーム比例部分から構成されているので，平均クレーム数を用いて負担ベースの維持年金を計算した。

図 8.4 特許価値ごとの生涯審査請求確率

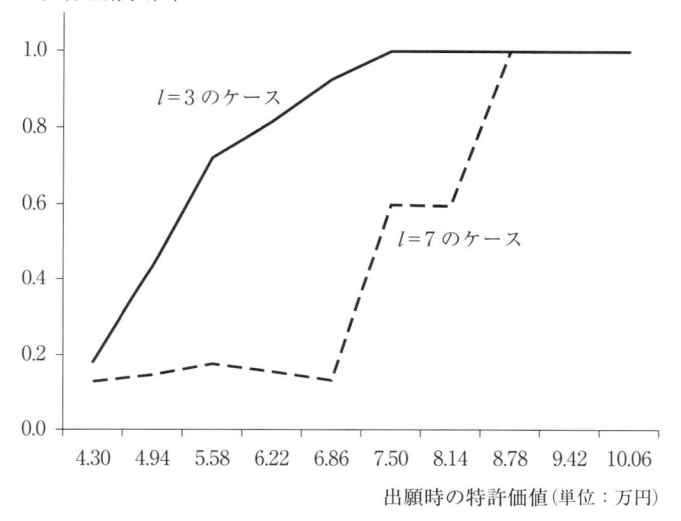

[図：横軸「出願時の特許価値（単位：万円）」4.30〜10.06、縦軸「生涯審査請求確率」0.0〜1.0。実線が $l=3$ のケース、破線が $l=7$ のケース]

3.2 料金改訂の効果

本章 1.3 でみたように，審査請求可能期間の短縮による審査請求率の急上昇に対応して，2004 年に審査請求料を一気に 2 倍に引き上げるという大幅な改訂が行われた。一方，特許査定率の高い特許出願を行っている企業等の利益が損なわれないようにするため，さらに「収支相償」の原則を堅持するため，同時に維持年金の大幅な引下げも実施された。維持年金の引下げは，特許出願のオプション価値や出願人の審査請求行動に強く影響すると考えられる前期の維持年金（登録後 1 年〜9 年）について実施された。

ところが現実には，審査請求料のきわめて大幅な引上げにもかかわらず，生涯審査請求率の顕著な低下は見られず，依然として高い水準を維持している。先に示した図 8.1 によると，2003 年以降，生涯審査請求率は趨勢的な低下傾向にあるものの，2004 年の審査請求料の引上げ後に顕著に生涯審査請求率が低下

した形跡は見られない。これは，維持年金の引下げが同時に行われたことによると考えられる。本章2.2で設計したシミュレーションモデルからも明らかなように，維持年金の引下げは登録更新のオプション価値を増加させるので（(8.1)式参照），特許出願のオプション価値を高め生涯審査請求確率を高める要因となる（(8.2)式参照）。ただし，2004年の料金改訂では，審査請求料の引上げと維持年金の引下げが同時に行われているので，ネットの効果は定かではない。そこで，シミュレーションによって料金改訂のネットの効果を検出してみよう。

1999年6月1日改訂版の審査請求料と維持年金を用いて計算された特許出願のオプション価値に対する，2004年4月1日改訂版のそれらを用いて計算された特許出願のオプション価値の変化率はプラス34.5%となった。すなわち，2004年の料金改訂は，維持年金引下げ効果が審査請求料引下げ効果を大きく凌駕し，他の条件が等しいかぎり，ネットでは特許出願のオプション価値を向上させる効果があったことになる。前期の維持年金は，登録更新のオプション価値や特許出願のオプション価値に強く影響するうえ，維持年金の引下げ率も高いため，このような結果が得られたと推察される[17]。

ところで，2004年の料金改訂は，特許庁が期待したように低価値特許出願の審査請求率を低下させ，特許審査効率の改善に貢献したといえるのだろうか。そこで，1999年6月1日改訂版の維持年金と審査請求料を用いた場合と，2004年4月1日改訂版のそれらを用いた場合の特許価値ごとの生涯審査請求料を計算した。図8.5はその結果を示したものあるが，2004年の料金改訂は低価値特許出願の生涯審査請求率を若干高めていることがわかる。審査請求料の大幅な引上げは，低価値特許出願の生涯審査請求確率を低下させ審査効率の改善に寄与するはずであるが，その効果を相殺して余りあるほど維持年金の引下げ効果

---

[17] 第7章の維持年金平準化措置に関するシミュレーション分析では，維持年金の引下げはオプション価値に僅かな影響しかもたらさなかった。これに対して，本章の統合モデルによるシミュレーションでは維持年金の引下げが非常に強い影響をもたらしている。これは，前者が登録特許のオプション価値に与える影響を試算しているのに対し，本章では特許出願のオプション価値に与える影響を試算しているからである。また，維持年金の引下げ構造の違い（後期か前期か）も強く影響していると考えられる。

図 8.5　料金改定の効果

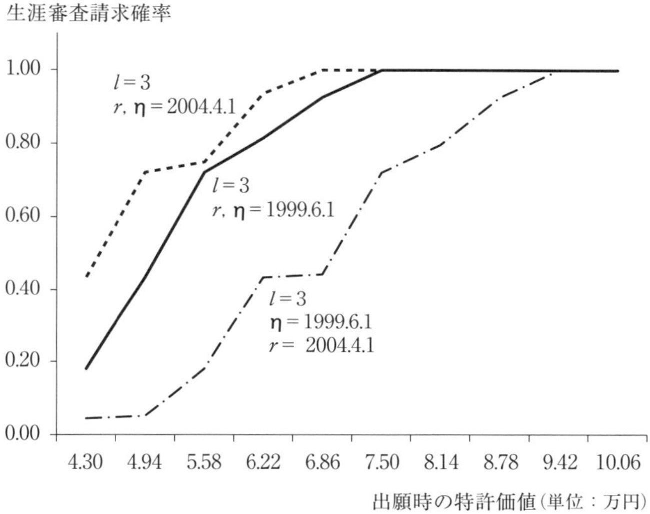

生涯審査請求確率

（グラフ: 縦軸 0.00〜1.00、横軸 出願時の特許価値(単位：万円) 4.30〜10.06）

- $l=3$, $r, \eta = 2004.4.1$
- $l=3$, $r, \eta = 1999.6.1$
- $l=3$, $\eta = 1999.6.1$, $r = 2004.4.1$

は大きかったといえよう．

そこで，この点を明らかにするために，維持年金は1999年6月1日改訂版を用い，審査請求料は2004年4月1日改訂版を用いた場合の特許価値ごとの生涯審査請求確率を計算してみた．すなわち，維持年金を変えずに，審査請求料のみを引き上げた場合のシミュレーション値を計算してみるのである．図8.5によると，確かに審査請求料単独引上げは，低価値特許出願の生涯審査請求率を大幅に抑制する効果があったことがわかる．

以上のシミュレーションの結果から，審査請求料の大幅引上げに期待された審査効率の改善は，維持年金の引下げに相殺されてしまったため，十分に実現されなかったと考えられる．

3.3　可変的審査請求料の設計

望ましい出願審査請求制度を設計するにあたり，「出願人の利益」，「審査効

率」,「第三者への悪影響」などに配慮する必要があるが，これらの目標に客観的な優先順位を付けることはきわめて難しい。ただし，特許法の本来の目的が「発明を奨励し，もって産業の発展に寄与すること」にある以上,「出願人の利益」が何より優先されるべきであろう。ただし，長すぎる審査請求可能期間が，第三者への牽制要因となり，第三者の研究開発活動にいくらかの悪影響を及ぼしているなら，それを軽減すべく審査請求時点の早期化も促さなければならない。

審査請求時点の早期化は，審査請求可能期間の短縮というきわめて強制的な手段で達成されたことは先にみた通りだが，それは出願人の利益の損失と審査効率の悪化という犠牲を伴った。それでは，出願人の利益を損なわず，審査請求時点の早期化を促し，できれば審査効率を極端に悪化させずに済む制度設計は考えられないのであろうか。1つの方法は，出願人に十分長い審査請求可能期間を認めた上で,「可変型審査請求料」を課すというものである。

本章1.2で指摘したように，審査請求制度導入のメリットの1つである「オプション価値向上効果」は審査請求可能期間が長いほど強くなる。そこで，十分に長い審査請求可能期間は認めるが，審査請求時点が遅くなるほど高額の審査請求料を課す料金体系を設計する。こうした可変型審査請求料を課せば，出願人の利益を損なわずに審査請求時点の早期化を促す効果が期待される。以下ではこの点をシミュレーションによって明らかにしてみよう。

本章3.1で行ったシミュレーションの結果，審査請求可能期間の7年から3年への短縮は，特許出願のオプション価値を30.3%減少させ，主として低価値特許の生涯審査請求確率を高め，全体では生涯審査請求確率を17.8%ポイント上昇させた。そこで，審査請求可能期間を7年に維持したまま，図8.6に見るような可変型審査請求料を課すことにする。たとえば，負担ベースの審査請求料は，出願年に審査請求を行えば7.5万円ですむが，7年目に行うと10.5万円となる。

注目すべきは，審査請求可能期間を7年とし，従来の均一型の審査請求料を課した場合と可変型の審査請求料を課した場合の特許出願のオプション価値をほとんど変化させない審査請求料のプロファイルを見出すことができる，とい

図 8.6　可変型審査請求料の適用

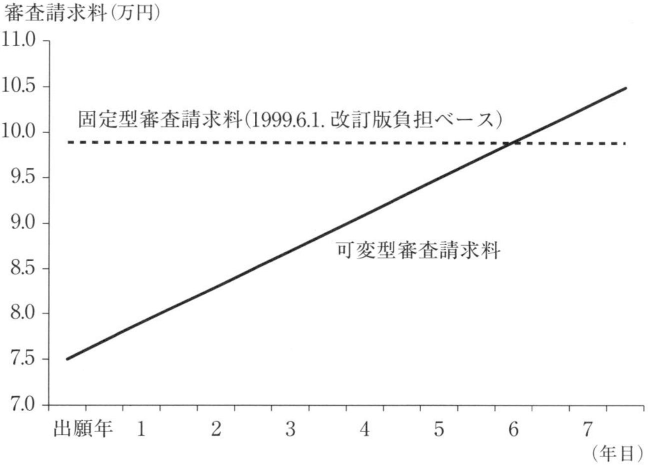

う点である．そして，図 8.6 で示したような可変型審査請求料はこうした条件をみたす料金プロファイルを意味している．すなわち，両者の間でほとんど特許出願のオプション価値は変化していない．しかし，均一型と可変型では，平均審査請求時点は大きく異なる．均一型から可変型に変更することにより，平均審査請求時点は 3.2 年短縮される効果が認められた．審査請求可能期間の短縮の場合，審査請求時点の短縮効果は 3.7 年であったから，可変型審査請求料の負荷によっても十分に審査請求時点の早期化を促すことができる．

　一方，可変型審査請求料の導入により，生涯審査請求確率の上昇は避けられない．ただし，審査請求可能期間の短縮の場合には実現することのできない望ましい反応も観察された．それは，最適停止境界を下回る低価値特許出願の中でも，比較的高い価値を持つ特許出願の生涯審査請求確率は上昇するが，著しく価値の低い特許の生涯審査請求確率はむしろ低下する，という反応である．

　図 8.7 は，審査請求可能期間と審査請求料をそれぞれ 7 年と固定型，3 年と固定型，7 年と可変型に設定した場合の出願時の特許価値ごとの生涯審査請求確率のシミュレーション結果を示したものである．本章 3.1 で示したように，審査請求料を固定型に維持したまま，審査請求可能期間を 7 年から 3 年に短縮

図 8.7 可変型審査請求料賦課の効果

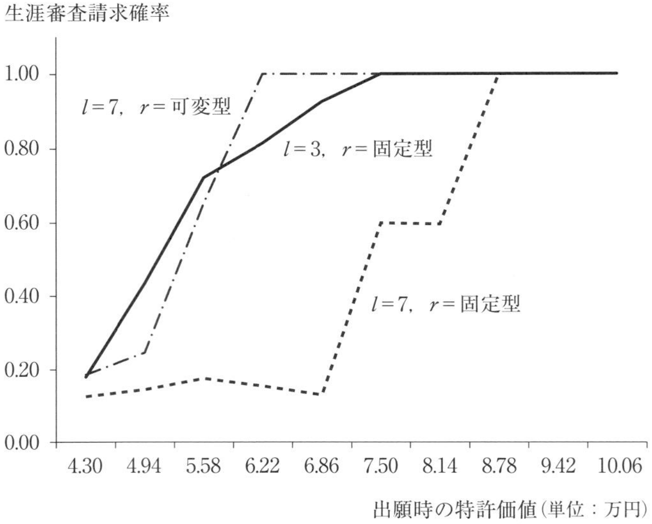

生涯審査請求確率 縦軸、出願時の特許価値(単位：万円) 横軸

グラフの曲線: $l=7, r=$ 可変型、$l=3, r=$ 固定型、$l=7, r=$ 固定型

させると低価値特許出願の審査請求確率が著しく高まってしまう。これに対し，審査請求可能期間を7年に維持したまま可変型の審査請求料を適用すると，著しく価値の低い特許出願の審査請求確率はむしろ抑制される。

　以上のシミュレーション結果が示すように，十分に長い審査請求可能期間を認めながら早期に審査請求を行うほど料金負担が軽減される可変型審査請求料を適用すれば，出願人の利益を損なわず審査請求時点の早期化を促し，審査効率の極端な悪化も回避される。

3.4　本章のまとめ

　出願審査請求制度は，「待機価値」の創出により特許出願のオプション価値を高め（オプション価値向上効果），審査請求にかかわるコストを節約させ（コスト節約効果），特許制度に伴う独占の弊害を緩和し（独占緩和効果），特許性向を向上させる（公開促進効果），などの望ましい機能を果たしている。しかし，

審査請求可能期間は，制度発足時の7年から2001には3年に短縮されたため，審査請求制度が本来有しているメリットが損なわれた。

本章では，登録更新のオプションモデルと審査請求のオプションモデルを統合したモデルを設計し，審査請求可能期間の短縮が特許出願のオプション価値に与えた影響についてシミュレーションを行った。その結果，審査請求可能期間の短縮は，特許出願のオプション価値を30.3％減少させ，生涯審査請求確率を17.8％ポイント上昇させる作用をした。しかも，生涯審査請求確率の上昇のほとんどは低価値特許出願の生涯審査請求確率の上昇で説明された。審査請求時点の早期化は，審査請求可能期間を短縮するという強制的な手段で実現されたが，それは無視できない大きさの出願人の利益の損失と審査効率の大幅な悪化という犠牲を伴った。

生涯審査請求率の急激な上昇に対して，特許庁は審査請求料の大幅な引上げと，前期における維持年金の引下げを同時に実施した。こうしたポリシー・ミックスは，特許出願のオプション価値に対して相反する効果を持つ。そこで，シミュレーションモデルによりネットの効果を計算した結果，特許出願のオプション価値を34.5％向上させる効果のあることがわかった。これは，前期における維持年金の引下げ効果が，審査請求料の引上げ効果を大きく凌駕していることを意味している。また，こうしたポリシー・ミックスは生涯審査請求確率には顕著な影響をもたらさなかった。シミュレーションによれば，審査請求料の引上げは，低価値特許出願の審査請求を強く抑制する効果があるが，維持年金の引下げがこの効果を相殺してしまった。

さらに本章では，審査請求時点の早期化を促すには，審査請求可能期間の短縮という強制的政策手段ではなく，十分に長い審査請求可能期間を認めた上で，早く審査請求を行えば審査請求料が安くなる可変型審査請求料を設定することが望ましいと考えた。そこでシミュレーションモデルを用いて，審査請求可能期間を3年に短縮する場合とそれを7年に維持したまま可変型審査請求料を賦課する場合との比較を行った。比較の結果，審査請求可能期間の短縮により平均審査請求時点は3.7年短縮されたが，可変型審査請求料を適用すれば，特許出願のオプション価値に影響することなく，平均審査請求時点を3.2年短縮さ

せる効果のあることが明らかとなった。ただし，可変的審査請求料の場合でも，生涯審査請求確率の上昇は避けられない。しかし，審査請求可能期間の短縮に比べ，可変的審査請求料の賦課は著しく低い価値しか持たない特許の審査請求確率を抑制する効果のあることが明らかとなった。

望ましい出願審査請求制度は，出願人の利益を増進させ，審査効率を改善し，第三者への悪影響を軽減するものでなくてはならない。審査請求可能期間の短縮は，第三者への悪影響を軽減することに寄与するが，他の政策目標を十分に達成することができない。他方，十分に長い審査請求可能期間を認めた上での可変型審査請求料の適用は，審査効率のある程度の悪化は避けられないものの，出願人の利益を損なわずに審査請求時点の早期化を促すことができるという点で，望ましい制度設計といえよう。

補論　医薬品産業の特殊性について

8A.1　医薬品産業の特徴

医薬品産業における出願人の審査請求行動には，他の産業には見られない特徴がある。表8.1でみたように，医薬品産業では生涯審査請求数に対する3年目の審査請求数の割合は70％を超えていた。すなわち，医薬品特許については，審査請求が審査請求可能期間の最終年に集中しているという特徴がみられる。

医薬品特許については，医薬品産業の専有可能性の高さからも推測されるように，他の産業に比べて特許価値が著しく高いと考えられる。したがって，特許価値に比べ各種特許料の負担は軽微なものと推察されるので，各種特許料の賦課が審査請求行動を規定する主要な要因になるとは考えにくい。また，本章

第2節で設計したシミュレーションモデルは,「収益の不確実性」を前提としたオプションモデルであったが,医薬品産業の場合,医薬品開発に成功して上市されれば,特許による専有の実効性が高いだけに,他の産業に比べて「収益の不確実性」は小さいと考えられる。他方,医薬品開発の不確実性は著しく高いので,「収益の不確実性」よりも「開発リスク」が出願人の審査請求行動を強く規定していると推察される。したがって,「収益の不確実性」によって生まれる待機価値で審査請求行動を説明するというオプションモデルは,医薬品産業の出願人の審査請求行動をうまく説明することができない。

8A.2 薬事審査制度との関連

医薬品産業において,審査請求のほとんどが最終年に集中しているという事実は,「薬事審査制度」と密接な関係を持っている。医薬品の場合,安全性や有効性の確保という観点から,規制当局の厳格な審査を通過しなければ製品を上市(製造・販売)することができない。医薬品を上市するには,薬品の安全性や有効性を確認するための臨床試験を実施して規制当局からの承認を受けなければならない。

医薬品の開発には様々な段階がある。基礎研究で有効な化合物が発見されると,新薬の安全性を確かめるための試験が実施されるが,こうした試験には様々な段階がある。

まず,動物実験を主として毒性試験などを行う非臨床試験が行われ,その後ヒトを対象とした臨床試験が実施される。臨床試験はさらに,第Ⅰ相試験(フェーズⅠ),第Ⅱ相試験(フェーズⅡ),第Ⅲ相試験(フェーズⅢ)に分けられ,フェーズⅢまで生き残った化合物のみが承認申請の対象となる。一般に,1つの医薬品開発には複数の特許を出願する必要があることが知られている。また,1つの特許が複数の医薬品にまたがって必要とされる場合も少なくない。上市される可能性のある医薬品からの収益を専有するためには,その医薬品のプロテクトに必要な複数の特許が出願される。

薬事審査をパスしなければ医薬品を製造・販売することができないので，登録日から承認日までの期間における特許権は未実施となる。こうした未実施期間の回復措置として，延長登録の出願が認められている。制度導入時の1988年では特許権の延長期間について「特許発明を実施することが2年以上できなかったときは，5年を限度として，延長登録の出願により延長することができる」と定められていたが，2000年の改訂で，特許発明を実施することができなかった期間の下限2年間が廃止された。

　図8A.1は，桝田〔2005〕が行った医薬品特許の延長登録申請に関する調査と，山田〔2005〕が行った開発期間に関する調査を統合して，平均的な医薬品について，その開発プロセスと特許権の取得プロセスとの対応関係を図示したものである。医薬品開発の調査によると，1990〜1999年度に前臨床・臨床試験を開始した開発プロジェクトを対象としたところ，前臨床・臨床試験に要した期間は8.8年，申請期間が2.7年であった。したがって，基礎研究の終了から承認日まで11.5年を要していることになる。

　一方，医薬品特許の権利化プロセスの調査によると，2002年における医薬品の承認日からそれに用いられている特許の権利満了日までの期間は8.1年であった。審査請求可能期間は出願日より3年，過去の実績から特許審査期間を3.5年とすると，登録日から承認日までの期間は5.4年となる。これらの結果から，開発プロセスの調査と権利化プロセスの調査における承認日を一致させてみると，審査請求可能期間のほとんどが前臨床・臨床試験の段階に対応していることがわかる。

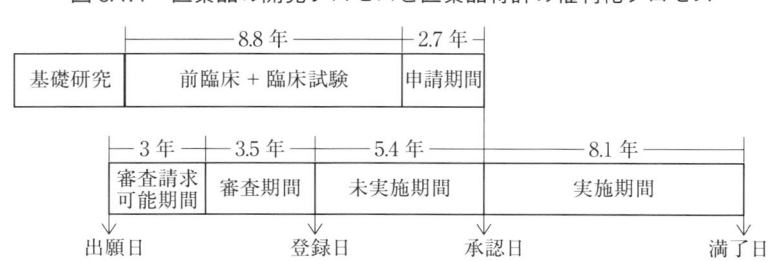

図8A.1　医薬品の開発プロセスと医薬品特許の権利化プロセス

基礎研究	前臨床＋臨床試験 (8.8年)	申請期間 (2.7年)

審査請求可能期間 (3年)	審査期間 (3.5年)	未実施期間 (5.4年)	実施期間 (8.1年)

出願日　　　登録日　　　承認日　　　満了日

8A.3 審査請求のタイミング

　医薬品の特許出願の審査請求時点が 3 年目に集中しているのは，出願から 3 年間では，ほとんどのプロジェクトの成功を見極めることができないためである。基礎研究によって薬効が認められる化合物が探索されても，前臨床で脱落するものもあり，その後も臨床試験のフェーズが進むにつれて多くのプロジェクトの停止が決定されていく。薬効が認められる化合物が，最終的に医薬品として上市される確率は 2 割弱であるといわれている（山田〔2005〕）。しかも，審査請求可能期間はまだ開発段階の初期（前臨床段階とフェーズⅠ）にしか対応していないので，プロジェクトの停止が決まり，審査請求の必要がない特許出願が判明しているものはごく僅かでしかない。したがって，審査請求可能期間において，特許出願の多くはまだ権利化の必要の有無が明確になっていない。そこで，医薬品メーカーは権利化の必要のない特許出願をできるだけ多く見極めるために，審査請求時点を可能なかぎり延期したいと考える。しかも，早期に審査請求を行っても単に未実施期間が長くなるだけなので，維持年金の空払い期間が長期化してしまう。先にみたように，延長登録制度が 1988 年に導入されているが，特許権の延長期間には 5 年の限度が課されているので，この点からも審査請求をできるだけ延期するのが望ましい。さらに，上市が不確実な医薬品に用いられている特許についても，臨床試験期間に登録しておかざるを得ないので，医薬品メーカーにとっても特許庁にとっても審査請求にかかわる有形・無形のコストの浪費が生じてしまう。

　審査請求可能期間が十分に長ければ，権利化の必要のない特許を一層多く見極めることができるので，維持年金の空払いが減少し，審査請求にかかわるコストの浪費も抑制される。このように，医薬品メーカーにとっても，審査請求可能期間の短縮は無視できない不利益をもたらしたと推察される。

参考文献

Acs, Z.J. and D.B. Audretsch [1988] "Innovation on Large and Small Firms. An Empirical analysis," *American Economic Review*, 78, 678-690.

Acs, Z.J. and D.B. Audretsch [1989] "Patents as a Measure of Innovative Activity," *Kyklos*, 42, 171-180.

Aghion, P. and P. Howitt [1992] "A Model of Growth Through Creative Destruction," *Econometrica*, 60, 323-351.

Aghion, P. and J. Tirole [1994] "The Management of Innovation," *Quarterly Journal of Economics*, 109, 1185-1209.

Aghion, P. and P. Howitt [1998] *Endogenous Growth Theory*, Cambridge: MIT Press.

Aitchison, J. and J.A.C. Brown [1957] *The Lognormal Distribution*, Cambridge University Press.

Alcacer, J. and M. Gittelman, [2006] "Patent Citations as a Measure of Knowledge Flows: The Influence of Examiner Citations," *The Review of Economics and Statistics*, 88, 774-779.

Arora, A., M. Ceccagnoli and W.M. Cohen [2003] "R&D and the Patent Premium," *NBER Working Paper Series*, 9431.

Arora, A., M. Ceccagnoli and W.M. Cohen [2008] "R&D and the Patent Premium," *International Journal of Industrial Organization*, 26, 1153-1179.

Arundel, A. and I. Kabla [1998] "What Percentage of Innovation are Patented? Empirical Estimates for European Firms," *Research Policy*, 27, 127-141.

Baudry, M. and B. Dumont [2006] "Patent Renewals as Options: Improving the Mechanism for Weeding Out Lousy Patents," *Review of Industrial Organization*, 28, 41-62.

Bernstein, J.I. and M.I. Nadiri [1988] "Interindustry R&D Spillover, Rate of Return, and Production in High-Tech Industries," *AER Papers and Proceedings*, 78, 429-434.

Bessen, J. [2008] "The Value of U.S. Patents by Owner and Patent Caracteristics," *Research Policy*, 37, 932-945.

Bloom, N. and J. Van Reenen [2002] "Patent, Real Options and Firm Performance," *The Economic Journal*, 112, C97-C116.

Bosworth, D.L. [1978] "The Rate of Obsolescence of Technical Knowledge-A Note," *Journal of Industrial Economics*, 26, 273-279.

Branstetter, B. [2000] "Is Foreign Direct Investment a Channel of Knowledge Spillover? Evidence from Japan's FDI in the United States," *NBER Working Paper*, 8015.

Brouwer, E. and A. Kleinknecht [1999] "Innovative Output, and a Firm's Propensity to Patent. An Exploration of CIS Micro Data," *Research Policy*, 28, 615-624.

Caballero, R.J. and A.B. Jaffe [2002] "How High Are the Giants Shoulders: An Empirical Assessment of Knowledge Spillovers and Creative Destruction in a Model of Economic Growth," In Jaffe, A.B. and M. Trajtenberg, eds., *Patents, Citations & Innovations*, MIT Press.

Carpenter, M.P., F. Narin and P. Woolf (1981) "Citation Rates to Technologically Important Patents," *World Patent Information*, 3, 160-163.

Cockburn, I. and Z. Griliches (1988) "Industry Effects and Appropriability Measures in the Stock Market's Valuation of R&D and Patents," *American Economic Review*, 78, 419-423.

Cohen, W.M., R. Nelson and J. Walsh (1996) "Appropriability Condition and Why Firms Patent and Why They Do Not in the American Manufacturing Sector," Paper presented at Conference on New Science and Technology Indicators for Knowledge-Base Economy.

Cohen, W.M., R. Nelson and J. Walsh (2000) "Protecting Their Intellectual Assets: Appropriability Condition and Why U.S. Manufacturing Firms Patent (or not)," *NBER Working Paper*, 7552.

Cornelli, F. and M. Schankerman (1999) "Patent Renewals and R&D Incentives," *RAND Journal of Economics*, 30, 197-213.

Cox, J.C., S.A. Ross and M. Rubinstein (1979) "Option Pricing: A Simplified Approach," *Journal of Financial Economics*, 7, 229-263.

Deng, Yi. (2007) "The Effects of Patent Regime Changes: A Case Study of the European Patent Office," *International Journal of Industrial Organization*, 25, 121-138.

Dixit, A.K. and R.S. Pindyck (1994) *Investment under Uncertainty*, Princeton University Press, N.J.

Fershtman, C. and M.I. Kamien (1992) "Cross Licensing of Complementary Technologies," *International Journal of Industrial Organization*, 10, 329-348.

Gallini, N.T. (1992) "Patent Length and Breadth with Costly Imitation," *RAND Journal of Economics*, 44, 52-63.

Gans, J., S.P. King and R. Lampe (2004) "Patent Renewal Fees and Self-Funding Patent Offices," *Working Paper No64*, Faculty of Law, The University of Melbourne.

Gilbert, R. and C. Shapiro (1990) "Optimal Patent Length and Breadth," *RAND Journal of Economics*, 21, 106-112.

Goto, A. and K. Suzuki (1989) "R&D Capital, Rate of Return on R&D Investment and Spillover of R&D in Japanese Manufacturing Industries," *The Review of Economic and Statistics*, 71, 555-564.

Goto, A. and K. Motohashi (2007) "Construction of a Japanese Patent Database and a First Look at Japanese Patenting Activities," *Research Policy*, 36, 1431-1442.

Greene, W.H. (1993) *Econometric Analysis: Second Edition*, Prentice Hall.

Griliches, Z. (1990) "Patent Statistics as Economic Indicators: A Survey," *Journal of Economic Literature*, 28, 1661-1707.

Grossman, G.M. and E. Helpman (1991) "Quality Ladders and Product Cycles," *Quarterly Journal of Econimics*, 106, 557-586.

Haneda, S. and H. Odagiri (1998) "Appropriation of Returns from Technological Assets and the Value of Patents and R&D in Japanese High-Tech Firms," *Economic of Innovation and New Technology*, 7, 303-321.

Harhoff, D., F. Narin, F.M. Scherer and K. Vopel (1999) "Citation Frequency and the Value of Patented Inventions," *The Review of Economic and Statistics*, 81, 511-515.

Hayami, Y. and J. Ogasawara [1999] "Change in the Sources of Modern Economic Growth: Japan Compared with the United States," *Journal of the Japanese and International Economics*, 13, 1-21.

Hall, B. H., Z. Grilieches and J. A. Hausman [1986] "Patent and R and D: Is there a Lag?," *International Economic Review*, 27, 265-283.

Hall, B. H. and J. Mairesse [1995] "Exploring the Relationship between R&D and Productivity In French manufacturing firms," *Journal of Econometrics*, 65, 263-293.

Hall, B. H., A. Jaffe and M. Trajtenberg [2001] "The NBER Patent Citation Data File : Lessons, Insights and Methodological Tools," *NBER Working Paper*, 8498.

Hall, B. H., A. Jaffe and M. Trajtenberg [2005] "Market Value and Patent Citations," *RAND Journal of Economics*, 36, 16-38.

Harrisson, J. M. [1985] *Brownian Motion and Stochastic Flow Systems*, Wiley, New York.

Heller, M. A. and R. S. Eisenberg [1998] "Can Patents Deter Innovation? The Anticomons in Biomedical Research," *Sicience*, 280, 698-701.

Henkel, J. and F. Jell [2010] "Patent Pending: Why Faster isn't Always Better," *SSRN Working Paper Series*, 1738912.

Hu, A. G. and A. B. Jaffe [2001] "Patent Citations and International Knowledge Flow: The Case of Korea and Taiwan," *NBER Working Paper*, 8528.

Jaffe, A. B. [1986] "Technological Opportunity and Spillovers of R&D," *American Economic Review*, 76, 984-1001.

Jaffe, A. B. and M. Trajtenberg [1999] "International Knowledge Flows: Evidence from Patent Citations," *Economics of Innovation and New Technology*, 8, 105-136.

Jaffe, A. B., M. Trajtenberg and M. S. Fogarty [2000] "The Meaning of Patent Citations: Report on the NBER/Case-Western Reserve Survey of Patentees," *NBER Working Paper Series*, 7631.

Johnson, K. N. and D. Popp [2003] "Forced Out of the Closet: the Impact of the American Inventors Protection Act on the Timing of Patent Disclosure," *RAND Journal of Economics*, 34, 96-112.

Klemperer, P. [1990] "How Broad Should the Scope of Patent Protection Be?," *RAND Journal of Economics*, 21, 113-130.

Kortum, S. and J. Lerner [1999] "What is Behind the Recent Surge in Patenting?," *Research Policy*, 28, 1-22.

Lanjouw, J. O. and M. Schankerman [1999] "The Quality of Ideas: Mesuring Innovation with Multiple Indecators," *NBER Working Paper Series*, 7345.

Lanjouw, J. O. and M. Schankerman [2004] "Patent Quality and Research Productivity : Measuring Innovation with Multiple Indicators," *Economic Journal*, 114, 441-465.

Levin, R. C., A. K. Klevorick, R. R. Nelson and S. G. Winter [1987] "Appropriating the Returns from Industrial Research and Development," *Brookings Papers on Economic Activity*, 3, 783-831.

Mansfield, E. [1986] "Patent and Innovation: An Empirical Study," *Management Science*, 32, 173-180.

Marco, A. C. [2005] "The Option Value of Patent Litigation; Theory and Evidence," *Review of Financial Economics*, 14, 323-351.

McDonald, R. and J. Siegel [1986] "The Value of Waiting to Invest," *The Quarterly Journal of Economics*, 101, 707-728.

Merges, R.P. and R. Nelson [1990] "On the Complex Economics of Patent Scope," *Columbia Law Review*, 90, 839-916.

Nakanishi, Y. and S. Yamada [2007] "Market Value and Patent Quality in Japanese Manufacturing Firms," *MPRA Paper*, No.10285.

Nash, J.F. [1950] "The Bargaining Problem," *Econometrica*, 18, 155-162.

Nordhaus, W. [1969] *Invention and Welfare: A Theoretical Treatment of Technological Change*, MIT Press.

O'Donoghue, T., S. Scotchmer and J.F. Thisse [1998] "Patent Breadth, Patent Life, and the Pace of Technological Progress," *Journal of Economics & Management Strategy*, 7, 1-32.

Pakes, A. [1986] "Patent as Options: Some Estimates of the Value of Holding European Patent Stocks," *Econometrica*, 54, 755-784.

Pakes, A. and M. Schankerman [1979] "The Rate of Obsolescence of Knowledge, Research Gestation Lags, and the Private Rate of Return to Research Resources," *NBER Working Paper*, 346.

Pakes, A. and M. Schankerman [1984] "The Rate of Obsolescence of Patent, Research Gestation Lags, and the Private Rate of Return to Research Resources," Z. Griliches, ed., *R&D patents and Productivity*, Chicago Press.

Pakes, A. and Z. Griliches [1984] "Patents and R&D at the Firm Level: A First Look," Z. Griliches, ed., *R&D Patents and Productivity*, Chicago Press.

Palangkaraya, A., P.H. Jensen and E. Webster [2008] "Application Behavior in Patent Examination Request Lags," *Economic Letters*, 101, 243-245.

Romer, P.M. [1990] "Endogenous Technological Change," *Journal of Political Economics*, 98, S71-S102.

Sakakibara, M. and L. Branstetter [2001] "Do Stronger Patents Induce More Innovation? Evidence from the 1988 Japanese Patent Law Reforms," *RAND Journal of Economics*, 32, 77-100.

Shapiro, C. [2001] "Navigating the Patent Thicket: Cross License, Patent Pool, and Standard Setting," in Jaffe, et al., *Innovation Policy and the Economy*, 1, MIT Press, 119-150.

Sarkar, S. [2000] "On the Investment-Uncertainty Relationship in a Real Options Model," *Journal of Economic Dynamics & Control*, 24, 219-225.

Schankerman, M. [1998] "How Valuable is Patent Protection? Estimates by Technology Field," *RAND Journal of Economics*, 29, 77-107.

Scherer, F.M. [1965] "Firm Size, Market Structure, Opportunity and the Output of Patented Innovations," *American Economic Review*, December, 1097-1125.

Scherer, F.M. [1983] "The Propensity to Patent," *International Journal of Industrial Organizatiosn*, 1, 107-128.

Scherer, F.M. and D. Harhoff [2000] "Technology Policy for a World of Skew-Distribution Outcomes," *Research Policy*, 29, 559-566.

Schwartz, E.S. [2004] "Patents and R&D as Real Options," *Economic Notes*, 33, 23-54.

Scotchmer, S. 〔1999〕 "On the Optimality of the Patent Renewal System," *RAND Journal of Economics*, 30, 181-196.
Solow, R. M. 〔1956〕 "A Contribution to the Theory of Economic Growth," *Quarterly Journal of Economics*, 109, 65-94.
Spencer, R. 〔1970〕 "Problem Encountered by an American Applicant in the Japanese Patent Office," *Journal of the Patent Office Society*, 52, 462-467.
Taylor, C. T. and Z. A. Silverston 〔1973〕 *The Economic Impact of the Patent System: A Study of the British Experience*. Cambridge: Cambridge University Press.
Tong, X. and Frame, J. D. 〔1994〕 "Measuring National Technological Performance with Patent Claims Data," *Research Policy*, 23, 133-141.
Trajtenberg, M. 〔1990〕 "A Penny for Our Quotes: Patent Citations and the Value of Innovation," *RAND Journal of Economics*, 21, 172-187.
Yamada, S. and J. Inoue 〔2013〕 "Patent Examination Request System in Japan and Option Value of Patents," mimeo.

石井　正〔2009〕『歴史の中の特許──発明への報奨・所有権・賠償請求権──』晃洋書房。
石井康之・山田節夫〔2006〕「知的財産政策のR&D促進効果」『知財管理』Vol.56, No.12。
科学技術庁科学技術政策研究所〔2000〕「サーベイデータによるイノベーション・プロセスの研究」科学技術庁科学技術政策研究所。
岡田洋祐・大西宏一郎〔2007〕「特許侵害訴訟・知的財産費用と「特許の藪」──「特許の藪」は深刻な問題なのか──」, 知的財産研究所偏『特許の経営・経済の分析』, 第7章, 雄松堂。
小栗昌平監修〔1992〕『詳説　改善多項制・特許権の存続期間の延長制度』発明協会。
角田政芳・辰巳直彦〔2003〕『知的財産法：第2版』有斐閣アルマ。
後藤　晃〔2003〕「共進化のプロセスとしての日本の特許制度と技術革新」後藤晃・長岡貞男編『知的財産制度とイノベーション』第10章, 東京大学出版会。
後藤　晃・元橋一之〔2005〕「特許データベースの開発とイノベーション研究」『知財フォーラム』Vol.63.
後藤　晃・玄場公規・鈴木潤・玉田俊平太〔2006〕「重要特許の判別指標」『RIETIディスカッションペーパーシリーズ』06-J-018。
竹田和彦〔2004〕『特許の知識：第8版』ダイヤモンド社。
土肥一史〔2007〕『知的財産法入門：第10版』中央経済社。
中島隆信・新保一成〔1998〕「企業R&Dによる労働需要への影響について」『三田商学研究』第41巻第4号。
中西泰夫・山田節夫〔2010〕「特許の価値と陳腐化率」『社会科学研究』第61巻第2号。
野口悠紀雄・藤井真理子〔2000〕『金融工学』ダイヤモンド社。
桝田祥子〔2005〕「医薬品知的財産保護の現状と課題-延長特許分析から見る新薬特許保護の期間-」『知財管理』Vol.55, No.13.
丸島儀一〔2002〕『キヤノン特許部隊』光文社。
元橋一之・蟹雅代〔2009〕「プロパテント制度改定がハイテク産業のイノベーションに与える影響分析」特許庁『平成20年度我が国における産業財産権等の出願等に関する調査報告』財団法人・知的財産研究所。
山内　勇・長岡貞男〔2007〕「審査請求制度の経済分析」, 知的財産研究所編『特許の経営・経

済分析』, 第 14 章, 雄松堂。
山内　勇・古澤陽子・枝村一磨・米山茂美〔2012〕「ノウハウ・営業秘密が企業のイノベーション成果に与える影響」文部科学省科学技術政策研究所, Discussion Paper, No.84。
山田節夫〔2008〕「日本における patent stock と citation stock の作成—HJT モデルの日本への応用—」『経済分析』180 号, 内閣府経済社会総合研究所。
山田節夫〔2009〕『特許の実証経済分析』東洋経済新報社。
山田節夫・石井康之〔2009〕「パテントプレミアムの計測による特許制度の経済的評価」特許庁『平成 20 年度我が国における産業財産権等の出願等に関する調査報告』財団法人・知的財産研究所。
山田節夫〔2010a〕「企業等の特許出願行動に関する統計的分析—量から質への転換—」特許庁『平成 21 年度我が国の持続的な経済成長にむけた企業等の出願行動に関する調査』財団法人・知的財産研究所。
山田節夫〔2010b〕「審査官引用は重要か—特許価値判別指標としての被引用回数の有用性—」『経済研究』Vol.61, No.3, 一橋大学経済研究所。
山田節夫〔2012a〕「改善多項制は特許価値を高めているか」『経済政策ジャーナル』第 9 巻第 1 号, 日本経済政策学会。
山田節夫〔2012b〕「出願公開制度と技術知識のスピルオーバー効果」『専修経済学論集』第 112 号。
山田節夫〔2013〕「維持年金平準化と特許のオプション価値」『経済分析』第 186 号, 内閣府経済社会総合研究所。
山田　武〔2001〕「医薬品開発における期間と費用—新薬開発実態調査に基づく分析—」『医薬産業政策研究所リサーチペーパー・シリーズ』No.8。
山田　武〔2005〕「研究開発費と効率的な研究開発」『医療と社会』第 15 巻第 1 号。
和田哲夫〔2008〕「先行技術の量的指標としての特許引用数」『RIETI Discussion Paper Series.』08-J-038。
和田哲夫〔2009〕「発明者による先行特許認識と特許後方引用」『RIETI Discussion Paper Series.』10-J-001。

索　引

〔あ行〕

R&D 活動 ……………………………… 85
IPC コード ……………………………… 97
アメリカンコール・オプション ……… 161
アンチパテント政策 …………………… 10

威嚇点 …………………………………… 70
閾値 …………………………………… 103
意見書 …………………………………… 15
維持審決 ………………………………… 16
維持年金 ……………………………… 246
維持年金の平準化 …………………… 248
意匠 ……………………………………… 4
一発明一出願主義 ……………………… 86
一括ライセンス供与 …………………… 78
一致性 ………………………………… 219
一般解 ………………………………… 169
一般的発明概念 ………………………… 87
伊藤のレンマ ………………………… 164
イノベーション ……………………… 114
　工程―― ……………………………… 30
　製品―― ……………………………… 30
　累積的―― ………………………… 114
　――の収益率 ……………………… 110
イノベーター ………………………… 114
イベント ……………………………… 193
イミテーション・コスト ……………… 59
インジケーター関数 ………………… 142
インセンティブシステム ……………… 4
引用インフレーション ……………… 131

value-matching 条件 …………… 169, 185
ウィナー過程 ………………………… 163

営業秘密 ………………………………… 27
NPV ルール ………………………… 212
NP システム ………………………… 113
SGML 形式 …………………………… 16
XML 形式 …………………………… 16
F タームサーチマスタ ………………… 17
延長登録の出願 ……………………… 308

欧州特許条約 ………………………… 157

欧州特許庁 …………………………… 157
オーダード・ロジット ………………… 30
オプション価値 ……………………… 158
　柔軟性の―― ……………………… 179
　特許出願の―― …………………… 297
　特許侵害訴訟の―― ……………… 184
　特許審査請求の―― ……………… 179
オプション価値向上効果 …………… 280
オプション理論 ……………………… 156

〔か行〕

外国出願国数 …………………………… 20
外生変数 ……………………………… 114
解析解 ………………………………… 164
改善多項制 ……………………………… 86
開発リスク …………………………… 307
外部機会 ………………………………… 70
外部効果 …………………………… 36, 127
価格機構 ………………………………… 41
価格効果 ……………………………… 257
価格支配力 ……………………………… 42
確定論的な登録更新モデル ………… 203
確率過程 ……………………………… 163
確率極限 ……………………………… 228
確率収束 …………………………… 219, 228
確率測度 ……………………………… 187
確率測度変換定理 …………………… 187
確率論的な登録更新オプションモデル … 203
寡占市場 ………………………………… 41
片側ライセンス料 ……………………… 77
可変型審査請求料 …………………… 302
下方吸収壁 …………………………… 173
間接自己引用 ………………………… 134
完全競争市場 …………………………… 42
完全な価格支配力 ……………………… 61
神田考平 ………………………………… 6
完備契約 ………………………………… 69
関連特許出願数の公開弾力性 ……… 142

機会費用 ………………………………… 44
幾何ブラウン過程 …………………… 163
疑似構造法 ……………………………… 22
技術距離 ………………………………… 97
技術サーチコスト ……………………… 78

技術情報の秘匿 …………………………… 32
技術進歩率 ………………………………… 114
技術知識
　　高度な―― ……………………………… 4
　　――の質 ……………………………… 23
　　――のスピンオーバー効果 ………… 114
　　――の不可逆性 ……………………… 120
　　――の量 ……………………………… 23
技術ポジション …………………………… 97
基準日 ……………………………………… 265
期待限界生産力 …………………………… 118
期待生産量 ………………………………… 125
期待利子率 ………………………………… 262
規模の経済 ……………………………… 41,142
基本情報 …………………………………… 19
帰無仮説 …………………………………… 107
境界条件 …………………………………… 169
強行規定 …………………………………… 66
競合発明 …………………………………… 147
鏡像原理 …………………………………… 174
共謀解 ……………………………………… 78
業務発明 …………………………………… 67
共有地（コモンズ）の悲劇 ……………… 73
巨人の肩の上に立つ ……………………… 115
拒絶査定不服審判請求 …………………… 16
拒絶理由通知 ……………………………… 24
拒絶理由通知書 …………………………… 15
ギルザノフ（Girsanov）の定理 ………… 174
均一型の審査請求料 ……………………… 302
均等 ………………………………………… 83
均等論 ……………………………………… 83

クオリティ・ラダー ……………………… 125
クオリティ・リーダー …………………… 126
クラス ……………………………………… 98
クルーノー（Cournot）均衡 …………… 75
グループ …………………………………… 98
クレームの範囲 …………………………… 82
クレーム比例部分 ………………………… 284
クレーム割引率 …………………………… 92
クロスライセンス ………………………… 74

経済厚生 …………………………………… 47
継続価値 …………………………………… 168
契約理論 …………………………………… 68
決定係数 …………………………………… 148
限界効率の理論 …………………………… 155
限界費用 …………………………………… 43
研究開発インセンティブ ………………… 275

研究開発競争 ……………………………… 120
研究開発従事者 …………………………… 116
研究開発生産性 …………………………… 235
原資産 ……………………………………… 159
　　――のフロー価値 …………………… 160
権利化プロセス …………………………… 156
権利消滅日 ………………………………… 21
権利付与後異議申立制度 ………………… 12
権利付与前異議申立制度 ………………… 136
権利満了特許 ……………………………… 245

公開促進効果 ……………………………… 281
公開特許広報 ……………………………… 14
公開特許出願数 …………………………… 136
公開率 ……………………………………… 141
後願特許 …………………………………… 134
公共財 ……………………………………… 47
工業所有権法沿革 ………………………… 105
公告日 …………………………………… 12,127
行使価格 …………………………………… 158
行使時点 …………………………………… 158
構造パラメータ …………………………… 218
工程イノベーション ……………………… 30
高度な技術知識 …………………………… 4
後方引用 …………………………………… 131
公報引用 ………………………………… 24,131
合法的な迂回発明 ………………………… 49
効率的な資源配分 ………………………… 41
コール・オプション ……………………… 158
国債整理基金特別会計 …………………… 247
国内引用文献マスタ ……………………… 17
コスト節約効果 …………………………… 281
固定効果法 ………………………………… 22
固定部分 …………………………………… 285
混合型 ……………………………………… 194

〔さ行〕

最終財 ……………………………………… 115
　　――市場 ……………………………… 116
最終登録更新年 …………………………… 290
歳出規模 …………………………………… 249
最大限可能な登録更新回数 ……………… 258
最適停止境界 ……………………………… 168
最適停止問題 ……………………………… 160
最尤推定値 ………………………………… 220
最尤推定量 ………………………………… 219
最尤法 …………………………………… 104,218
先物取引 …………………………………… 158
査定率 ……………………………………… 151

索　引　319

サブクラス ……………………………… 98
産業構造審議会知的財産政策部会 ……… 286
産業財産権 ……………………………… 4
産業上の利用可能性 …………………… 28
産業政策 ………………………………… 6
産業別研究費デフレータ ……………… 100
サンク・コスト ………………………… 259
残存関数 ………………………………… 173
残存曲線 ………………………………… 174

死荷重 …………………………………… 45
屍発明 …………………………………… 150
時間効果 ………………………………… 139
事業的価値 ……………………………… 279
資金援助制度 …………………………… 45
資源 ……………………………………… 41
指数分布 ………………………………… 192
自然成長率 ……………………………… 114
次善の質 ………………………………… 125
次善の専有手段 ………………………… 36
実現化費用 ……………………………… 211
実効保護期間 …………………………… 64
実体審査 ………………………………… 14
質的距離 ………………………………… 55
質的調整価格 …………………………… 125
質の階段 ………………………………… 126
実用新案 ………………………………… 4
私的価値 ………………………………… 152
シミュレーション最尤法 ……………… 219
社会的価値 ……………………………… 36,152
社会的余剰 ……………………………… 46
　　——の最大化 ……………………… 41
社会的余剰関数 ………………………… 54
収支相償の原則 ………………………… 248
収支バランスの調整 …………………… 250
従属クレーム …………………………… 88,90
私有地（アンチコモンズ）の悲劇 …… 73
自由な市場経済 ………………………… 41
柔軟性のオプション価値 ……………… 179
収入線 …………………………………… 58
周辺クレーム …………………………… 111
出願・公開ラグ ………………………… 100
出願・登録ラグ ………………………… 258
出願権 …………………………………… 67
　　——の移動 ………………………… 72
　　——の帰属 ………………………… 65
　　——の帰属先 ……………………… 71
出願公開制度 …………………………… 127
出願時クレーム数 ……………………… 20

出願書類記事 …………………………… 19
出願審査請求制度 ……………………… 278
出願数効果 ……………………………… 132
出願人 …………………………………… 157
　　——引用 …………………………… 23,133
　　——の利益 ………………………… 301
出願年効果 ……………………………… 283
出願爆発 ………………………………… 84
出願日 …………………………………… 20
出願マスタ ……………………………… 17
需要の価格弾力性 ……………………… 59
純期待資産価値 ………………………… 170,179
純資産価値 ……………………………… 161
生涯審査請求数 ………………………… 279
生涯審査請求率 ………………………… 281
生涯平均被引用回数 …………………… 129
条件付期待値 …………………………… 38
上市 ……………………………………… 307
消費者余剰 ……………………………… 46
商標 ……………………………………… 4
上方吸収壁 ……………………………… 180
情報提供 ………………………………… 20
情報提供回数 …………………………… 20
情報の非対称性 ………………………… 233
情報マトリックス ……………………… 219
情報密度 ………………………………… 121
職務発明 ………………………………… 67
書誌情報 ………………………………… 17
自律的成長 ……………………………… 115
自律メカニズム ………………………… 115
侵害の立証責任 ………………………… 183
新規性 …………………………………… 62
審査官引用 ……………………………… 24,131
審査官拒絶引用 ………………………… 24
審査効率 ………………………………… 301
審査請求・登録ラグ …………………… 288,289
審査請求可能期間 ……………………… 209
　　——の短縮 ………………………… 278
審査請求時点の早期化 ………………… 302
審査請求制度 …………………………… 176
審査請求料 ……………………………… 176,232
審判広報 ………………………………… 14
進歩性 …………………………………… 62

推移確率密度 …………………………… 187
推定量の分散 …………………………… 219
数値積分 ………………………………… 220
数値微分 ………………………………… 220
数量効果 ………………………………… 257

スコアベクトル	228
ステイクホルダー	276
ストック価値	36
スピルオーバー・プール	97
smooth-pasting 条件	169, 185
請求項の数	82
政策シミュレーション	195
政策変数	50
生産，製品設計の複雑性	32
生産活動従事者	116
生産者余剰	46
生産性格差モデル	234
生産費用	41
生産要素の寄与度	3
製造設備やノウハウの保有・管理	32
成長会計分析	3
製品イノベーション	30
製品差別化	42
製品の先行的な市場化	32
整理標準化データ	16
——仕様書	18
セクション	98
切断正規分布	38
切断バイアス	21
設定納付金	246
——未納特許	136
先願主義	7, 20
先願特許	134
漸近分布	219
線形近似	93
センサードデータ	263
潜在的価値	46
センサリング処理	263
潜像形成法	113
前年度余剰金	247
専売特許条例	7
専売略規則	7
先発明主義	7
前方引用回数	128
専有手段	27
専用実施権	67
全要素生産性	3
早期審査	277
相対密度関数	108
相当の対価	66
組織の効率化	4
損害賠償請求権	127

〔た行〕

第Ⅰ相試験	307
第Ⅱ相試験	219, 307
第Ⅲ相試験	307
対価請求訴訟	65
対価報酬の分配	68
待機価値	212
対数正規分布	205
対数尤度	148
——関数	104
多項制	86
——乗数	91
縦軸に連続	192
縦の範囲	62
多変量正規分布	219, 228
単項制	86
単独引用	143
置換可能性	84
置換自明性	84
逐次計算	197
知識生産活動	28
知識生産関数	99
知識の流布	29
知識フロー	5, 126
知的財産活動調査報告	33
知的財産権	4
知的財産戦略大綱	33
知的創作物	4
中間財	115
——の質	118
中間財市場	116
中心極限定理	228
稠密	221
重複技術開発	25
著作権	4
陳腐化率	107
通常実施権	67
TFP	3
低価値特許出願	157
定常状態	119
ディスカウント	91
テーラー展開	93
天賦人権説	6
動学的計画法	160

索　引　321

到達率 …………………………………… 63
投入費用 ………………………………… 28
登録確率 ………………………………… 289
登録期間延長効果 ……………………… 269
登録更新制度 …………………………… 232
登録更新停止 …………………………… 171
登録更新料 ……………………………… 160
登録時クレーム数 ……………………… 20
登録マスタ ……………………………… 17
トービンのq …………………………… 23
ドキュメント識別 ……………………… 19
特性二次方程式 ………………………… 169
独占価格 ………………………………… 235
独占緩和効果 …………………………… 281
独占禁止法 ……………………………… 42
独占市場 ………………………………… 41
独占的排他権 …………………………… 44
独立クレーム ……………………… 88, 90
特許
　　——による専有可能性 ……………… 27
　　——の承認日 ……………………… 308
　　——の藪 …………………………… 73
特許印紙収入 …………………………… 247
特許引用情報 …………………………… 131
特許価値 ………………………………… 36
　　——のクレーム弾力性 …………… 92
　　——の実現値 ……………………… 191
　　——の条件付期待値 ……………… 192
　　——の陳腐化 ……………………… 102
特許価値判定指標 ……………………… 21
特許価値変動の自由度 ………………… 222
特許行政費用 …………………………… 233
特許協力条約（PCT）………………… 86
特許権
　　——の資産価値 …………………… 157
　　——の私的価値 …………………… 36
　　——の消滅確率 …………………… 202
　　——の早期権利化 ………………… 273
　　——の範囲 ………………………… 49
　　——の満期率 ……………………… 242
特許権者 ………………………………… 157
特許公報 ………………………………… 14
特許査定謄本 …………………………… 14
特許実施料 ……………………………… 73
特許出願のオプション価値 …………… 297
特許出願料 ……………………………… 232
特許侵害 ………………………………… 49
特許侵害訴訟のオプション価値 ……… 184
特許審査 ………………………………… 14

特許審査請求のオプション価値 ……… 179
特許ストック …………………………… 21
特許請求項の数 ………………………… 20
特許請求の範囲 ………………………… 82
特許性向 …………………………… 27, 216
　　——の時系列変化 ………………… 31
特許生産関数 …………………………… 96
特許制度小委員会 ……………………… 286
特許庁広報 ……………………………… 14
特許登録更新のオプション価値 ……… 167
特許登録謄本 …………………………… 184
特許特別会計 …………………………… 246
特許被引用関数 ………………………… 142
特許費用 ………………………………… 89
特許プール代理人会社 ………………… 78
特許不争合意 …………………………… 74
特許文献 ………………………………… 5
特許保護期間 …………………………… 232
特許誘発関数 …………………………… 140
届出発明数 ……………………………… 33
ドライホール …………………………… 28
トランスポート・コスト ……………… 55
ドリフト・パラメータ ………………… 163
トレードオフ関係 ……………………… 51
トレンド ………………………………… 163

〔な行〕

内生的成長論 …………………………… 114
ナッシュ交渉解 ………………………… 70
ナッシュ積 ……………………………… 77

二項過程 …………………………… 189, 205
二項分布 ………………………………… 191
ニュートラル …………………………… 91

年金収入 ………………………………… 271
年金テーブル …………………………… 266
年金未納 ………………………………… 259

農商務卿 ………………………………… 7
ノウハウ ………………………………… 27
　　——比率 …………………………… 33

〔は行〕

ハーバード・オンコマウス …………… 81
排除性 …………………………………… 43
バイナリー変数 ………………………… 206
発明 ……………………………………… 4
　　——の規模 ………………………… 235

——の伝播プロセス ………………… 133
発明規模弾力性 …………………………… 238
パテント・プール ………………………… 78
パテント・リーク ……………………… 121
パテントオフィス ……………………… 233
パテントプレミアム ……………………… 37
——の実測 ……………………………… 39
パブリックドメイン ……………………… 47
販売・サービス網の保有・管理 ……… 32

被引用回数 ……………………………… 22, 128
被引用ストック ………………………… 22
被引用パテントストック ……………… 23
非競合性 ………………………………… 43
非効率 …………………………………… 46
非線形の最小自乗法 …………………… 147
必須要件項 ……………………………… 90
標準正規分布 …………………………… 205
標準累積密度関数 ……………………… 181
非臨床試験 ……………………………… 307

ファースト・ベスト ……………………… 69
不完備契約 ……………………………… 69
福沢諭吉 ………………………………… 6
複数引用 ………………………………… 143
複製中間財 ……………………………… 121
複占市場 ………………………………… 75
複占利潤 ………………………………… 76
プット・オプション ………………… 158, 183
不当利益返還請求権 …………………… 127
プライス・メーカー …………………… 235
プレミアム ……………………………… 91
フロー価値 ……………………………… 36
プロパテント政策 …………………… 10, 255
プロビットモデル ……………………… 26
分割出願 ………………………………… 18
分権化の利益 …………………………… 45
分散・共分散行列 ……………………… 219
分散的な私的所有 ……………………… 74
分散パラメータ ………………………… 163
分布収束 ………………………………… 228

ペイオフ …………………………… 159, 206
平均引用数 ……………………………… 132
平均クレーム数 ………………………… 88
平均審査請求確率 ……………………… 292
平均審査請求時点 ……………………… 296
平均値の定理 …………………………… 228
平準化構造 ……………………………… 248

ベルヌーイ試行 ………………………… 189
ベルマン方程式 ………………………… 167
偏微分方程式 …………………………… 165

ポアソン分布 ……………………… 63, 116
包含率 …………………………………… 93
方式審査 ………………………………… 14
法定満了制度 …………………………… 232
補完資産 ………………………………… 178
補完的な特許発明 ……………………… 75
補償金請求権 …………………………… 137
補償請求権 ……………………………… 127
補正書 …………………………………… 15
ポリシー・ミックス …………………… 305
本権利抹消識別 ………………………… 265

〔ま行〕

マークアップ率 ………………………… 80
マーケット・リーク ………………… 121, 139
埋没費用 ………………………………… 155
マルコフ性 ……………………………… 166

未実施期間 ……………………………… 308
みなし取下げ …………………………… 15
民間企業の研究活動に関する調査 …… 33

無限・連続モデル ……………………… 200
無効審決 ………………………………… 16
無効審判請求回数 ……………………… 20
無効審判請求制度 ……………………… 16

明細書 …………………………………… 5

戻し拒絶査定率 ………………………… 287
物の生産方法 …………………………… 83
模倣代替品 ……………………………… 55
模倣発明 ………………………………… 49
モラルハザード ………………………… 234

〔や行〕

薬事審査制度 …………………………… 307

有限・離散モデル ……………………… 200
誘発年効果 ……………………………… 141
誘発年ダミー …………………………… 142

要請主義 ………………………………… 253
横軸に離散 ……………………………… 192
横の範囲 ………………………………… 62

〔ら行〕

ライセンス料 ……………………………… 73
リアルオプションモデル …………………… 156
利益曲線 …………………………………… 255
利益原則 …………………………………… 232
離散近似 …………………………………… 189
利潤の均等配分 …………………………… 59
流動性制約 ………………………………… 72
料金改訂の政策効果 ……………………… 257
料金政策 …………………………………… 274
量的効果 …………………………………… 138
臨床試験 …………………………………… 307

累積的イノベーション …………………… 114
累積分布 …………………………………… 240
ルート階層 ………………………………… 19

連邦巡回訴訟裁判所 ……………………… 83

労働市場の裁定条件 ……………………… 118
労働の質的改善 …………………………… 4

〔わ行〕

歪度 ………………………………………… 103
Wald 検定 ………………………………… 149
ワイド検定 ………………………………… 109
ワイブル分布 ……………………………… 104
割引因子 …………………………………… 197

〈著者紹介〉

山田　節夫（やまだ　せつお）
1960 年　神奈川県に生まれる。
1989 年　専修大学専任講師，助教授を経て 1998 年に教授（現職）。
　　　　担当は「経済政策」，「日本経済論」，「数量経済分析の基礎」など。
＜主な著書＞
『日本経済論』（共著），東洋経済新報社，2002 年。
『経済政策入門』（共著），東洋経済新報社，2004 年。
『特許の実証経済分析』，東洋経済新報社，2009 年。
『最初の経済学(第三版)』（共著），同文舘出版，2011 年。
『ベーシック経済政策(第二版)』，同文舘出版，2014 年。

平成 27 年 4 月 30 日　初版発行

《検印省略》
略称：特許経済

特許政策の経済学
―理論と実証―

著　者 © 山　田　節　夫
発行者　　中　島　治　久

発行所　同文舘出版株式会社
東京都千代田区神田神保町1-41　〒101-0051
電話　営業03(3294)1801　振替00100-8-42935
編集03(3294)1803　http://www.dobunkan.co.jp

Printed in Japan 2015

印刷：三美印刷
製本：三美印刷

ISBN 978-4-495-44201-9

JCOPY 〈出版者著作権管理機構　委託出版物〉
本書の無断複製は著作権法上での例外を除き禁じられています。複製される場合は，そのつど事前に，出版者著作権管理機構（電話 03-3513-6969,FAX 03-3513-6979, e-mail: info@jcopy.or.jp）の許諾を得てください。